목민심서, 다산에게 시대를 묻다

목민심서,
다산에게 시대를 묻다

초판 1쇄 발행 2021년 5월 20일
초판 4쇄 발행 2022년 8월 30일

지 은 이 | 박석무
펴 낸 이 | 조미현

편   집 | 강옥순, 박이랑
디 자 인 | 지완

펴 낸 곳 | 현암사
등   록 | 1951년 12월 24일 (제10-126호)
주   소 | 04029 서울시 마포구 동교로12안길 35
전   화 | 02-365-5051 | 팩스 02-313-2729
전자우편 | editor@hyeonamsa.com
홈페이지 | www.hyeonamsa.com

ISBN 978-89-323-2129-5 03190

牧民心書

목민심서 ─ 다산에게 시대를 묻다

박석무 지음

현암사

| **일러두기** |

1. 이 책에 실린 글은 2018년 3월부터 2020년 7월까지 주간지 「매경이코노미」에 60회에 걸쳐
   연재한 원고를 수정 보완한 것이다.
2. 원문 번역은 창비에서 출간한 『역주 목민심서』를 참고하였다.
3. 인용문 가운데 경구가 될 만한 내용은 원문을 붙였다.

「목민심서」 표지와 본문

다산은 목민관의 인격을 함양하고 올바른 행정을 통해 백성 한 사람이라도 혜택을
입었으면 좋겠다는 바람을 담아 『목민심서』를 썼다.

「경세유표」와 「흠흠신서」

다산은 법과 제도를 근본적으로 개혁하여 온 천하 사람이 편하게 살 수 있는 부국강
병의 나라를 만들자는 뜻을 담아 『경세유표』를 저술하였다. 형법서인 『흠흠신서』는
『목민심서』, 『경세유표』와 더불어 일표이서(一表二書)로 일컬어지는 다산의 대표작
이다.

여유당

경기도 남양주시 조안면 능내리(다산로 747번길 11)에 있는 다산이 살았던 집이다. 이
곳 지명은 마현, 소내, 마재, 두릉, 두현, 유산, 열상 등 여러 이름으로 불렸다. 다산은
1762년 이 마을에서 태어나 1836년 이곳에서 생을 마감했다.

다산초당

다산은 1801년(순조 1) 신유옥사에 연루되어 강진으로 귀양을 와서 유배생활을 하던 중 윤씨(尹氏) 가문의 산정이던 다산초당으로 거처를 옮겼다. 1818년 귀양에서 풀릴 때까지 10여 년 동안 생활했던 다산학의 산실이다.

오늘에 읽는
목민심서

왜 목민심서인가

다산(茶山) 정약용(丁若鏞, 1762~1836)은 1818년 봄 유배지인 전라남도 강진의 다산초당에서 48권에 이르는 방대한 저작『목민심서』를 탈고했다. 그해 가을 유배가 풀려 고향인 마재로 돌아온 다산은 계속 원고를 수정 가필하여 3년 뒤인 1821년 늦봄에 이르러 비로소 서문을 쓰고 책의 장정을 마쳤다.

『목민심서』맨 앞에 실려 있는 다산의 서문을 읽어 보면 왜 이 책을 지었는가에 대한 저술 목적은 물론, 책에 담긴 내용에 대해서도 대강을 알 수 있다. 또한『목민심서』를 저술하지 않을 수 없었던 그 시대 상황을 아파하고 세속에 분개했던 다산의 깊은 탄식까지도 짐작하게 해 준다.

지금의 목민관은 오직 이익 취하는 데만 급급하여 백성을 편안하게 해 줄 줄 모른다. 그래서 일반 백성은 여위고 시달리며, 시들고 병들어 쓰러져 진구렁을 가득 메우는데, 그들을 길러 준다는 목민 관은 화려한 옷과 맛있는 음식으로 자기들만 살찌우고 있으니 어찌 슬프지 아니한가!

이러한 백성의 슬픈 현실에 눈을 감을 수 없어 목민하는 일에 도움이 될 만한 사례를 이 책에 구비했노라고 했다.

『목민심서』가 세상에 나온 지 이제 200여 년이 되었다. 긴 세월이 흐르면서 시대도 바뀌고 제도와 관습이 많이 변하였지만, 목민관이 백성을 보호하고 양육해야 하는 원론과 원칙은 그때나 지금이 크게 다르지 않다. 달라진 시대정신과 변화된 법제와 관습에 맞지 않는 부분이야 그대로 따르거나 지킬 수 없어도, 백성을 위하는 위민정신(爲民精神)이나 양민정책(養民政策)의 근본 원리는 어느 누구도 반대할 이유가 없다. 다산 역시 자신은 당대의 현실에 맞는 내용을 서술했기 때문에 시공(時空)을 초월한 현장에 꼭 들어맞을 수는 없다고 하였다.

그렇듯 그 시대의 습속에는 맞았지만 오늘의 우리에게도 그대로 부합하는 논리라고 우겨 댈 수는 없는 것이다. 그래서 오늘의 눈으로 읽는 『목민심서』가 필요하다는 생각을 하게 되었다.

전제군주 국가인 조선에서 목민관은 임명제가 원칙이고, 그들의 권한은 절대군주인 임금의 권한을 대행하던 체제여서, 입법·사법·행정 3권을 손에 쥐고 막강한 권력을 행사할 수 있었다. 그러나 오늘날의 목민관은 선출직이며, 행정권을 행사하는 권한이 있을 뿐 입법·사법 권한은 없으니 그 시절과 확연히 차이가 난다.

그러므로 목민관의 범위는 예전의 수령(守令)에 국한하던 의미에서 벗어나야 한다. 최하급 공무원에서 최고 지위인 대통령에 이르기까지 모든 공직자는 목민관이라 할 수 있다. 입법부와 사법부의 공무원도 마찬가지이다. 모든 공직자는 옛날로 보면 목민관처럼 일반 백성을 보살피고(保民) 양육하는(養民) 관리이다. 자신이 목민관이라는 생각으로 공직자가 지켜야 할 준칙과 윤리가 열거된 『목민심서』의 정신을 본받아 국민의 복지향상을 실현하는 일에 힘써야 한다.

목민관의 수기와 치인

다산은 공자학, 즉 유학의 기본 구조를 수기치인(修己治人)으로 규정하고, 군자(君子)의 학문은 '수기'가 반이요 '치인'이 반이니 반반이 합해져야 온전한 인격자이자 지도자가 될 수 있다고 여겼다. 『목민심서』도 이러한 원칙에 입각하여 목민관이 수기와 치인의 두 가지 큰 임무를 동시에 수행해 가는 구조로 책을 설계하였다.

이른바 원론이라고 할 수 있는 네 편, 즉 부임(赴任)·율기(律己)·봉공(奉公)·애민(愛民)은 그게 보아 인격을 맞추고 지도자로서의 자질을 함양하는 수기에 해당된다. 각론이라고 할 수 있는 이전(吏典)·호전(戶典)·예전(禮典)·병전(兵典)·형전(刑典)·공전(工典) 여섯 편은 치인의 일로, 행정업무를 소상하게 밝혀주는 부분이다. 진황(賑荒)·해관(解官) 두 편은 원론과 각론 어디에도 넣기가 애매하여 따로 추가한 것이다. 이렇게 12편으로 구성된 『목민심서』는 각 편마다 6개 조항을 두어 전체 72조항으로 구성하였다.

그러나 오늘날의 상황으로 보면 72조항은 턱없이 부족하다. 당시 중앙정부가 이조·호조·예조·병조·형조·공조의 6조체제여서 지방정부도 6전체제로 구성되었지만, 오늘날의 중앙정부가 20개 이상의 부처로 나뉘어 있음을 생각하면 얼마나 부족한 행정조직인가 금방 알게 된다. 자동차·기차·비행기가 없던 시절이어서 교통행정은 빠질 수밖에 없었고, 통신시설이 발달하지 못한 때여서 체신행정이 거론될 수도 없었다. 보건의료행정이나 환경정책, 여성정책 등도 거론되지 않던 시절이어서 그런 부분은 소략할 수밖에 없다.

다산은 회갑을 맞는 해에 인생을 정리하는 차원에서 「자찬묘지명(自撰墓誌銘)」이라는 이름으로 자서전을 기술하여 자신의 수많은 저서에 대하여 간략한 해설을 달았다.

『목민심서』는 어떤 내용인가. 현재의 법을 토대로 해서 우리 백성을 돌봐 주자는 책이다. 고금의 이론을 찾아내고 간위(奸僞)를 열어젖혀 목민관에게 주어 백성 한 사람이라도 그 혜택을 입을 수있게 하는 것이 나의 뜻이다.

법과 제도를 근본적으로 개혁하여 온 천하의 백성이 편하게 먹고 살 수 있는 부국강병의 나라를 만들자는 『경세유표』의 저작 동기와는 다르게 목민관의 인격을 함양하고 올바른 행정을 통해 백성 한 사람이라도 혜택을 입었으면 좋겠다는 소박한 뜻으로 만든 책이 바로 『목민심서』였다. 그의 애국심과 백성 사랑의 뜻이 얼마나 간절했는가를 알게 해 주는 내용이다. 책 제목에 대해서는 서문에서 이렇게 밝혔다.

심서(心書)라고 한 것은 무슨 까닭인가? 목민할 마음은 있으나 몸소 행할 수가 없다. 그래서 '마음만의 책', 즉 '심서'라고 했다.

백성을 위해 일하고 싶은 마음 간절하나 귀양살이하는 몸으로는 실천할 방법이 없어 '마음의 책'이라고 했으니 그 얼마나 애절한가. 『경세유표(經世遺表)』도 자신이 직접 실행할 형편이 아니어서 유언으로 남기는 정책건의서[表]라는 뜻으로 '유표'라고 했으니, 그의 애잔한 신세타령이 책 제목들에서도 잘 드러난다.

공직자는 공렴을 실천해야 한다
1789년 1월, 28세의 다산은 문과에 급제하고 집에 돌아와 앞으로의 각오를 밝힌 시에서 이렇게 읊었다.

둔하고 졸렬해 임무 수행이 어렵겠지만,
공정과 청렴으로 정성 바치기 원하네.
鈍拙難充使, 公廉願效誠.

공직자라면 '공렴(公廉)' 두 글자를 가슴에 안고 그것을 실천해야 본분을 다하는 것이라고 다산은 믿었다. 그는 벼슬살이 시기에나 저술에 매진하던 시기에나 참으로 '공렴'이라는 두 글자를 실천하며 일생을 살았다.

그렇다면 『목민심서』는 다산 자신이 살아가는 동안 어떻게 공렴을 실천했던가에 대한 보고서이자, 옛날의 어진 목민관이 실천했던 공렴한 행정의 본보기를 담은 책이다. 이론이나 관념의 책이 아니라 실행의 본보기를 오늘의 공직자들이 배우도록 제시해 준 책이라는 뜻이다.

다산이 추구했던 '공렴'을 공직자는 물론이거니와 우리 사회 구성원 모두가 실천하여 맑고 깨끗한 세상, 여유롭고 편안한 세상이 된다면 얼마나 좋을까. 그러한 세상이 되기를 염원하며 다산의 『목민심서』를 풀어서 오늘의 눈으로 읽는 목민심서를 엮는다.

2021년 봄
박석무

자서 自序

옛날 순임금은 요임금의 후계자가 되고 나서 12목(牧)을 불러 그들에게 백성을 기르게 하였다. 주나라의 문왕(文王)은 정치제도를 세우며 목민관 제도를 수립하고 그들을 목부(牧夫, 가축을 돌봐주는 인부)라고 하였다. 맹자는 평륙(平陸)이라는 지방에 가서 목민관을 꼴 먹이는 사람에 비유하였다. 이런 이야기로 미루어 보면 백성을 부양하는 것을 가리켜 목(牧)이라 함은 성현들이 남기신 뜻이다.

성현의 가르침에는 본디 두 가지 길이 있다. 예교(禮敎)를 책임지는 사도(司徒)는 모든 백성을 가르쳐 각자가 수신(修身)하게 하고, 국립대학인 태학(太學)에서는 왕족이나 공경대부로 하여금 수신을 배워 치민(治民)의 도리를 알게 하였으니, 여기의 '치민'이 바로 목민하는 일이다. 그렇게 보면 지도자의 배움은 수신이 절반이고 그 절반은 목민이었다.

이제 성인의 시대가 멀어지고 그 말씀도 사라져 가서 성인의

도가 점점 어두워졌다. 그래서 오늘의 목민관은 유독 거둬들이는 데만 급급하고 백성을 양육할 바를 알지 못한다. 이런 이유로 일반 백성은 여위고 시달리고 시들고 병들어 서로 쓰러져 구렁텅이를 메우는데, 그들을 양육한다는 자들은 고운 옷과 맛있는 음식으로 자기만 살찌우고 있으니 슬프지 아니한가.

나의 선친(丁載遠)께서 조정의 알아줌을 받아 두 곳 현(縣)의 현감, 한 군의 군수, 한 부의 도호부사, 한 주의 목사(牧使)를 역임하며 모든 곳에서 치적을 쌓으셨다. 비록 불초한 내가 따라다니면서 배우고, 직접 보고 다소간 깨달은 바도 있었으며, 뒷날에는 목민관이 되어 시험해 보면서 체험하기도 하였다. 그러나 귀양살이하는 몸이 되어 더 이상 써먹을 데가 없다. 멀고 먼 변방에서 18년 동안 궁벽하게 살면서 오경(五經)과 사서(四書)를 붙들고 연구를 거듭하여 수기의 학문은 익혔으나, 다시 생각해 보니 수기의 학은 학문의 반에 불과하다.

이에 중국의 역사책 23사(史)와 우리나라의 여러 역사책 및 학자들의 문집(文集) 등 여러 서적에서 옛날 목민관이 백성을 보양했던 유적을 골라 위아래로 뽑아 정리하고, 종류별로 나누고 모아 차례를 편성하였다. 한편 남녘 변두리 땅에서는 아전들이 농지세와 특산물세를 농간하여 여러 가지 폐단이 어지럽게 일어나고 있는데, 나의 신분이 낮아 들은 이야기가 매우 상세하다. 이런 것 역시 종류별로 기록하고 나의 얕은 견해도 덧붙였다.

모두가 12편인데 첫째는 부임(赴任), 둘째는 율기(律己), 셋째는 봉공(奉公), 넷째는 애민(愛民)이며, 다섯째에서 열째까지는 육전(六典, 吏戶禮兵刑工)에 관한 것이다. 열한 번째는 진황(賑荒), 열두 번째는 해관(解官)이다. 12편이 각각 6개 항목으로 구성되어 도합 72개 조항이다. 더러는 몇 개 조항을 합하여 한 권을 만들기도 하고 더러는 한 조항을 나누어 몇 권을 만들기도 하였으니 모두 합해 48권으로 하나의 저서가 되었다. 현시대를 참작하고 습속에 따랐기 때문에 옛날 성인 임금들의 헌장(憲章)에 완전히 부합될 수는 없으나 백성을 양육함에는 조례가 갖춰졌노라고 하겠다.

고려 말엽에 이르러 다섯 가지 항목으로 목민관의 성적을 매겼고, 우리 조선에서도 그대로 따라 하다가 뒷날 일곱 가지 항목으로 늘렸는데 모두 그 대체의 방향만 독려한 것일 따름이다. 목민관이라는 직책은 관장하지 않는 부분이 없으니 여러 조목을 차례로 열거하더라도 오히려 직책을 다하지 못할까 두려운데, 하물며 스스로 생각해서 행하기를 바라겠는가. 이 책은 부임편과 맨 끝의 해관편을 제외한 나머지 10편의 내용만 해도 60조나 되니 진실로 어진 목민관이 자기의 직분을 다할 것을 생각한다면 아마도 방향을 잃지 않을 것이다.

옛날 중국의 유명한 목민관인 부염(傅琰)은 『이현보(理縣譜)』라는 책을, 중국 송나라의 목민관 유이(劉彝)는 『법범(法範)』을 저작하였으며, 송나라의 고관 왕소(王素)는 『독단(獨斷)』을, 송나라의 고관 장영(張詠)은 『계민집(戒民集)』을, 송나라의 고관이자 큰 학자인 진덕수(眞德秀)는 『정경(政經)』을, 송나라의 목민관 호태초(胡太初)는 『서언(緖言)』을, 명나라의 학자 정한봉(鄭

漢奉)은 『환택편(宦澤篇)』이라는 저서를 저술했는데 모두가 이른바 목민에 관한 책이다. 그러나 오늘날 그런 책은 대부분 전하지 않고, 오직 음란한 말과 기이한 구절만이 온 세상에 널리 퍼져 있으니, 나의 책이라고 어떻게 전할 수 있을지 모르겠다.

비록 그렇다 해도 『주역』에 "옛날 어진 분의 말씀이나 옛날 분의 훌륭한 행적을 많이 익혀서 자기 자신의 덕을 쌓는다(多識 前言往行, 以畜其德)"라고 하였으니, 이 책의 저술 작업이야말로 진실로 나 자신의 덕을 쌓기 위한 것이지 어찌 반드시 목민하는 일에만 해당되겠는가.

책의 제목을 『목민심서』라 하였는데 왜 '심서(心書)'라고 했겠는가. 백성을 목민할 마음이야 가득하지만 실행할 수가 없어 '심서'라는 이름을 붙인 것이다.

순조 21년(1821) 신사 3월 열수(洌水) 정약용(丁若鏞)이 쓰다.

제1편

부임
赴任

1 ───────── 제배除拜: 임명장 수여

▌목민관 자리는 요구할 수 없다

『목민심서』는 12편으로 이루어져 있는데 제1편이 발령을 받아
근무하는 곳으로 가는 절차를 다룬 '부임'이다. 제1편에는 다른
편과 마찬가지로 6개 조항이 있는데, 그 첫 번째 조항이 바로 임
금의 임명 절차인 '제배(除拜)'이다. '제배'는 임금이 벼슬을 내
리는 '제수(除授)'와 같은 의미로 사용하였다.

조선시대에는 요즘처럼 국민의 투표로 지방관을 선출하는 것
이 아니라 국왕이 임명하는 제도로 운영되었다. 지방자치제도
가 정착되기 전인 1995년 이전에 도지사·시장·군수 등은 모두
정부에서 임명하여 현지로 부임해 갔으니 그때를 생각하면 부
임과 제배의 의미를 충분히 이해할 수 있을 것이다.

옛날이나 지금이나 목민관인 지방관에 임명을 받으려면 그

자리에 가고 싶은 사람이 당연히 엽관(獵官)운동을 벌이게 되어 있다. 선거를 통해서 지방관이 되는 요즘으로 보면 선거운동을 통해 자기를 뽑아 달라고 애걸복걸하는 것과 같이 자기를 임명해 줄 것을 바라는 엽관운동을 하는 것이 일반적인 관행이었다. 그러나 다산은 색다른 주장으로 『목민심서』 첫 번째 조항의 첫 줄을 기록하였다.

다른 벼슬이야 하고 싶으니 임명해 달라고 요구할 수 있으나, 목민관만은 시켜 달라고 요구해서는 안 된다. 他官可求, 牧民之官, 不可求也.

목민관 벼슬이 얼마나 중요하고 그 임무가 얼마나 어려운 것인가를 한마디로 설명해 주는 내용이다.

사실 중앙이나 지방을 가리지 않고 모든 벼슬아치는 목민하는 사람이라 할 수 있다. 그런데 지방을 책임지는 관리만 특별히 목민관이라고 불렀다. 이 점에 대해서는 더 설명이 필요하다. 지금은 중앙이나 지방이나 관에 속해 일하는 사람은 모두 공무원이지만, 조선시대에는 지방에서 목민관 한 사람만 관(官)이고, 행정실무는 그 지방 출신 중인 계급의 아전들이 맡았다. 즉, 목민관만이 정식 공무원이었다.

❙ 목민관은 지방에서 임금의 역할을 대신한다

목민관은 원님이나 수령(守令)이라고 부른다. 현령·현감·부사·목사 등 지역의 크고 작음에 따라 또 그 지역의 중요도에 따라 직급의 차이는 있었다. 모두 맡은 지역의 입법·사법·행정의 3권을 행사하는 권한이 있으니 그에 따른 책임도 막중했다. 중앙 공무원인 벼슬아치들이야 맡은 직무만 성실하게 수행하면 별 탈이 없겠지만, 수령만은 권한이 막강한 만큼 그에 따른 책임도 크다. 그래서 다산은 이에 대해 자세한 설명을 했다.

수령은 만백성을 주재하니 정치상의 온갖 중요한 기능을 수행함에 있어 대소의 차이가 있을 뿐 천하국가를 다스리는 사람과 같은 처지이다. 벼슬의 이름은 다르지만 목민관은 모두 제후(諸侯)와 같다.

목민관에 대해 한 나라의 제후, 곧 임금과 같은 임무를 수행하는 위치라고 설명했다. 그렇게 중요한 자리이고 책임이 무거운 직책인 만큼 본인이 직접 시켜 달라고 하면 안 된다는 원칙을 맨 먼저 말했다. 주변의 동료나 선후배 사이에 재주와 능력이 뛰어나다는 공인을 받은 사람 중에서 중앙의 중신(重臣)이나 도신(道臣, 광역지방의 장관)의 추천을 받아 이조(吏曹)에서 엄격한 전형을 한 뒤 임금께 아뢰어 목민관을 제수해야 한다는 것이 다산의 뜻이었다. 그런 목민관이어야 한 고을을 맡아 백성을 잘 양육할 수 있다는 것이다.

그러나 예외적으로 자천에 의한 임명의 길도 열어 놓기는 했다. 충분히 한 고을을 맡아 잘 다스릴 수 있다는 확신이 있고, 재주와 능력뿐 아니라 인격적으로도 흠이 없어 주변에서 충분히 능력이 있다고 인정을 하면, 자신을 목민관으로 임명해 달라는 요구를 할 수 있다고 했다.

제배에서 다산이 특별하게 강조했던 내용이 있다. 중앙에서 임명절차가 이루어지면 교통비나 동원되는 인력에 대한 일체의 부임 비용을 중앙에서 지급하니 해당 고을 백성이나 관청에서 준비할 필요가 없다고 통보해 주면 그들이 환호성을 울리며 대환영을 하리라는 내용이다.

그동안 대부분의 수령은 중앙에서 담당하는 비용은 그것대로 받고, 고을 백성에게 걷거나 해당 관청에 부담시켜 착복하는 게 상례였다. 때문에 그런 것부터 청렴한 입장을 취해야만 목민관으로서의 위엄이 나온다고 했다.

위엄은 청렴에서 나온다. 威生於廉.

오늘날에도 경종을 울리는 다산의 명언이다.

2 ——————— 치장 治裝 : 행장 꾸리기

| 임지에 책 한 수레 싣고 가는 멋진 목민관

목민관에 임명되어 부임할 때 어떤 옷을 입고 어떤 말을 타고
가야 하는지에 대한 이야기이다. 부임 차 떠날 때의 의복은 평
상시에 입던 그대로 하고 말이나 가마 등의 꾸밈 또한 평상시와
같도록 하라는 것이 다산의 뜻이다. 동행하는 사람이 많을 필요
도 없다.

백성에 대한 애정은 절약해서 쓰는 데 있다. 절약해서 쓰려면 검
소해야 한다. 검소하게 생활할 수 있어야 청렴해지고 청렴한 뒤라
야 자애로울 수 있으니, 검소한 생활이 목민하는 데 가장 힘써야
할 일이다. 愛民之本, 在於節用. 節用之本, 在於儉. 儉而後能
廉, 廉而後能慈, 儉者, 牧民之首務也.

이러한 원칙 아래, 옛날에 어떤 목민관이 청렴하여 백성으로부터 존숭을 받았는가를 열거했다. 중국 사람에서 우리나라 사람에 이르기까지 많은 사람의 사례를 열거했는데, 대표적인 예를 하나 들어보자.

뒷날 참판 벼슬을 지냈던 유의(柳誼, 1734~1799)가 충청도 홍주(지금의 홍성) 목사로 재직할 때의 일이다. 그는 찢어진 갓과 성긴 도포에 찌든 띠를 두르고 조랑말을 탔으며, 이부자리는 남루하고 요나 베개도 없었다. 이런 모습으로 위엄을 세우자 가벼운 형벌 한번 시행하지 않았으나 간사하고 교활한 무리가 숨을 죽였다.

그때 다산은 홍주목에 속한 금정도 찰방으로 있어서 이 모습을 직접 목격할 수 있었다. 다산은 덧붙여서 이불이나 옷가지 외에 책 한 수레를 가지고 간다면 맑은 선비의 소지품이 될 것이라고 하였다.

임지에 책을 싣고 가는 목민관, 얼마나 멋진가.

3 ——————————— 사조辭朝 : 하직 인사

▎ 임금 앞에서 수령칠사를 다짐

사조란 임명된 관원이 임금에게 하직 인사를 올리는 절차이다. 다산은 목민관을 임명할 때 감찰기관인 사헌부와 사간원에서 철저하게 검증했던 제도에 대한 설명을 하며 그 중요성에 대해 다시 한 번 강조했다.

수령의 임명을 매우 중요하게 여겨 임명하기 전에 추천 절차를 두고, 임명한 뒤에는 서경(署經) 절차를 두었다. 이 절차는 경서(經書)와 법률(경국대전·대전통편)로 시험하여 그 재주와 학식을 관찰하는 일이다.

서경 절차란 오늘날로 말하면 자격 심사라 할 수 있다. 이 절차를 통과하지 못하면 임명이 취소된다. 서경을 무사히 마치고 임금에게 하직 인사를 할 때 '수령이 지켜야 할 일곱 가지 사항(守令七事)'을 외운다. 그 내용은 농상(農桑)의 번성, 호구 증식, 학교 진흥, 군정 정비, 부역 균등, 소송 감소, 악행 근절 등이다. 그러한 목민관이 되겠다고 약속을 하는 것이다.

정조 21년(1797) 여름 다산은 곡산 도호부사로 임명을 받아 하직 인사를 올릴 때 임금이 "내가 특별명령으로 너를 임명했으니 가서 잘하여 나에게 부끄러움을 주지 않도록 하라"는 당부의 말씀에 등에 땀이 줄줄 흘렸다고 고백했다. 목민관의 임무가 얼마나 막중한지 누구보다 잘 알기에 긴장할 수밖에 없었던 것이다.

인사에 관여한 사람을 찾아가지 말라

목민관은 하직 인사를 하러 다닐 때 관직에 추천을 해 준 사람이나 인사에 관여한 사람에게 감사하다는 말을 하면 안 된다. 수령은 자격에 따라 관직을 얻은 것이니 개인적인 은혜로 생각하면 안 된다는 뜻이다.

참의 김변광(金汴光, 1694~?)은 병조의 낭관으로 있다가 물러나 고향에서 가난하게 살았으나 벼슬을 구하지 않았다. 그의 형편을 아는 이조 참의 윤 모가 그를 용강 현령으로 추천하였다. 훗날 윤 모가 딸을 시집보내며 사람을 시켜 도움을 요청하자 김변광은 다음과 같은 답장을 보냈다.

"가난할 때에 서로 돕는 것은 마땅한 도리이나, 의심의 여지가 있을 때는 군자로서 조심해야 한다고 생각합니다. 제가 이전부터 사귀는 사이가 아닌데도 공의 천거를 통해 벼슬을 얻었으니 비록 명분 있는 선물이요, 재물을 취하는 바 아닌 줄 알지만 모르는 사람들은 오해를 할 것입니다. 부족한 제가 수십 년 지켜온 것을 하루아침에 잃게 된다면 청덕에 누가 되고 명예에 손상을 입지 않겠습니까. 심부름 온 사람을 그냥 돌려보내니 부끄럽고 송구합니다."

재물을 요청하는 상대가 집안 혼인이라는 명분이 있어 들어줄 수도 있으나 오히려 자신을 추천한 사람이라 삼간다는 것이다. 청탁이나 뇌물이 끼어들 여지가 없다.

목민관 자리는 이렇듯 엄중한 자리이다.

위엄을 갖추되 절차는 간단하게

계행이란 부임하는 행차에 대한 이야기이다.

부임하는 길에는 무엇보다도 엄하고 온화하며 과묵하기를 마치 말 못하는 사람처럼 처신하라. 啓行在路, 亦唯莊和簡默, 似不能言者.

좋은 벼슬에 올랐다고 경솔하거나 건방을 떨지 말고 위엄은 갖추지만 온화한 모습과 과묵한 태도를 취해야 한다. 부임 절차도 소략하게 하고, 주변에 폐를 끼치지 않도록 조용히 가는 게 좋다.

구불구불한 샛길에서는 돌아보지 말아야 한다. 돌아보면 말을 탄 관속들이 비록 진창길이라도 말에서 내려야 하니 배려해 주어야 한다.

아랫사람을 배려하는 다산의 따뜻한 마음이 느껴지는 대목 이다.

임지가 있는 도에 들어서면 겸손한 자세로 주변 고을의 수령 들을 방문하고, 그곳의 풍속과 인정, 폐단 등을 두루 물어 눈과 귀를 넓혀야 한다.

아랫사람과 잘 소통해야

상관이란 임명을 받은 뒤 맡은 지역에 가서 목민관으로 취임하는 절차이다. 다산은 취임 날짜를 미리 정하거나 날짜를 택하는 일을 하지 말라고 했다. 도착하는 날 그냥 치르면 되지, 날짜를 예정하고 거창하게 취임식을 거행하는 허세를 부리지 말라는 뜻이다.

취임하면 곧바로 하급 관속의 참알(인사)을 받아 소통의 길을 열어야 한다. 관속들과 인사를 마치고 나서 해야 할 일은 무엇일까. 다산은 한 고을의 지도자인 목민관이 어떤 자세와 어떤 마음가짐을 지녀야 할 것인가를 명확히 제시하였다.

참알하고 관속이 물러가면 혼자 단정히 앉아 백성을 보살펴 줄 방법을 생각해야 한다. 너그럽고 엄숙하고 간결하고 치밀하게 규모를 미리 정해야 하는데, 오직 그 당시의 형편에 가장 적합한 내용으로 정하고 굳게 스스로 지켜 나가야 한다.

이런 마음가짐을 다시 한 번 다짐한 뒤 부임한 이튿날 향교(鄕校)에 나아가 공자의 사당에 참배하고, 사직단에 가서 묘를 살피는 것으로 취임식을 마무리한다. 이는 조선시대에 반드시 지켜야 하는 중요한 예절이었다.

▌ 취임 즉시 고을의 문제점을 파악해야

부임편의 여섯 번째 조항은 '이사'이다. 이사란 목민관이 임지에 부임하여 실무를 맡아보는 것이다. 행정을 직접 시행함을 뜻한다. 그동안 한 고을을 맡아 정사를 펴던 구관 사또가 떠나고 신관 사또가 부임하여 모든 절차를 마치고 실무행정을 시작하는 단계이다. 이사 업무를 시작하는 그날 바로 관내의 사족(士族)이나 모든 계층의 인민에게 공문을 내려야 한다. 이 내용을 보면 역시 다산이라는 개혁적인 행정가의 면모가 잘 드러난다.

본관(本官)이 자격을 갖춘 사람은 아니지만 과분한 나라의 은혜를 입고 이 고을에 부임하여 아침저녁 근심과 두려움으로 어찌할 바를 모르고 있다. 묵은 폐단이나 새로운 병폐로 백성들의 고통이 되는 것이 있으면 그 면(面)의 일을 잘 아는 사람 5~6명이 한 곳에 모여 조목을 들어 의논하고 문서를 갖추어 가져오게 하라. 혹 한 고을 전체에 해당되는 폐단과 한 면, 한 마을의 특수한 고통은 각각 한 장의 종이에 쓰되 면마다 하나의 문서를 갖추어서 7일 이내로 함께 와서 바치도록 하라.

구악(舊惡)이나 신악(新惡), 구폐(舊弊)나 신폐(新弊)를 가리지 말고 그동안의 적폐를 샅샅이 적어 올리라는 것이다.

새로운 정부가 들어서 각 부처나 기관별로 적폐청산위원회를 조직하여 문제를 해결하는 방법과 같다. 다산은 그 시절에 면 단위의 적폐청산위원회를 구성하여 논의된 내용을 관에 보고하라고 하였다. 200년 전 다산의 높은 안목을 능히 짐작할 수 있다. 그러면서 그런 일을 하는 과정에서 일어날 수 있는 부작용까지 분명하게 예상하고, 그에 대한 처리 방법까지 제시하였다.

아전·군교·토호 들이 들으면 싫어할 일이어서 후환이 두려워 드러내지 않는다면, 수령이 부임한 처음에 폐단을 물어보는 본래의 뜻에 어긋나는 것이다. 각각 얇은 종이로 풀칠하여 봉하고 그 바깥에 표시한 뒤 어느 날 정오에 함께 읍내에 들어오고 또 함께 관청의 뜰에 와서 본관의 면전에서 직접 바치도록 하라. 어떤 간사한 자가 문서를 고치거나 삭제한다면 적발해서 엄한 징계를 내릴 것이다. 이 점을 익히 알라.

여론을 수집하기는 쉬우나 개혁하는 것은 어려운 일이다. 고칠 만한 것은 고치고, 고칠 수 없는 것은 그대로 둘 수밖에 없다. 오늘에 들떠서 날뛰지 말며 다음에 실망하지도 말라. 면이나 마을의 사사로운 폐단이나 혹 사심을 품고 사(私)를 끼며 헛되이 과장되거나 그 실상을 감추거나 뜬소문을 꾸미는 사람이 있으면 결국 죄를 받게 될 것이니 조심하라.

하달한 내용을 자세히 읽어 보면 오늘날 우리의 현실과 너무나 부합된다. 새로 부임한 사또가 어떻게 그 고을이 안고 있는 문제점을 상세히 알 수 있겠는가. 그곳에 사는 주민들이 논의 구조를 만들어 그동안 고을이나 면에서 발생한 부정이나 비리는 말할 것 없고, 관행이나 악습 등을 자세히 파악하여 개혁하고 시정하기 위한 조치였다.

문제점을 파악하고 지적하여 여론을 수집하기야 쉬운 일이지만 고치고 바꾸는 일은 예나 지금이나 쉽지 않다.

새로운 사또가 부임하고 새로운 정부가 들어섰으니 온갖 비리와 부정이 시정되고 새로운 개혁이 이루어지리라 믿고 마냥 날뛰거나 과장된 이야기를 퍼트려서도 안 된다는 말의 의미가 크다. 당장에 고치거나 바꾸지 못한다고 실망하여 포기해 버리는 것도 옳지 못하다고 했다. 단기간에 해결이 어려운 것은 시간을 두고 지혜를 짜내서 해결 방법을 찾아야 함은 너무나 당연하다.

민생고 해결 뒤에 교화정책

"취임 첫날 사족(士族)과 백성에게 영을 내려 백성이 당하고 있
는 폐막(弊瘼)을 묻고, 그에 대한 의견을 구해야 한다(是日, 發令
於士民, 詢瘼求言)"라는 목민관의 임무는 소통과 개혁이라는 지
도자의 역할을 가장 올바르게 제시한 내용이다. 주민과의 소통
으로 적폐를 면밀하게 파악하여 고치고 바꾸는 일부터 시작하
라는 다산의 목민 정신이 생생하게 드러나는 조항이 바로 이 대
목이다.

이 조항에서 다산은 주자(朱子)가 고을의 사또가 되어 행했던
어진 정치를 예로 들면서 목민관이 해야 할 세 가지 대원칙을
밝혔다.

첫째, 민생(民生), 즉 먹고 살아가는 문제를 해결하는 것이 가
장 크고, 두 번째는 백성들을 올바른 방향으로 교화(敎化)시켜
야 하며, 세 번째는 학업을 익히게 하는 일이다.

목민관이 백성을 대함에는 반드시 민생을 먼저 한 뒤에 교화에 대
한 업무를 행하고, 교화를 한 뒤에 학업을 익히게 해야 한다. 君子
之於小民也, 必先養而後敎, 敎而後學焉.

잘못된 관행이나 부정이나 부패는 백성이 당하는 착취와 연
관되어 악습·악행 등에 대한 민막(民瘼), 즉 백성이 당하는 고
통을 해결해 줄 때에만 민생의 길이 열리게 된다. 민생을 해결

한 뒤에 교화를 통해 고을의 풍속을 순화하고 효제(孝弟)를 권장하고 오륜(五倫)의 질서를 바로잡아 도덕성이 살아나면 그때에 배움을 통해 백성의 수준을 끌어올리는 일을 해야 한다는 뜻이다. 현대의 목민관이 그대로 행하여도 전혀 부족하거나 뒤처지지 않는 정책이라 할 수 있다.

민원은 즉각 처리해야

이사라는 항목에서 첫 번째 임무가 민막(民瘼), 즉 적폐를 청산하기 위해 백성이 당하는 고통을 스스로 고발해 주기를 바라는 것이라면, 두 번째의 큰 임무는 백성과 관의 소통에 대한 내용이다.

자신이 당하는 고통을 관에 호소하러 들어오는 백성이 부모의 집에 들어가는 것처럼 친숙하고, 아랫사람의 뜻이 제대로 통하여 막힘이 없어야 백성의 부모와 같은 목민관이라고 칭하게 된다. 마침 식사중이거나 목욕하는 때라도 문지기가 금하지 못하게 하고, 문지기가 이를 어기면 매를 맞게 해야 한다. 혹 뒷간에 가 있는 때라면 잠깐 기다리게 한 뒤 만나 주어야 한다.

관과 민의 소통이 이런 정도는 되어야 제대로 된 목민관이라고 할 수 있다. 옛날 중국 고사에서 주공(周公)이라는 대정치가는 '삼토포, 삼악발(三吐哺, 三握髮)'을 세상에 전했다. 손님이 찾아오면 밥 한 끼를 먹는 동안에도 입 안에 든 음식물을 세 번이나 뱉어냈고, 머리 한 번 감는 동안에도 세 번이나 젖은 머리카락을 움켜쥐고 맞았다는 뜻이다. 그만큼 시간을 지체하지 않고 즉각즉각 민원을 처리했다는 상징적인 표현이다. 친부모님집에 오듯 관청을 드나들고, 지체 없이 어느 때라도 접견해야하는 목민관의 자세를 이야기한 것이다.

▎관청문에는 북을, 집무실에는 지도를

관청의 바깥문 설주에 특별히 북을 하나 걸어두어야 한다. 遂於外門之楔, 特懸一鼓.

백성이 민원을 말하러 관청을 찾아가지만, 중간에서 가로막는 아전이나 외부인사가 있는 경우는 목민관이 직접 듣고 해결하도록 북을 두드릴 수 있게 큰 북 하나를 걸어두어야 한다고 했으니, 관과 민의 소통에 얼마나 마음을 기울이고 있는가를 볼 수 있다. 오늘에야 전화와 핸드폰이 있고, 다른 많은 통신 수단이 있지만 예전에는 그렇게 하지 않고는 백성의 뜻을 전달하기가 쉽지 않았다.

목민관과 백성은 서로간에 굳은 약속이 있어야 한다. 약속을 정확히 해놓고 그 약속을 지켜야 신뢰가 서는 것이니, 신뢰가 무너지면 행정이 제대로 수행될 수 없다. 어떤 업무에 정해진 기한이 있으면 반드시 그 기한을 지키고, 상호 약속한 일을 지키지 않은 경우 벌이 따라야 한다. 지역의 가까움과 먼 곳을 구별하여 이행 기일을 적절하게 정하여 처리함은 행정업무에 매우 중요한 것이라 오늘날에도 그대로 적용되는 내용이다.

다산은 꼼꼼한 행정가였다. 이사 조항에서 마지막으로 강조한 내용은 취임과 동시에 해야 할 업무는 그 고을에서 가장 그림을 잘 그리는 사람을 불러다가 고을 전체의 지도를 그리게 하여 목민관의 집무실 벽에 걸어놓는 일이었다. 자신이 책임지고 있는 고을의 관내도를 면밀하게 그려서 지역의 형편을 파악하고 수시로 방문하여 백성과 원활하게 소통해야 한다는 것이다. 요즘이야 너무 당연한 일이지만 200년 전에는 획기적인 발상이었다. 다산은 『치현결』을 인용해 지도 작성 요령까지 세세하게 제시했다.

지도 가운데 강줄기와 산맥은 실제와 똑같이 그리고 동서남북과 방위를 각각 표시하며 면과 마을의 이름을 표시하고 사방 도로의 이수(里數)와 모든 마을의 가구 수를 표시한다. 큰 길, 작은 길, 다리, 나루터, 고개, 객점, 절간이 있는 곳 등을 모두 밝혀 놓아야 인정과 풍속을 살필 수 있고, 그곳 사정을 알 수 있다. 또 아전과 백성들이 왕래하는 길도 알 수 있다.

다산의 치밀함이 돋보이는 대목이다.

제2편

율기

律己

1 ──────── 칙궁飭躬 : 바른 몸가짐

장소에 맞는 복장을 갖추어야

책의 서론 격인 부임편 다음에는 본론 격인 율기·봉공·애민에
대한 세 편의 이야기가 이어진다. 율기란 자신의 몸과 마음을
수양하여 인격을 닦는 것이다. 율기편의 6개 조항 가운데 첫 번
째는 '칙궁'이다. 칙궁은 자신의 몸가짐을 가다듬어 바르게 한다
는 뜻이다.

몸을 일으키고 움직이는 경우 절도가 있어야 한다. 관(冠)과 띠
(帶)는 단정히 하며, 백성들 앞에 임할 때는 장중하게 하는 것이
옛날부터 목민관의 도리이다. 날이 밝기 전에 일어나 촛불을 밝히
고 세수를 마친 뒤 의복을 단정하게 입고 띠를 두른 뒤 조용히 앉
아서 정신을 한 곳으로 모은다. 잠시 뒤 생각을 풀어서 오늘 해야

할 일에 대하여 차례를 정한다. 무슨 공문을 처리하고 무슨 명령을 내릴까도 정한다. 어떻게 하면 될지 처리할 방법도 생각해 둔다. 할 일을 정할 때마다 사욕을 끊어 버리고 하나같이 천리(天理)에 따르도록 힘써야 한다.

다산이 '사욕'을 버리고 '천리'에 따를 것을 처음부터 강조한 것을 생각해 보아야 한다. 여기에서 '천리'는 바로 공(公)에 해당하는 일이다. 공사(公私) 개념으로 따져 사욕을 끊고 공심(公心)으로 모든 문제를 처리할 생각부터 해야 한다는 뜻이다.

이렇게 마음가짐에 대한 이야기 다음에는 목민관이 갖추어야 할 의복에 대한 자세한 설명이 뒤따른다. 어떤 옷을 입고 어떤 신을 신으며 의자에 앉아 아랫사람의 참알을 받는 자세까지 설명했다.

군사(軍事)에 관한 업무를 수행할 때는 당연히 군복을 입고 칼을 차서 군 지휘관의 모습으로 임해야 한다. 요즘 세상에서 군대를 방문할 때 군복을 입고, 재난을 처리할 때 그에 걸맞은 옷을 입는 것과 마찬가지이다. 간혹 소탈함을 좋아하고 속박을 싫어하는 자가 망건도 안 쓰고 버선도 신지 않은 채 아전과 백성을 대하는데, 이는 크게 잘못된 것이라고 하였다.

다산은 『시경』을 인용하여 "점잖은 위의(威儀)는 덕의 표현이다", "공경하고 삼가는 위의는 백성의 본보기이다"라고 하여 때와 장소에 따라 격에 맞는 복장을 해야 한다고 다시 한 번 강조했다.

청렴하라 신중하라 부지런하라

마음가짐에 대해서는 송(宋)나라의 명신 범중엄(范仲淹)의 예를 들었다.

"나는 잠자리에 들 때마다 오늘 하루 동안 봉양 받은 비용과 시행한 업무를 비교해서 서로 맞먹을 정도이면 깊은 잠을 잔다. 그렇지 않으면 편하게 잠을 이루지 못하고 다음날 기어이 보충할 수 있는 일을 한다."

다산은 이 부분에 대한 결론으로 『시경』의 시 한 편을 인용했다. "저 군자여! 일하지 않고는 먹지 않는도다.(彼君子兮, 不素餐兮.)"

목민관은 고을을 위하고 주민을 위해 자신이 향유하는 만큼 일을 해야 한다는 것이다. 하는 일 없이 녹봉만 받아먹으며 권력이나 누리는 목민관에게 따끔한 일침을 가하는 대목이다. 마음가짐에 대한 이야기는 계속 이어진다.

공무에 여가가 있으면 반드시 정신을 모으고 생각을 안정시켜 백성들이 편안하게 살아갈 방책을 헤아려 정성껏 잘 되기를 도모해야 한다.

겨를이 있을 때마다 백성의 삶에 대해 온 마음을 기울이라고 권한 것이다. 그러면서 송나라 정자(程子)의 명언인 '시민여상(視民如傷)'을 걸어 놓고 보는 것이 좋다고 했다. '시민여상'

은 본래 『맹자』에 나오는 이야기인데, 정자가 벼슬살이하는 동안 활용했기 때문에 정자의 이야기로 인용하였다. 백성을 상처가 나 돌봐주고 보살펴 주지 않으면 통증을 이기지 못해 괴로워하는 사람처럼 여겨, 항상 손을 펼치고 마음을 기울여야 한다는 뜻이다.

몸과 마음을 바르게 하기 위한 세 가지 원칙도 만들었다. 바로 세 글자의 원칙이다.

벼슬살이에는 세 글자의 오묘한 비결이 있으니 첫째는 맑음(淸)이요, 둘째는 삼감(愼)이요, 셋째는 부지런함(勤)이다.

청렴한 마음가짐과 신중한 행동으로 부지런하게 일하라는 매우 평범한 이야기이지만, 그대로 실천하기란 쉽지 않은 일인지라 새삼스럽게 강조해 열거했다.

다산은 일을 처리할 때 선례(先例)대로만 처리해서는 안 된다고 하였다. 법률의 범위 안에서 편의에 따라 변통할 것을 생각하여 백성을 편안하게 하고 이롭게 해야 한다는 뜻이다. 만약 법률이 현저히 불합리한 경우라면 고쳐서 바로잡는 일에도 생각을 기울이라고 하였다.

부하의 의견에 귀를 기울여야

천하의 일은 한 사람이 다 할 수 없다. 天下之事, 非一人所爲也.

아무리 능력이 탁월한 사람이라도 독단적으로 처리하여 제대로 되는 일은 많지 않다. 지위가 낮은 사람의 의견도 반드시 물어 참고해야 한다. 다산은 청백리로 유명한 한지(韓祉, 1675~?)의 고사를 인용해 설명했다.

한지는 감사로 있을 때 아침에 막료들이 인사차 방문하면 반드시 물었다.

"내가 어제 했던 일에 무슨 허물이 없었던가?"

"없습니다."

"'세 사람이 함께 걸어가는 경우에도 반드시 내 스승이 있다'라고 하였거늘 10여 명의 의견이 어떻게 내 의견과 똑같을 것인가. 그대들은 어서 말해 보라. 말해서 옳다면 좋을 것이요, 그르다면 서로 의논하여 다시 생각하면 깨우치는 바가 없지 않을 것이다."

그렇게 계속하다 보니 했던 일에 잘못이 있으면 고치고, 새롭게 변화시켜 옳은 방향으로 일을 하게 되었다.

다산은 자신이 하는 일은 모두 옳다는 독단적인 생각에서 벗어나 아랫사람에게도 의견을 묻고, 기탄없이 그들의 견해를 참작하여 일을 처리하는 것이 중요하다고 강조하였다. 얼마나 옳은 지적인가. 이처럼 아랫사람과 소통이 제대로 이루어진 뒤에는 말과 행동거지를 신중하게 해야 한다고 했다.

목민관이 되면 몸이 곧 화살의 표적이 되므로 한 마디 말과 한 가지 행동도 삼가지 않으면 안 된다. 말 한 마디로 하늘과 땅의 화평을 상하게 하는 경우가 있고, 한 가지 일로 평생의 복을 끊어 버리는 경우도 있으니 모름지기 절실하게 점검하라. 말을 많이 해서는 안 되고, 갑자기 성을 내어서도 안 된다.

너그러우면 사람이 따르지만 너그럽지 못하면 곁에 사람이 모여들지 않는다. 목민관 노릇 또한 이런 원칙에서 벗어날 수 없다.

아랫사람을 너그러이 대하면 순종하지 않는 백성이 없을 것이다. 그래서 공자는 "윗사람이 되어 너그럽지 못하고, 예를 행하는 데 공경스럽지 않다면 뭐가 볼 것이 있겠는가" 하였고, "너그러우면 사람이 모여든다(寬則得衆)"고 하였다.

너그러움만이 남을 포용해서 사람들이 따르게 된다는 뜻이다. 여기에 더해 목민관의 예모와 처신에는 위엄이 있어야 한다고 했다.

군자가 무겁지 않으면 위엄이 없으니, 백성의 윗사람 된 자는 진중해야 한다.

남에게 명령하고 지도하면서 위엄이 없다면 누가 따르겠는가. 관용과 위엄을 구별하지 못한 풀어진 자세로는 남의 지도자가 될 수 없다.

위엄이 무너지는 대표적인 사례는 목민관이 창기(娼妓)와 놀아나고 기생과 가까이 지내는 일이다.

"색(色)에 청렴하라"는 다산의 교훈은 오늘날에도 준엄한 교훈으로, 정말 뼈아프게 우리의 귓전을 울린다.

백성들과 함께 즐기라

지금까지의 서술이 삼가고 지켜야 하는 무거운 내용이라 저절로 옷깃을 여미었다면, 뒷부분의 이야기는 조금쯤은 느슨한 자세로 읽어도 될 것 같다.

우선, 몸과 마음가짐을 제대로 행하여 그 고을 정사(政事)가 제대로 이루어지면 백성들과 더불어 풍류를 즐기며 놀아도 좋다고 하였다.

정치가 제대로 이루어져 온 백성의 마음이 즐거워하는 분위기이면 풍류를 즐길 일을 만들어 백성과 함께 즐기는 것도 옛날부터 하던 일이다.

'여민동락(與民同樂)', 백성과 더불어 즐기는 것은 동양 정치원리의 기본이다. 요즘으로 말하면 군민체육대회, 군민노래자랑 등을 열어 주민들과 즐거움을 함께하는 일을 해도 좋다는 뜻이다. 맹자가 "먼저 나라를 걱정하고, 그 뒤에 나라가 잘 되어 가면 즐거워하라(先憂而後樂)"라고 한 뜻과 같다.

끝으로, 업무를 수행하는 동안에도 짬을 마련하여 글을 읽으라고 권장했다. 관청 안에서 책 읽는 소리가 사방에 울려 퍼지면 깨끗한 선비가 살아가는 집이 된다.

목민관의 집무실에서 책 읽는 소리가 난다면 이거야말로 맑은 선비가 하는 일이라고 말할 수 있다. 政堂有讀書聲, 斯可謂之淸士也.

몸가짐, 마음가짐에 대해 말하면서 마지막으로 독서를 권고하였으니, 참으로 다독가인 다산답다.

2 —————————— 청심淸心 : 청렴한 마음

▍청렴은 이익이 많이 남는 장사

청심이란 맑은 마음이니, 바로 청렴한 마음을 뜻한다. 『목민심서』 72개 조항 가운데 가장 핵심적인 조항이자 목민관의 덕목(德目)으로 비중이 큰 항목이다. 청렴은 공직자의 기본적인 임무이기 때문에 『목민심서』 48권 전체 중에서 반드시 실천해야 할 첫 번째가 바로 청심이다. 그래서 다산은 힘주어 말한다.

청렴이란 목민관의 본질적인 임무로서 만 가지 착함의 근원이요, 모든 덕의 뿌리이다. 청렴하지 않으면서 목민관 노릇을 잘 할 사람은 없다. 廉者, 牧之本務, 萬善之源, 諸德之根. 不廉而能牧者, 未之有也.

청렴한 벼슬아치를 청백리(淸白吏)라고 한다. 조선은 청백리 선발에 역점을 두고 공직자에게 청렴을 강조했다. 그러나 사회가 혼탁해지는 조선 후기로 오면서 청백리를 선정하는 제도가 무너져 선발 자체가 불가능해지고 말았다는 점을 다산은 탄식했다. 다산은 조선 중기까지 명맥을 유지하던 제도를 통해 선정된 청백리 숫자를 기록했다.

"조선왕조 시절에 청백리로 선정된 사람은 도합 110명이다. 태조대왕에서 연산군 때까지 45인, 그 이후 광해군까지 37인, 숙종 때까지 28인이고, 경종 이후로는 청백리 선발제도가 없어져 버렸다. 그러한 제도의 폐지로 나라는 더욱 가난해지고 백성들은 더욱 곤궁하게 되었으니 한심하기 짝이 없다. 400여 년 동안 관복을 입고 조정에서 벼슬한 사람이 몇 천에서 만 명에 이르는데, 그 중에서 청백리로 선발된 사람이 겨우 그 정도의 숫자에 그쳤으니 사대부로서의 수치가 아니겠는가?"

탐관오리가 판을 치는 세상에 청백리 제도까지 사라져 버린 시대적 어려움이야말로 바로 『목민심서』가 탄생할 수밖에 없던 배경이니, 청렴과 청백리를 희구하는 '청심' 조항이 등장할 수밖에 없다. 이어지는 이야기는 대부분 청백리에 대한 고금의 사례와 실천했던 내용으로 채워져 있다.

청백리에는 세 등급이 있다. 최상의 등급은 봉급 이외에는 아무것도 받지 않는 사람이다. 봉급을 사용하고 조금 남는다 해도 집으로 가져가지 않으며, 벼슬을 그만두고 집으로 가는 날 말한 필만 이용하는 사람이다. 이런 사람은 아주 옛날의 청백리이다. 두 번째 등급은 봉급 이외에 명분이 바른 것은 받고 바르지 않은 것은 받지 않으며, 사용하고 남은 것이 있으면 집으로 보내는 사람이다. 이런 사람은 중고 시대의 청백리이다.

최하의 등급은 이미 규례로 되어 있는 것이라면 명분이 바르지 않더라도 받아 쓰지만 규례로 되어 있지 않은 것은 죄가 되지 않는 범위에서 받아 쓴다. 고을의 벼슬을 팔지 않으며, 재해를 당한 사람에게 세금을 감해 주는 제도를 악용하여 훔치지 않는다. 송사(訟事)·옥사(獄事)에서 뇌물을 받지 않으며, 조세를 지나치게 매겨 나머지를 착복하는 짓을 하지 않는 사람이다. 이들을 오늘날 청렴한 벼슬아치라 한다.

최상의 청백리가 가장 바람직하지만 두 번째 등급만 제대로 이행해도 청백리라고 할 수 있다. 착함을 좋아하고 악함을 부끄럽게 여기는 사람이라면 최하위 등급의 청백리는 되지 않아야 한다.

다산은 『상산록(象山錄)』을 인용해 범법하지 않는 범위 안에서 탐학한 벼슬생활을 하면서 청백리라고 한다면 그 사람이야말로 삶아서 죽일(烹刑) 범죄자와 같다는 뜻이니, 청백리는 쉽게 될 수 없다는 주장을 펼쳤다.

봉급 이외에 어떤 것도 절대 받지 않고, 봉급이 남으면 국가에 되돌려주고 자신의 집으로 보내지 않는 게 어디 쉬운 일이겠는가. 그래서 현실적으로 이행이 가능한 두 번째 등급도 청백리라는 호칭에 부합한다는 것이 다산의 뜻이다. 봉급 이외에 명분이 뚜렷한 일, 즉 부모의 상을 당해 받는 부조금, 자녀의 혼사 축하급 등은 받을 수 있으며, 사용하고 남은 봉급을 집으로 보내는 정도는 감안할 수 있다는 것이다.

이어지는 이야기는 청렴이라는 도덕성의 가치가 얼마나 큰 것인가에 대한 것이다.

청렴은 세상에서 가장 이익이 많이 남는 장사이다. 욕심이 많은 사람이라면 청렴해야 한다. 청렴하지 못한 사람은 지혜가 짧기 때문이다.

욕심이 많은 사람일수록 오히려 청렴해야 한다는 표현은 얼핏 보면 모순처럼 느껴진다. 하지만 하급관료로서 작은 이익에 눈이 어두워 뇌물을 받다가 탄로나면 영원히 끝이지만, 작은 이익에 흔들리지 않고 청렴한 벼슬살이를 하다 큰 이익이 되는 정승·판서의 지위에 오른다면 청렴의 가치가 얼마나 큰 것인가를 알게 되니, 청렴이야말로 이익이 가장 큰 장사라는 역설이 통하게 된다.

다산은 『논어』를 인용해 청렴의 높은 가치를 설명했다. 공자는 "어진 사람은 인을 편안히 여기고(仁者安仁), 지혜로운 사람은 인을 이롭게 여긴다(知者利仁)"라고 했는데, 다산 자신은 인(仁)의 가치와 염(廉)의 가치를 동등하게 여겨 "청렴한 사람은 청렴을 편안히 여기고(廉者安廉), 지혜로운 사람은 청렴을 이롭게 여긴다(知者利廉)"라고 바꾸어 유교의 최상 덕목이 '염'이라는 결론에 이른다. 다산은 '가장 큰 욕심쟁이는 반드시 청렴하다(大貪必廉)'라는 사자성어(四字成語)를 만들어 냈다. 높은 벼슬은 청렴에서 온다는 의미이다.

티끌 하나라도 오염되면 청렴의 가치가 손상되기 때문에 선비의 청렴이 얼마나 어렵고 귀중한 것인가를 다산은 여러 예를 들어 강조했다.

북송(北宋)의 명신 포증(包拯)은 "후세에 자손이 벼슬하다가 부정을 범하면 집에 돌아오게 해서는 안 되며, 죽은 후에도 선영에 묻힐 수 없다"라는 말을 후손에게 남겨 가훈으로 삼게 하였다. 명나라의 문학가 풍몽룡(馮夢龍)은 "천하의 가장 못난 짓은 모두 돈을 버리지 못하는 데서 일어나고, 천하의 가장 좋은 일은 돈을 버리는 데서 이루어진다"라고 하였다.

목민관이 청렴하면 산천초목도 빛난다

청렴한 벼슬아치는 그렇게 높은 가치로 대접받을 수 있지만 염리(廉吏)와 반대로 탐리(貪吏)로 지목받으면 얼마나 불행해지는지 다산은 이렇게 증언한다.

목민관이 청렴하지 않으면 백성은 그를 도둑으로 지목하여 마을을 지날 때 더럽다고 욕하는 소리가 높을 것이니, 이 또한 수치스럽기 짝이 없는 일이다.

목민관이 지도자로서 존경받는 것이 아니라 도둑으로 지목되다니 이보다 더 불행한 일이 어디에 있겠는가. 독재시대에 고관대작을 다섯 종류의 도둑으로 지목한 김지하 시인의 「오적(五賊)」이라는 시가 국민 사이에 유행했던 때를 떠올리면 고개가 끄덕여질 것이다. 불행한 일이지만 한때 국회의원이나 고관이 지나가면 사람들이 등 뒤에서 "저 도둑놈 지나간다"라고 야유했다. 청렴의 가치를 잊고 지내는 관리는 언제든 도둑으로 매도당한다는 것을 잊어서는 안 된다.

탐욕스런 목민관이 당하는 불행에 대하여 다산은 참으로 격에 맞는 일화를 하나 소개하였다.

한 목민관이 좀도둑인 유생(儒生)을 잡아다 심문하였다. 그런데 그 유생이 고개를 꼿꼿이 들고 백성을 수탈하고 패악한 탐학행위를 한 관리들의 죄악상을 일일이 지적하자, 목민관은 할 수없이 그를 석방하고 말았다. 자신들의 죄악이 폭로되는 바람에 좀도둑조차 처벌하지 못하는 탐관오리의 부패한 모습이 생생하게 드러나는 장면이다.

뇌물은 누구나 비밀스럽게 주고받지만, 한밤중에 했던 일도 아침이면 소문으로 퍼진다. 貨賂之行, 誰不秘密, 中夜所行, 朝已昌矣.

세상에는 비밀이 없고 완전범죄는 있을 수 없으니, 뇌물을 주고받으면 반드시 밝혀진다는 뜻이다. 그러나 수뢰행위가 없는 청렴한 목민관은 온 세상의 칭송을 받는다고 했다.

청렴한 벼슬아치를 소중하게 여기는 것은 그가 지나가는 산이나 들이나 시내나 돌까지 모두 맑은 빛의 혜택을 입기 때문이다.

목민관이 청렴하면 산천초목도 맑은 빛을 발한다니 얼마나 영광스러운 일인가. 다산은 또 "청렴하다는 소리가 사방에 퍼져서 좋은 소문이 날로 불어나면 이 또한 인간으로서의 지극한 영광이 아닌가"라고 하였으며, "맑은 기운은 남에게 스며든다(淸氣襲人)"라고 했다. 청렴한 목민관의 영향이 모든 사람에게 맑은 기운으로 스며든다니, 이 또한 영예롭기 그지없는 일이다. 목민관은 그래서 '청렴'할 수밖에 없다.

청렴한 목민관이 꼭 지켜야 할 사항이 또 있다고 했다. 임기를 마치고 떠날 때 자신이 근무했던 고을의 토산품이나 특산품을 가져가서는 안 된다는 것이다. 예컨대 강계의 인삼이나 초피, 경북(鏡北)의 다리와 삼베, 남평(南平)의 부채, 순창의 종이, 담양의 채색상자, 동래의 담배기구, 경주의 수정, 해주의 먹, 남포의 벼루 같은 것을 단 하나라도 가지고 가서는 안 된다. 그래야 청백리로서 유종의 미를 거둘 수 있다.

청렴하지 못한 목민관을 도둑놈으로 욕한다고 했는데, 다산은 논문 「감사론(監司論)」에서 도둑을 소도(小盜)·대도(大盜)로 나누어 작은 도둑은 목민관이고, 큰 도둑은 고관인 감사(監司)라고 하여, 지위가 높고 권한이 큰 감사야말로 왕도둑이라고 비난했다. 이 글을 읽으면, 청렴하지 못한 목민관의 비행에 대한 준열한 꾸짖음을 생생히 접할 수 있다.

──────────────── 제가齊家 : 집안 단속

▌ 가정부터 잘 다스린 뒤 고을을 다스려야

청렴한 공직자가 되는 데 제 한 몸 착한 것만으로는 부족하다.
자칫하면 가족의 그릇된 처신이나 지인의 청탁으로 인해 부정
과 비리에 연루될 수 있다. 율기편의 세 번째 조항인 '제가'에서
이 문제를 다루고 있다.

제가에 대한 다산의 원칙이 있다. '수신제가치국평천하(修身
齊家治國平天下)'라는 동양정치학의 대원칙에 대하여 다시 천
명한 내용이다.

몸을 닦은 뒤에 가정을 올바르게 다스리고, 그 뒤에 나라를 다스
림은 온 세상의 공통된 원칙이다. 한 고을을 제대로 다스리고 싶
은 사람은 먼저 자신의 가정부터 올바르게 다스려야 한다. 修身而

後齊家, 齊家而後治國, 天下之通義也. 欲治其邑者, 先齊其家.

제가의 중요성을 더욱 강조한 말이다.

다산은 "한 고을을 다스림은 한 나라를 다스리는 것과 같다(治縣如治國)"라고 전제하고, 자기 집안도 제대로 다스리지 못하면서 어떻게 한 고을을 다스릴 수 있겠느냐며, 집안 다스리는 몇 가지 요령을 제시하였다.

첫째, 임지로 데리고 가는 집안 사람의 숫자는 법대로 한다. 둘째, 복장과 수레와 말의 치장을 검소하게 한다. 셋째, 음식은 반드시 절약하여 준비한다. 넷째, 여색에 대하여 근엄한 태도를 유지한다. 다섯째, 어떤 청탁도 철저히 끊어야 한다. 여섯째, 물건을 사들일 때 청렴해야 한다.

이 여섯 가지 조목에 엄격하게 법도를 세우면 무리 없이 올바른 목민관 생활을 할 수 있지만, 그렇지 못하면 불가능하다는 것이 다산의 뜻이다.

임지로 가면서 가족을 데리고 가는 문제는 간단하지 않다. 모시고 사는 부모야 너무 당연하지만 아내 이외에 기혼 자녀를 여러 명 데리고 가서는 안 된다. 어머니에게는 관에서 생활비를 제공해도 되지만, 아버지에게는 생활비를 제공하면 안 된다고 했는데 이 점도 깊이 새겨들어야 할 내용이다. 아버지는 생활비를 조달할 방법이 있을 수 있으나, 어머니는 그렇지 못하기 때문에 아버지와는 다르게 해야 한다고 했을 것이다.

아내와 자식이 가장(家長)을 힘들게 한다고 하여 '가루(家累)'

라 하는데, 처자식을 제대로 이끌 수 있어야 현명한 목민관이다. 형제들 왕래는 허용하지만, 오래도록 관아에 머무르게 해서는 안 된다. 특히 아버지의 경우 관청 일에 관여하다 보면 온갖 탈이 생긴다. 절대로 정사에 관여할 수 없게 하고, 안방에서 조용히 지내도록 조치해야 한다. 안사람이 오고 가는 경우 반드시 치장은 검소하게 하고, 사치를 근절해야 한다.

목민관의 철저한 자기 관리

다산은 제가의 모범적인 인물로 효헌공 송흠(宋欽, 1459~1547)을 거론하였다. 송흠은 조선왕조 청백리의 대표적인 인물로, 문과에 급제하여 관찰사·판서·우참찬의 높은 벼슬을 역임하였다. 전라도 영광(지금은 장성) 출신이다. 송흠은 지방 수령으로 부임할 때마다 타고 가는 말이 겨우 세 필이었다. 공이 타는 말이 한 필, 어머니와 아내가 타는 말이 각각 한 필이었다. 그래서 당시 사람들이 삼마태수(三馬太守)라고 불렀다.

새로 부임해 가는 수령으로서 얼마나 검약하고 간소한 행차인가. 그래서 세상에 '삼마태수'라는 아름다운 명칭으로 전한다니 얼마나 영광스러운 호칭인가.

가정에서 특별히 신경 써야 하는 부분은 의복과 음식이다. 의복이 사치하면 귀신이 미워하고, 음식이 사치하면 재앙을 부른다고 했다. 가정을 바르게 하려면 검소한 의복에 소박한 음식을 먹도록 단속하라는 뜻이다. 너무나 당연한 이야기이다. 그러나 그런 일이 결코 쉽지 않아 거듭거듭 단속하고 신칙하였다.

또한 여성이 거처하는 규방을 제대로 단속해야 한다. 남녀 종들의 행실에도 마음을 기울이고, 기생이나 관청에 딸린 노비도 잘 단속해야 한다.

집안에 애첩을 두면 부인이 질투하기 마련이고, 행동이 한 번 잘못되면 소문이 사방으로 퍼진다. 애초에 사욕을 끊어 후회함이 없도록 하라. 房之有嬖, 閨則嫉之, 擧措一誤, 聲聞四達. 早絶邪慾, 毋俾有悔.

첩을 허용하는 시대였지만, 남의 모범이 되어야 할 목민관은 그런 일에도 마음을 써서 흠이 없어야 한다. 다산은 질투하지 않는 부인은 거의 없다고 전제하고, "첩과의 관계가 제대로 정리되지 않으면 작게는 집안이 시끄러워지고 크게는 관청 바깥까지 소문이 퍼져 고과에서 불리한 점수를 받는다"라고 하여 집안 다스리는 일에 첩의 문제를 중요한 일로 여겨야 한다고 강조했다.

요즘도 이성(異性) 문제로 비난을 받고 낙마하는 공직자가 많다. 예나 지금이나 목민관은 철저한 자기 관리를 해야 한다.

4 ——————— 병객屛客 : 청탁 배제

▍청탁의 문, 처음부터 닫아야

율기편의 네 번째 조항은 '병객'이다. 병객이란 청탁하러 오는 어떤 손님도 물리치고 받아주지 않아야 한다는 뜻이다. 법에도 없는 책객(冊客)이나 겸인(傔人)을 곁에 두고 관청 일에 관여하는 것을 일절 금해야 한다고 했다. 회계를 처리하고 집안일을 돌보는 서기 한 사람만 있으면 충분하니, 돌봐준다는 구실로 협잡이나 청탁을 일삼는 어떤 보좌관도 두어서는 안 된다는 뜻이다. 보좌진의 잘못된 활용은 언제나 문제를 일으킨다. 청탁의 문을 막으려면 애초 그런 객인(客人)을 곁에 두지 않아야 한다.

주변 사람을 통한 청탁 이외에 존문(存問)을 통한 청탁 또한 문제가 많다. '존문'이란 목민관이 관내에 거주하는 유력한 인사에게 찾아가 경의를 표하고 안부를 묻는 일이다. 목민관이 발령을 받고 임지로 출발할 때, 중앙의 고관들이 그 지방에 누구누구는 내가 아는 사람이니 그곳에 가면 찾아가 안부를 물으라는 주문을 한다.

또 편지를 보내 누구누구에게 존문하라는 요청을 하기도 한다. 이러한 고관들의 주문을 이행하다 보면 그들과 대면하는 과정에서 청탁을 받게 되고, 그럴 경우 거절하기 어려운 입장에 처하기 때문에 그런 주문을 거절해야 한다는 것이 다산의 뜻이다.

▎청탁편지는 서랍 속에 잠자고

병객을 제대로 했던 대표적인 목민관으로 다산은 유의(柳誼, 1734~?)의 예를 들었다. 유의는 바로 다산이 금정도 찰방으로 좌천되어 갔을 때 직속상관인 홍주 목사로 근무했던 사람이다.

유의가 부임 차 조정 대신들에게 인사를 하러 갔을 때 여러 고관이 홍주에 부임하면 누구누구를 존문하고 그들을 돌봐주라는 청탁을 했다.

"임금께서 이미 홍주의 백성을 나 같은 목민관에게 맡겨서 구휼하고 보호하도록 하였으니, 조정의 고관 부탁이 비록 무겁기는 하지만 임금의 주문보다 높을 수는 없습니다. 편벽되게 부탁받은 사람만 돌봐주면 임금보다 사사로운 명령을 받드는 것이니 나는 그런 일을 하지 못합니다."

유의는 이렇게 대답하고 부임한 후 일체 찾아가지 않았다. 재임하는 중에도 중앙의 고관들로부터 청탁편지를 수없이 받았지만 아예 한 장도 개봉하지 않고 서랍 속에 방치해 두었다.

다산이 금정도 찰방으로 있으면서 상관인 유 목사에게 공문을 담은 편지를 보냈는데 답장이 없었다. 그 이유를 물으니 목민관 근무 중에 오는 편지는 모두 청탁서라 일체 개봉하지 않는다고 했다. 그러면서 편지를 보관하는 상자를 열어 보였는데, 한 통의 편지도 개봉하지 않은 상태였다.

이렇게 철저한 유의를 보며 다산은 느끼는 점이 많았을 것이다. 목민관은 유의처럼 병객에 철저해야 한다. 유의는 홍주 목사를 지낸 뒤 백성을 잘 돌보고 청렴했다는 평가를 받아 대사헌으로 승진하였다.

5 ——————— 절용節用 : 물자 절약

▎재물을 낭비하는 근본을 막아야

공직자가 절약을 실천하여 가난하고 힘없는 사람을 돕는다면 이 얼마나 값진 일인가. 낭비와 사치로 재물을 탕진하고, 오히려 착취하는 일로 백성을 괴롭히는 공직자를 미워했던 다산의 뜻은 율기편의 다섯 번째 조항인 '절용'에 자세히 나온다.

인격을 제대로 갖추지 못한 사람이나 지식이 부족한 사람이 목민관으로 나가면 방자·교만·사치에 빠져 모든 일에 절제하지 못하고 함부로 낭비하다 보면 부채가 늘어나게 마련이다. 그렇게 되면 반드시 탐욕스러워진다. 탐욕스러워지면 아전과 함께 일을 꾸미고, 아전과 일을 꾸미게 되면 이득을 나눠 갖게 되니 백성의 고혈이 마르게 된다. 때문에 '절용'이 백성을 사랑하는 일에서 첫 번째로 힘써야 할 일이다.

잘하는 목민관이 되려면 반드시 자애로워야 하고, 자애로우려면 반드시 청렴해야 하고, 청렴하려는 사람은 반드시 검약해야 한다. 절용은 목민관의 첫 번째 임무이다.

다산은 순암 안정복(安鼎福, 1712~1791)의 말을 빌려 절용하기 어려운 이유를 들고, 그렇게 하지 않아야 재물을 아껴 쓸 수 있다고 했다.

"재물을 낭비하는 근본은 처첩을 데리고 부임하고, 자제들이 왕래하거나 권세 있는 집안의 사람과 결탁하거나 기구를 제작하거나 진귀한 보물을 수집하기 때문이다."

재물을 낭비하는 구멍을 막아야 절약할 수 있다는 뜻이다. 또한 의복과 음식을 검소하게 하는 일이 가장 큰 절용의 방법이라고 누이 강조했다. 아침저녁 식사는 밥 한 그릇, 국 한 그릇, 김치 한 접시, 장 한 종지 외에 네 접시를 넘으면 안 된다고 했으니 얼마나 간소한 식단인가. 다산은 이렇게 엄격하게 스스로를 규제해야 '절용'의 목적을 이룰 수 있다고 생각하였다.

다산은 목민관이 채식에 맛을 들이면 백성은 가난 걱정이 없다는 뜻으로 명나라의 학자인 정선(鄭瑄)의 말을 인용했다.

"백성들이 채소만 먹어 주린 모습을 보이는 것은 바로 사대부들이 채소의 맛을 제대로 모르기 때문이다. 만약 말단에서 공경대부에 이르기까지 모든 벼슬아치가 나물을 먹을 줄 알면 자기가 해야 할 직분을 반드시 아는 것이니, 백성들이 왜 채소만 먹는 가난을 근심하겠는가?"

공경대부를 비롯해 모든 벼슬아치는 푸성귀로 차린 밥상에 익숙해야 한다고 강조한 것이다.

명나라 사람으로 여러 벼슬을 지낸 헌예(軒輗)의 예도 기억해야 한다. 헌예는 절강 안찰사로 가서 봉급 이외에는 털끝만큼도 취하지 않았다. 일년 사계절을 푸른 무명도포 한 벌로 지내면서 찢어지면 기워 입고 나물밥도 싫어하지 않았다. 고관 지위에 있는 목민관이 얼마나 검소한 생활을 했는가를 실생활로 보여 준 사람이다.

조선 초기에 높은 벼슬을 지낸 정무공(貞武公) 기건(奇虔, ?~1460)이 제주도 안무사(濟州島按撫使)로 있을 때 매우 청렴하고 신중했다. 당시 제주에서는 맛있는 전복이 생산되었는데, 전복 채취는 백성들에게 너무나 고통스럽고 힘든 일이었다. 기건은 "백성들이 이처럼 괴로움을 당하는데 내가 차마 이것을 먹겠는가" 하며 맛있는 전복을 끝내 먹지 않았다. 그러자 모든 사람들이 그의 청렴에 감복하였다.

▌공금을 사재처럼 아껴 써야

꼼꼼한 다산은 재물을 아껴 쓰는 방법까지 제시하였다. 제사에는 공제(公祭)와 사제(私祭)가 있다. 공제야 공식적인 규례에 따라 행하지만, 사사로운 제사도 검소하게 행하고 빈객 접대도 검약하게 행하라고 하였다. 아껴 쓰는 문제에서 공금(公金)과 사재

(私財)에 대한 다산의 이야기는 특별히 새겨들어야 할 내용이다.

사재를 절약하는 것은 누구나 할 수 있지만, 공금을 절약하는 사람은 많지 않다. 공금을 사재처럼 아껴서 사용하는 사람이 바로 현명한 목민관이다. 私用之節, 夫人能之, 公庫之節, 民鮮能之. 視公如私, 斯賢牧也.

'시공여사(視公如私)' 바로 이 네 글자에서 목민관의 어질고 어질지 못함이 분별된다. 사재처럼 공금을 사용하라는 가르침은 잊어서는 안 될 내용이다.

절용 조항의 마지막 가르침은 참으로 깊은 의미를 내포하고 있다. 형편없는 목민관이라도 힘없는 백성은 그에게 잘 보여야 혜택을 입을 수 있다고 생각한다. 때문에 백성들은 기회만 있으면 목민관이 잘했다고 송덕비를 세우는 등 허례허식과 약삭빠른 행위를 하는 경우가 많다. 더러는 참으로 잘하는 목민관이어서 진심으로 송덕비를 세운다 해도, 그런 일은 절대로 허용하지 말라고 다산은 당부했다.

고을 백성이 재목으로 송덕비를 세우거든 바로 뽑아서 관의 창고에 저장했다가 큰 재목은 상사(喪事)를 당해 관이 없는 집에 보내고, 작은 것은 용처에 맞게 사용하여 백성들이 산에서 나무를 베지 않도록 해야 한다.

다산은 아껴 쓰는 것도 중요하지만 헛된 명예를 거부하는 것이 더 올바른 태도라고 했다. 역시 다산은 대단한 안목을 가진 사람이다.

6 ─────── 낙시樂施 : 베풀기를 즐겨함

▌즐겁게 베푸는 것이 덕을 쌓는 근본

율기편의 마지막 조항은 '낙시'이다. 베풀기를 즐겨하라는 뜻이다. 목민관은 녹봉을 받을 만큼 받아 생활이 어렵지 않다. 목민관으로서 백성을 돌봐주고 안정되게 고을을 다스렸다면 어렵게 살아가는 가까운 친척이나 친구에게 즐겁게 베풀어야 한다.

인격을 닦아 훌륭한 목민관의 임무를 수행하라는 율기의 마지막에 '낙시'를 거론하는 것은 매우 큰 의미가 있다. 그 시대에 얼마나 많은 탐관오리가 재산을 모으려고 온갖 탐학질을 했는가를 다산은 너무나 잘 알고 있었다. 재산을 모으는 소인배의 행동에서 벗어나 조금이라도 쓰고 남은 재산이 있다면 거리낌없이 즐거운 마음으로 친척이나 친구를 도와주어야 한다. 이는 인간이라면 당연히 행해야 할 일이다.

절약만 하고 쓰지 않으면 친척조차 멀어진다. 즐겁게 베푸는 것이 덕을 쌓는 근본이다. 節而不散, 親戚畔之. 樂施者, 樹德之本也.

가까운 친척으로 어려운 처지에 있는 사람부터 도와주라는 뜻이다. 친척 다음에는 친구이다. 친척과 친구가 멀어진다면 높은 지위에 있은들 무엇하고 재산을 많이 모은들 어떤 의미가 있겠는가.

절약하는 사람이 베풀 수 있다

이어지는 다산의 말이 참 좋다.

"못에 물이 차 있음은 흘러내려서 만물을 적셔 주기 위함이다. 그래서 절약하는 사람이 베풀 수 있다. 절약할 줄 모르면 베풀지도 못한다. 기생을 불러 거문고나 타고 피리 불고 비단 옷 입고 높은 말에 좋은 안장을 쓰며, 상관에게 아첨하고 뇌물을 바치느라 재물을 낭비하면 어떻게 친척에게 도움을 줄 수 있겠는가. 절용이야말로 '낙시'의 근본이다."

참으로 명언이다.

가난한 친구나 궁하게 살아가는 친족은 힘이 닿는 대로 도와주라. 貧交窮族, 量力以周之.

다산은 가난한 친구와 곤궁한 친족을 힘껏 도와야 한다고 강조했다. 집안사람 가운데 끼니를 잇기 어려운 사람이 있으면 식구 수에 맞춰 생활비를 보내야 한다. 가난한 친구가 찾아오면 후하게 대접하고 도와야 한다.

중국 수나라의 방언겸(房彦謙)은 집안에 내려오는 가업으로 그럭저럭 살면서 목민관으로서 받는 봉급은 모두 친척이나 친구를 돕는 데 쓰고, 먹을 것이 떨어져도 화평한 마음으로 지냈다. 그는 아들에게 이러한 교훈을 남겼다.

"사람들은 녹봉으로 부자가 되지만 나는 벼슬살이 때문에 가난하게 되었다. 자손에게 남겨 줄 것은 '청백'이라는 말뿐이다."

이런 정도는 되어야 '낙시'라는 단어를 사용할 수 있는 벼슬아치가 아닐까.

나의 녹봉에 여유가 있어야 남에게 베풀 수 있다. 관청의 공금을 빼내서 사적으로 친분 있는 사람을 도와줌은 도리가 아니다.

당연한 이야기다. 자신의 살림이 여유가 있어야 남을 도울 수 있다. 여유가 없다고 공금을 유용해서 남을 돕는 것은 횡령죄에 해당한다. 베푸는 일에도 절제가 필요하다. 그러나 남은 재물이 없다고 긴급한 구휼에도 눈을 감으면 그것 또한 사람의 도리가 아니다.

그래서 다산은 "아껴 쓰는 것이 원칙이지만 눈앞에 슬픈 일이 닥쳐 급히 구원해 주어야 할 사람이 있으면 여유가 있고 없음을 헤아리지 말아야 한다'라고 하여 긴급한 일인 경우에는 특별한 조치가 필요하다고 강조했다.

명나라의 학자 정선(鄭瑄)은 말했다.

"여유가 생기기를 기다린 뒤에 남을 구제하려 한다면 구제할 수 있는 날이 없을 것이요, 여유가 있을 때를 기다려 책을 읽으려 하면 글을 읽을 수 있는 때가 없을 것이다."

기꺼이 베푸는 일에 대하여 다산은 마지막에 경계의 말을 남겼다.

"당색을 가려 자기 당파 사람만 도와주고 남의 당파 사람을 외면하면 안 된다. 특히 자기 고을에서 귀양살이하는 사람은 반드시 도와주어야 한다."

이는 다산 자신이 당하는 유배의 고통에서 나온 말일 것이다.

봉공

奉公

▌ 나라의 정책을 백성에게 정확히 알려야

'봉공'은 공직자로서 공무에 봉사하는 것이다. 『목민심서』 제
3편 봉공의 첫 번째 조항인 '선화'란 팔도의 관찰사가 나라의 정
책을 백성에게 알리는 일이다. 이런 의미로 각 지방 감영의 청
사를 '선화당(宣化堂)'이라 하였다. 다산은 관찰사만이 아니라
지방의 목민관도 나라의 정책과 임금의 덕화를 백성들에게 널
리 알리는 일을 해야 한다고 주장하였다. 그렇게 해야 국민들이
국가정책을 제대로 알고 혜택을 입을 수 있다는 것이다.

　교통과 통신이 발달하지 못했던 시대라 지방의 백성들이 중
앙정부의 정책을 잘 알 수 없던 시절에 지방정부의 목민관이 그
내용을 전달하는 일은 매우 중요했다. 그런데 정부의 정책을 알
리지 않고 감추어 백성이 입을 혜택을 가로막고 자신의 이익이

나 추구하는 패악한 목민관이 득실거리는 현실인지라 '반선화(反宣化)'에 대해 다산은 무섭게 질책했다.

조정에서 은덕을 베풀어 백성들이 임금을 사모하고 받들게 하는 것을 민목(民牧)이라 하는데, 목민관이 오히려 탐학한 일을 저질러 원망이 정부로 돌아오게 한다. 세금 징수를 연기하라는 임금의 조서가 내려와도 감춰두고 반포하지 않고, 오직 백성에게서 긁어내 스스로 부자가 되기 위한 거래를 자행한다. 부채를 탕감해 주라는 조서를 받고도 반포하지 않고 아전과 작당하여 그들의 이익을 도와준다. 병자를 구호하고 초상을 치르지 못하는 집안에 시체를 제대로 매장해 주라는 명령도 반포하지 않는다. 혼인 못한 사람에게 혼인을 권하고, 부모 없는 고아를 거두라는 명령도 감추고 반포하지 않는다. 재해를 당한 사람을 도와주라는 자금을 가로채 먹고는 조정에서 내려오지 않았다고 속인다. 굶주린 백성을 구호 대상에서 제외시키고는 정부의 지원이 부족하다고 둘러댄다.

공문서를 위조하는 것이야말로 선화를 어기는 대표적인 사례이다. 다산은 "임금의 시정책이 고을에 도착하면 마땅히 백성들을 불러 모아 몸소 읽고 설명하여 임금의 은덕을 알게 해야 한다"고 분명히 밝혔다. 그렇게 알리고 설명해 주는 일이 바로 '선화'이다. 또 "교문(敎文, 임금의 유시문)·사문(赦文, 사면에 대한 글)이 고을에 도착하면 그 사실을 요약하여 백성들이 소상하게 알도록 하라"고 했다.

교문이나 사문이 한문으로 쓰여 있어 일반인이 읽기 어려운 경우에는 토서(土書, 언문)로 번역하여 모든 백성이 환하게 알 수 있도록 하라는 내용도 있다. 지금처럼 홍보매체가 발달되지 않은 조선시대의 사회경제적 형편으로는 '선화'가 지극히 중요한 업무의 하나였다.

업적이 탁월한 목민관에게는 나라에서 칭찬하는 문서를 내려보내고, 잘못을 저지른 목민관에게는 책망하는 문서를 하달한다. 목민관은 대체로 칭찬하는 공문은 백성들에게 널리 알리지만, 책망하는 공문은 백성들에게 알리지 않는 경우가 많은데, 다산은 그 점에 대해서도 분명한 경고를 내렸다.

임금의 옥새가 찍힌 칭찬의 문서가 내려오면 이는 목민관의 영광이요, 혹시 책망하는 유시(諭示)가 내려오면 이는 목민관이 두려워해야 할 일이다.

어떤 경우의 공문서든 모두 백성들에게 알려 목민관이 펼친 정사에 대한 조정의 평가를 해당 고을 백성들이 알도록 홍보하라고 했다. 공무에 봉사하는 업무에 '선화'는 중요한 자리를 차지한다.

─────────────────── 수법守法 : 법을 지킴

법을 지키되 백성에게 이로운 쪽으로 적용

봉공의 두 번째 조항인 '수법'은 법을 지키는 문제에 대한 설명이다. 전제군주시대에 살았던 다산 역시 그 시대 임금의 신하였다. "법이란 임금의 명령이다. 법을 지키지 않음은 임금의 명령을 따르지 않는 것이니, 임금의 신하된 사람으로서 감히 그렇게 해야 되겠는가?"라고 하여 국법이 곧 임금의 명령이라는 생각에서 벗어나지 못했다. 그러나 법은 역시 국법이다. 다산은 법의 중요성을 자세하게 설명했다.

책상 위에 『대명률(大明律)』 1부와 『대전통편(大典通編)』 1부를 놓아두고 항상 펼쳐 보아 법조문과 사례를 두루 알고 있어야 한다. 그래야 법을 지키고 명령을 시행하고 소송을 판결하며, 사건

을 처리할 수 있다. 무릇 법 조항에 금지된 것은 조금이라도 어겨서는 안 된다.

법조문과 사례를 정확히 알고 있어야 행정을 제대로 펼 수 있으며 소송도 제대로 판결할 수 있다고 했으니 당연한 주장이다. 다산은 법을 제대로 지키기 위한 확고한 목민관의 정신자세를 요구하였다. 확연하게 법을 지키려는 정신을 지니고 흔들리지도 빼앗기지도 않으면 바로 인욕이 물러나고 천리(天理)가 흐르듯 행해진다고 하였다. 어떤 외압이나 유혹에도 흔들림 없이 확고한 자세로 법을 지키는 마음 자세가 필요하다는 뜻이다.

옛날 영의정을 지낸 허조(許稠, 1369~1439)는 청백리로 이름이 난 사람이다. 그는 '불법으로 일을 처리하면 하늘이 벌을 내린다(非法斷事, 皇天降罰)'라는 여덟 글자를 작은 현판에 써서 집무실에 걸어 놓았다. 법을 어기고 법을 지키지 않으면 하늘에서 무서운 벌을 내린다고 했으니 얼마나 두려운 일인가. 공직자는 반드시 법을 지켜야 한다.

기본적으로 국법으로 금하거나 형률에 실려 있는 내용을 함부로 범하는 일이 없어야 한다. 여기에서 한 걸음 더 나아가 다산은 법관의 재량권을 충분히 인정하여 법의 집행자는 어떤 마음과 자세를 지녀야 하는가에 대해 깊은 논의를 전개했다.

한결같이 곧게 법을 지키는 일이 때로는 너무 구애받는 일이 되기도 한다. 약간의 넘나듦이 있더라도 백성을 이롭게 할 수 있는 것은 옛사람들 또한 더러 변통하는 경우가 있었다.

백성에게 이로운 일이면 법을 변통해서 적용해야지, 법조문 대로만 시행하다가 오히려 백성에게 해를 끼치는 경우라면 재량권을 발휘해야 한다고 했다. 어느 정도의 융통성을 발휘해야 한다는 것이 다산의 생각이었다.

부당한 상관의 지시는 불복종해야

다산은 "이(利)에 유혹되어도 안 되며, 위세에 굴복해도 안 되는 것이 목민관의 도리이다. 비록 상사(上司)의 독촉이 있더라도 받아들이지 않는 바가 있어야 한다"라고 했다. 부당한 상관의 지시에 맹목적으로 순종하는 법집행은 안 된다는 것이다. 그것은 곧바로 백성에게 해가 된다. 근래 윗분의 지시라는 이유를 대며 온갖 비리를 저지르는 공직자들은 이 대목을 읽으며 자신을 돌아볼 필요가 있다

상사의 명령이 공법에 어긋나고 민생에 해를 끼치는 일이면 의연하게 굽히지 말고 확연하게 자신을 지켜야 한다. 上司所令, 違於公法, 害於民生, 當毅然不屈, 確然自守.

윗사람의 명령이라는 이유로 헌법에 위반되고 민생에 해를

끼치는 부당한 지시를 따르는 오늘날의 공직자들에게 가혹한 비판을 가하는 내용이다. 법을 지켜야 한다는 수법 조항에서 빠뜨릴 수 없는 이 주장은 가히 역사적인 발언이라고 해도 좋겠다.

수법 조항 전반을 통해 다산의 뛰어난 개혁의지를 잘 읽을 수 있다. 다산은 법으로 해가 없는 것은 지켜서 변경하지 말고, 관례(慣例)로서 사리에 맞는 것은 그대로 따르고 버리지 말아야 한다고 했다. 읍의 관행이나 읍례(邑例)는 옳은 것은 지키되, 사리에 맞지 않은 것은 과감하게 수정해야 한다고 했다. 옛사람들이 읍례나 관행을 요란스럽게 변경하는 일을 삼가라 했음은 지킬 만한 법이었기 때문이라는 것이다.

그러나 "오늘날 우리나라 군현에서 사용하는 읍례나 관행은 국법이 아니고, 모든 부역(賦役)·징렴(徵斂)은 아전들이 억지로 만든 법례이니 마땅히 개혁해야지 그대로 두어서는 안 된다"라고 하여 국법이 아닌 고을의 관례는 적폐에 해당되니 즉각 없애야 한다고 강조하였다.

다산은 '아전의 나라'인 조선 후기의 부패와 타락 양상을 자세히 기록했다. 탐관오리의 탐욕과 착취는 모두 그런 악법이자 악례(惡例)인 읍례에서 나왔음을 직시하고, 그것을 법이라고 지키다가는 나라가 망할 것이라며 과감하게 척결하고 청산하자고 주장했다.

악법과 나쁜 관례를 그대로 두고 어떻게 좋은 정치가 이루어지겠는가. 지방자치제 제도가 정착된 오늘날에도 분명하게 짚고 넘어가야 할 주제이다.

3 ———————————— 예제禮際 : 예의 바른 교제

▌ 신중함과 공손함으로 교제를 나누라

봉공편의 세 번째 조항은 '예제'이다. 예제란 예의 바르게 상대
방과 교제하는 것이다. 목민관이 상관에 대해 어떻게 처신해야
하는지, 동료나 선후배와 어떻게 교제해야 하는지, 어떻게 관속
을 거느려야 좋은 관계를 유지할 수 있는지에 대한 내용을 담고
있다. 공직자로서의 예의바른 상하 관계, 상호 존중에 대한 내용
이라 하겠다.

다산은 예제의 기본은 신중한 자세와 공손한 행위라고 하였
다. 엄숙하고 겸손하고 온순하여 감히 예의를 잃지 않으며, 화평
하고 통달하여 서로 걸리고 막힘이 없게 하면 대체로 정과 뜻이
서로 소통하게 된다고 하였다.

옛날이나 지금이나 공직에는 상관이 있고 하급 관리가 있기

마련이다. 정승·판서의 위계가 있고, 당상관·당하관의 서열이 있으며, 참상관(參上官)·참하관(參下官, 7품 이하)의 신분과 계급이 명확하게 구별되는 관료사회이지만 계층과 계급 사이에 공통적으로 통하는 에티켓은 신중함 공손함이다. 이것은 오늘날에도 그대로 적용되는 원칙이다.

비록 전제군주 시절의 예제이지만 상당한 의미를 내포한 본보기로 다산은 심지원(沈之源, 1593~1662)을 들었다.

뒷날 영의정까지 지낸 심지원이 홍주 목사로 있을 때 뒷날 이조 판서를 지낸 임담(林潭, 1596~1652)이 충청 감사로서 홍주를 시찰하러 왔다. 심지원은 임담이 친한 친구라 격식을 차리지 않고 간소하게 접대했다. 그러자 임 감사가 홍주의 아전에게 매를 때리며 말하였다.

"너희 목민관과 가까운 사이지만 상관과 하관 사이의 체모는 엄해야 한다. 너희 목민관이 실수를 하였으니 네가 대신 매를 맞아야 한다."

그런 일을 당한 뒤 심지원은 자제들에게 항상 말하였다.

"내가 애초에 체모를 잃었는데 아전을 매질하는 것에 대해 노여워했다면 법을 멸시하는 것이므로 끝까지 개의치 않았다. 임 판서가 나를 사람답게 키워 주는 점이 많았다."

지금으로 보면 아전에게 매질한 것이 시빗거리가 되겠지만, 그 당시 홍주 목사에게 벌을 주는 것보다는 목민관을 제대로 모시지 못한 아전에게 벌을 주는 것이 체모에 크게 손상되는 일은 아니다.

조선시대에 상층 계급인 양반은 문반(文班)과 무반(武班)으로 나뉜다. 대체로 문반을 존귀하게 여기고 무반을 낮게 보는 경우가 많은데, 다산은 관찰사와 병사(兵使), 목민관과 그와 대등한 무관(武官)에 대해 차등을 두지 않고, 서로 대등하게 신중과 공손함을 유지해야 올바른 예제가 된다고 했으니, 지금의 도백이나 군사령관 등의 상호 예제에 대비해 보면 좋은 예가 되리라 생각된다.

신임 관찰사에게 인사하러 가지 말라

다산은 실용주의자이고 현실적인 사고를 지닌 실학자였다. 조선시대에는 오랫동안 '연명(延命)'이라는 제도가 있었다. 관찰사가 새로 부임하면 각 고을의 목민관이 감영으로 찾아가 인사를 올리는 예이다. 연명은 잘못된 관례였다. 다산은 "연명의 예를 감영에 나아가서 행하는 일은 예부터 해오던 일이 아니었다"라고 명확히 밝혔다. 전에는 없던 일인데 근래에 이러한 잘못된 관행이 생겨나 관찰사가 부임하면 모든 고을의 목민관이 찾아가 인사를 올리는 행정의 낭비를 비판하고, 관찰사가 고을에 행부(行部, 고을을 순시하여 목민관의 고과를 평가하는 관찰사의 행차)하러 올 때 인사를 올리는 것이 옳다고 하였다.

이 점에 대하여 다산은 더 자세하게 설명했다. 영조대왕 때까지도 그런 제도가 없었는데, 세상 물정이 점점 속되고 사대부의 기풍과 절조가 점점 쇠퇴하여 상관을 아첨으로 섬겨 오직 미움이나 사지 않을까 걱정한다. 관찰사가 부임하면 열흘이 못 되어 목민관이 급히 감영으로 달려가서 연명의 예를 행하니, 이는 연명이 아니라 곧 참알(參謁)이며, 조정을 존중함이 아니라 상관에게 아첨하는 것이니, 모두 속된 폐단이다. 감사로서 예법을 모르는 사람은 목민관이 즉시 연명하지 않으면 그 잘못을 꾸짖으려 하는데 이것 역시 잘못이니 잘못된 폐습을 바로잡아야 한다는 다산의 뜻이 준열하다.

상관과 하관의 관계에 대하여 반드시 기억해야 할 대목이 있다. 일반적으로 하관은 상관을 잘 모시고 명령에 따라야 한다고 하는데, 하관이 상관을 잘 모시는 일이 옳지 않은 경우도 있다는 것을 다산은 기록하고 있다.

한(漢)나라의 임연(任延)이 무위 태수(武威太守)가 되어 광무제에게 부임인사를 하러 왔다. 광무제가 상관을 잘 섬겨 명예를 잃지 않도록 하라고 하자 임연은 이렇게 답했다.

"신이 듣건대 충신은 사정(私情)에 매이지 않고, 사정에 매이는 신하는 불충하다고 합니다. 바른 것을 이행하고 공을 받드는 것(履正奉公)이 신하의 도리요, 상하가 부화뇌동하는 것은 폐하의 복이 아닙니다. 그러니 상관을 잘 섬기라고 하신 말씀을 신은 감히 받들 수 없습니다."

바름과 공(公)으로 상관을 대하면 되지, 상관을 잘 섬겨 두 사람이 결탁하면 좋은 일이 있을 수 없다니 얼마나 옳은 판단인가.

"경의 말이 옳다.(卿言是也.)"

광무제는 곧바로 그 말을 받아들였다. 그 임금에 그 신하인 셈이다. 이 얼마나 아름다운 군신관계인가.

내부자 고발이 법제화되어야

상관과 하관의 또 다른 문제는 내부자 고발의 문제다. 다산은 200년 전에 벌써 부정과 부패를 막고 맑고 깨끗한 정치를 이루려면 권력자의 잘못을 아랫사람이 과감하게 고발할 수 있는 제도가 확립되어야 한다고 주장했다.

암행어사나 관찰사가 잘못한 일이 있으면 목민관이 상부에 보고하여 시비를 격렬하게 주장할 수 있어야 한다. 명나라에는 그것과 관련한 훌륭한 법이 있다. 우리나라는 오직 체통을 살피느라 상관이 함부로 불법을 저질러도 목민관이 감히 한마디도 말하지 못하여 백성들의 고달픔이 날로 더 심해지고 있다.

자신들이 목격한 비행이나 불법을 상관과의 예의 문제로 말을 꺼내지 못한다면 어떻게 옳은 정사가 이뤄지겠는가.
검사가 상관에게 성추행을 당하고도 입을 다물 수밖에 없는 우리의 현실을 보면 쉽게 이해할 수 있다. 검사라는 지위에 있으면서도 입을 열지 못하는 상하관계라면 그보다 약한 보통사람이 범법에 대항할 무슨 힘이 있겠는가. 그런 점에서 200년 전 다산의 정신은 대단하다고 말할 수 있다. 현재 우리나라에 내부 고발자 보호 장치가 있기는 하지만 철저하고 정확한 제도가 아니어서 오히려 고발 당사자가 피해를 당하는 일이 왕왕 일어나고 있으니 안타까울 뿐이다.

사대부는 벼슬살이를 할 때 언제라도 그만둔다는 의미로 버릴 '기(棄)' 한 글자를 벽에 써 붙이고 아침저녁으로 보아야 한다. 상관이 무례한 일을 저질러도 부들부들 떨면서 오히려 자리를 잃을까 걱정하여 두려워하는 말씨와 표정이 얼굴에 나타나면 상관이 그 사람을 업신여긴다. 그러면 그 자리에 오래 있지 못하게 된다.

그래서 다산은 나라의 벼슬아치들이 올바르게 업무를 수행하기 위해서는 벼슬에 욕심을 두지 말고 자신의 소신과 철학이 통하지 않을 때에는 과감하게 벼슬을 버리고 떠나는 용기가 있어야 한다고 했다. 행동에 장애되는 일이 있으면 벼슬을 버리며, 마음에 거슬리는 일이 있으면 벼슬을 버리며, 상관이 무례하면 버리며, 자신의 뜻이 행해지지 않으면 버려야 한다고 했다. 상관이 생각하기를 '저 사람은 마음에 맞지 않으면 언제라도 떠날 사람'이라고 여길 때에만 상관으로부터 하대를 받지 않는다고 하였다.

동료와의 관계에도 세심한 주의를 기울이지 않으면 안 된다. 다산은 이웃 고을 목민관과의 관계나 전임·후임 목민관과의 관계도 예의 바르고 품위 있게 대처함이 중요하다는 것을 심도 있게 설명하였다.

송(宋)나라에서 중서 시랑(中書侍郎)을 지낸 부요유(傅堯兪)가 서주(徐州)를 맡아 다스릴 때, 전임자가 축낸 군량미를 대신 보상하던 중 끝내기 전에 파직을 당했다. 부요유는 자신의 잘못이 아니라 전임자의 잘못을 막아 주다가 어려움을 당했는데도 끝내 변명하지 않고 파직을 달게 받아들였다. 그 소식을 들은 당대의 학자 소강절(邵康節)은 그러한 행실에 높은 찬사를 바쳤다.

"흠지(부요유의 자)여! 맑으면서도 빛나지 않고, 곧으면서도 격하지 않으며, 용감하면서도 온공하구나. 어려운 일을 해냈도다!(欽之, 淸而不耀, 直而不激, 勇而能溫. 是以難耳.)"

벼슬살이 하면서 바르게 처신하기가 그렇게 어렵다. 전임자의 잘못을 폭로하지 않고 자신의 힘으로 흠을 메우려다가 파직을 당해도 변명이나 불평을 하지 않았다는 태도에 그만한 칭찬을 했다면 그런 일이 얼마나 어려운 처신인가를 능히 짐작할 수 있다. 상하 간에, 동료 간에, 이웃 간에 공손하고 삼가는 자세로 임하고 전임·후임자의 비행에도 적절히 대처하기가 그렇게 쉬운 일은 아니다. 그런 모든 일에 올바르고 알맞게 처신함이 '예제'의 근본정신이다.

4 ──────────── 문보文報 : 공문서 작성

▌ 문서를 작성할 때 여러 사람의 의견을 종합해야

공직자로서 공무에 봉사하는 네 번째 업무는 공문서를 작성하여 보내고 받는 업무이다. 이를 '문보'라고 한다. 공적으로 보내는 문서는 아전에게 맡기지 말고 목민관 자신이 직접 작성해야 한다. 글자 하나에 일의 중대사가 걸려 있고, 말 한마디도 어와 아가 다르기 때문이다.

다산은 "온 세상의 일이란 한 사람의 능력으로 해낼 수 없다(天下事, 非一人所可爲也)"는 원리에 따라 문서를 작성할 때 초고를 마치면 반드시 막료나 아랫사람, 군관에 이르기까지 두루 열람시켜 모두가 좋다고 한 뒤에 정본으로 사용하는 게 좋다고 했다. 여러 사람의 의견을 종합한다는 점은 소통 차원에서도 매우 의미가 있다.

공문서는 격식이 경전이나 역사책과는 다르기 때문에 쉽게 생각해서는 안 된다. 조선시대 공문서에는 이두(吏讀)가 많이 사용되었는데, 이두에 대한 공부를 제대로 해서 착오가 없도록 주의해야 한다. 상부에 구원을 요청하는 보고서나 공문은 보고 받는 사람의 마음을 감동시켜야 하기 때문에 특별히 정성을 기울이라는 다산의 당부는 큰 의미가 있다. "자기 고을의 폐단을 보고하는 문서, 도와줄 것을 요구하는 공문서, 상관의 지시사항에 거부하는 내용의 문서, 어떤 소송에 변론하는 내용의 문서는 반드시 문장에 조리가 있어야 하고, 정성스러운 뜻을 간절하게 보여야만 남의 마음을 움직일 수 있다."

이런 주장에 대한 다산의 해석 가운데 반드시 살펴야 할 대목이 많다. "관할 고을에 병폐가 있어서 고쳐야 할 경우에는 반드시 그 정경을 그려 내어 눈에 보이는 듯해야 납득시킬 수 있다"고 하였으며, "혹 식량을 이송해 줄 것을 청한다든지, 재정의 원조를 청하거나 세금의 삭감이나 연기 및 면세를 청하는 경우는 모름지기 조목조목 밝혀서 일의 이치가 훤하게 드러나야만 상대방을 납득시킬 수 있다"며 남을 설득시키는 데 정성을 쏟아야 한다고 했다. 지성감천(至誠感天)의 진리를 열거하여 지극한 정성이 문서 안에 들어 있어야 남을 감동시킨다고 했다.

다음 부분에서 탁월한 목민관인 다산의 생생한 지혜가 더욱 잘 드러난다.

세상에서 가장 천하여 억울함을 호소할 곳 없는 사람이 연약한 백성이다. 세상에서 산처럼 무겁고 높은 사람도 또한 백성이다. ……그러므로 상사가 아무리 높은 존재일지라도 백성을 등에 업고 투쟁하면 굽히지 않을 사람이 없다. 天下之至賤無告者, 小民也. 天下之隆重如山者, 亦小民也. ……故上司雖尊, 戴民以爭, 鮮不屈焉.

정당한 주장을 문서로 알렸는데도 상부에서 허락하지 않을 때 백성들과 힘을 합하여 투쟁하면 누구라도 굽히기 마련이라니, 다산은 민중의 힘이 이렇게 거대하다고 보았다.

언양 현감 정택경(鄭宅慶)은 백성들과 함께 투쟁하여 경상 감사의 굴복을 받았으며, 강진 현감 안명학(安鳴鶴) 또한 백성들을 머리에 이고 싸워서 전라 감사를 굴복시켰다. 그 명성이 퍼져 이들의 벼슬길이 승승장구했다.

이러한 투쟁은 어떤 때에는 목민관에게 불리하게 적용되어 큰 피해를 보기도 하지만 백성들의 이익을 위한 것이어서 결국은 목민관에게도 이로운 혜택이 오기 마련이라면서, 백성을 동원하는 싸움도 불사해야 한다는 주장을 펴고 있다. 지금으로서야 대단하지 않지만 그때 그 시절로서는 참으로 선구적인 주장이었다. 그런 이유로 파면을 당해도 떳떳한 일이어서 머지않아 앞길이 열리기 마련이고, 백성의 곤경을 보고만 있다가 아무런 싸움도 하지 않고 마침내 문책을 당하면 영영 구제의 길이 막힌다고 하였다. 전제군주 시절에 민중권력을 명확하게 발견한 다산의 뜻깊은 통찰에 마음이 숙연해진다.

▍공문을 조작하지 말라

이러한 원칙으로 공무에 임했던 다산은 자신이 곡산 도호부사로 재직하면서 실제 행동으로 보여 준 사례를 정확하게 기록해놓았다.

영조 때 각 고을에 지방민의 영농(營農)·상장(喪葬)·진휼(賑恤) 기금을 관리하는 보민고(補民庫)를 설치했다. 그런데 상부 기관인 감영, 즉 도청의 아전들이 농간을 부려 보민고는 저축은커녕 늘 부족한 상태였다. 봄가을에 감영에서 하얀 꿀 3말과 누런 꿀 1섬을 징수하는데, 아전들이 공문서를 조작해 하얀 꿀 6말과 누런 꿀 2섬을 징수하고 있었다.

다산이 공문대로 납부하라고 명하자, 아전들이 나서서 감영의 아전들은 승냥이나 이리와 같은 자들이라 말썽이 일어나면 백성들의 피해만 더 커지니 하던 대로 그냥 납부하자고 했다. 다산은 단호히 물리쳤다.

"감영에서 하나를 구하는데 수령이 둘을 바치고, 감영에서 누런 것을 구하는데 흰 것을 바치는 것은 아첨이다. 그 숫자와 색깔대로 다만 공문대로만 하라."

과연 감영의 아전들은 공문대로 가져온 곡산의 세금을 물리치고 받지 않았다. 그때 비장이 감사에게 그 사실을 아뢰자 감사는 가져온 대로 받아 주라고 했다.

"저 사람(정약용)은 그 고을의 백성을 등에 지고 있고, 나는 내 입만 가지고 있으니 다툴 수 없다."

원칙대로 공무를 집행한 다산도 뛰어난 행정가이지만, 그런 의미를 제대로 알고 있던 당시의 감사 또한 깨어 있는 사람이었다. 다산의 기록은 더 의미 깊은 말로 끝난다.

곡산 부사로 있는 3년 동안 이와 같이 하는 것을 준례로 삼으니, 보민고의 돈이 해마다 천(千)으로 계산되어 군 청사를 새로 짓고, 중국에서 오는 칙사의 대접비를 충당하고도 충분히 여유가 있었다.

상급 관청의 부당한 지시에 원칙적으로 대하면서 부당한 명령에 복종하지 않는 하급 관료의 당당한 모습을 이 사례에서 볼 수 있다. 역시 다산은 말과 행동을 일치시켜 바르고 정당하게 행동한 사또였다. 백성들의 이익을 위해서는 자신이 어떤 불이익을 당하더라도 상관의 명령에 과감하게 거부했던 다산의 태도는 오늘날 모든 공직자가 본받아야 할 귀감이다.

▌ 인명에 관계되는 공문은 더욱 엄중하게 다루어야

이웃 고을, 즉 지방단체장 사이에 서로 주고받는 공문서에 대한 주의 사항도 있다. 이웃 고을에 보내는 문서는 문장을 잘 만들어서 오해를 사지 않도록 해야 한다. 옛날부터 이웃 고을과 사이좋게 지내야 한다는 훈계가 있으니, 어기지 말고 겸손하게 양보하는 자세가 필요하다고 했다. 수령들이란 문벌이나 신분이 비슷한 수준이어서 서로 양보하기를 싫어하므로 문제가 있으면 서로 앞서고자 하여 반목하게 되고, 이런 사실이 도내에 알려지면 웃음거리가 되니 서로에 대한 예의가 아니라고 충고하였다. 서로 공경하면서 예의바르게 행동하면 어떤 문제도 저절로 해결된다는 충고이다.

상부로 올리는 공문과 아랫사람에게 내려 보내는 문첩은 책자로 만들어 보관하여 뒷날 참고자료가 되게 하고, 기한이 정해진 것들은 항상 체크하여 기일에 어긋나지 않도록 해야 한다. 너무나 당연한 주장이며 오늘날에도 잘 지켜야 할 사항이다.

고을의 목민관이 공문서를 보내는 상대는 대개 직속상관인 감사지만, 관문(關門, 동래·의주와 같은 국경 고을로 외국과의 출입을 통제하는 지역)을 맡아 직접 나라에 보고서를 올리는 경우는 더욱 신중하게 문서를 작성해야 한다. 국왕이 직접 읽을 수 있는 글이므로 반드시 격식을 갖추어야 한다.

공문서의 작성·발송·회답 등에 대한 마지막 주의 사항도 매우 중요한 내용이다.

인명(人命)에 관한 공문서는 지우고 고치는 것을 조심해야 하며, 도적을 수사한 기록과 재판한 문서를 발송할 때는 엄중하게 봉해야 한다.

아전이나 문서 수발자의 농간으로 기록이 변개되거나 고쳐지면 사건 처리에 중요한 변수가 생기기 때문에 원래의 기록과 차이가 나지 않도록 철저하게 살피고 감시해야 한다는 내용이다.

아전들이 뇌물을 받아먹고 중요한 자구를 지우고 고친들 목민관들이 그 사실을 알기가 어렵다. 때문에 문서를 상부로 발송하는 날 형리(刑吏)를 불러서 "뒷날 내가 감영에 가면 꼭 공문서 원본을 찾아서 상세히 살펴 만약 일언반구라도 달라진 곳이나 빠진 글자가 있으면 큰 죄를 면치 못하리라"라고 경계하라고 했다. 지금이야 이메일이나 카톡 등 전자우편이 발달해서 그럴 염려는 없지만 문서를 사람이 가지고 다니던 시절로 본다면 반드시 주의를 기울여야 할 일이었다.

다산은 자신이 실제로 목격했던 사실을 기록으로 남겼다.

내가 장기에서 귀양살이할 때, 어떤 아전이 살인을 저지른 사건이 있었다. 여러 아전이 짜고서 간계를 부려 시체를 검시한 보고서를 전부 고쳐 버렸다. 감영으로부터 처리 명령서가 왔는데, 현감이 깜짝 놀라고 의심했으나 어쩔 수가 없었다. 마침내 간계를 밝히지 못하고 살인범을 석방하고 말았다.

공문서 위조로 살인 사건까지도 덮어 버리는 아전들의 농간을 지적하면서 공문서 수발의 중요성을 강조한 것이다. 공직자의 공무집행에서 공문서가 차지하는 비중이 그만큼 크다.

▌ 세리의 농간을 잘 살피라

목민관의 직책으로 공무에 봉사하는 다섯 번째 업무는 세금을 징수하여 나라에 바치는 '공납'이다. 옛날이나 지금이나 국민의 의무 중에서 납세의 의무는 가장 기본적인 의무이다.

다산은 "재물은 백성으로부터 나오고, 백성에게서 세금을 받아 나라에 바치는 것은 목민관의 일이다(財出於民, 受而納之者, 牧也)"라고 하여 국가의 재원은 백성에게서 나온다고 정의하였다.

그렇다면 백성의 능력에 합당한 세금을 어떻게 해야 올바르게 징수할 수 있느냐가 문제이다. 총책임자는 목민관이지만 백성에게서 세금을 걷는 사람은 아전, 즉 세리(稅吏)이다. 세리의 농간이나 가혹한 독촉은 백성을 고통스럽고 고달프게 하는데, 목민관이 세리를 어떻게 감독하고 단속하느냐에 따라 백성의 고락이 결정된다.

목민관이 아전의 부정을 잘 살피기만 하면 조금 관대하게 하더라도 폐해가 없지만, 아전의 농간이나 비행을 제대로 살피지 못하면 엄하게 독촉해도 아무런 보탬이 안 된다.

간악한 아전을 제대로 단속하고, 목민관 자신은 조금 너그럽게 하더라도 세금 납부가 피할 수 없는 의무라는 것을 알고 있는 백성들은 크게 기한을 어기지 않고 낸다는 말이다. 그러나 지나치게 백성의 입장을 고려하다가 기한을 넘기는 것도 잘못이고, 기한에 맞추어 징수한다고 각박하게 독촉하여 마구잡이로 빼앗는 것도 옳지 않다. 현명한 목민관은 너그러운 징세를 하면서도 기한을 어기지 않도록 해서 상하 모두의 원망 없이 징수 업무를 진행해야 한다.

백성들이 업무에 협조하고 행정이 원활하게 진행되려면 목민관 스스로 흠이 없어야 한다. 다산은 일찍이 "목민관의 위엄은 청렴에서 나오고, 정사는 부지런함에서 이루어진다(威生於廉, 政成於勤)"라고 하여 위엄이 당당해야만 세금 납부를 불평 없이 따른다고 했다. 또한 맹자와 징자가 즐겨 쓰던 '백성을 상처가 있는 사람처럼 보아(視民如傷)' 고통에 고달파하는 백성에게 가혹한 세금 징수를 하면 안 된다고 했다. 백성들은 '가혹한 정사를 호랑이보다 더 무서워한다(苛政猛於虎)'는 옛말을 귀감으로 삼아야 한다는 뜻이다. 특히 군전(軍錢)·군포(軍布)는 중앙정부로부터 항상 독촉을 받는데 이중 삼중으로 징수하는가를 잘 살펴야 하고, 이유 없이 퇴짜를 놓는 일을 금지해야 백성들의 원망을 사지 않는다고 하였다.

세금정책에서 가장 말썽이 많은 분야가 군포였다. 다산이 부사로 부임하기 전 곡산 지역에서는 포보포(砲保布, 군역에 종사하지 않는 포보가 납부하는 군포) 1필 값으로 본래는 200전이었던 것을 900전이나 거두어 민란이 일어날 조짐을 보였다.

다산이 부임하여 아전의 자를 살펴보니 『국조오례의』에서 정한 기준보다 2촌이나 더 길었다. 이 자가 어디에서 온 것인가를 물으니 곡산에서 자체적으로 만들었다고 실토하였다. 다산은 삼군문(훈련도감, 금위영, 어영청)에서 사용하는 규격에 맞추어 자를 다시 만들었다. 그 자로 군포를 다시 재니 상당한 분량이 남아 백성들에게 돌려주고 민심을 안정시켰다.

민란은 바로 이계심(李啓心) 사건을 말한다. 농민지도자 이계심이 백성 1천여 명을 이끌고 관아에 쳐들어와 부당한 세금 징수에 강력히 항의하였다. 그러자 사또가 병력을 풀어 무리를 해산시켰다. 이계심에 대해서는 수배 명령을 내렸으나 잡지 못했다.

정약용이 신임 사또로 부임하자 이계심이 자수를 하였다. 사건을 정밀하게 조사한 다산은 이계심을 무죄 석방했다. 그 이유가 바로 세기적인 위대한 판결이었음을 역사가 보여 주고 있다.

목민관이 밝은 정치를 하지 못하는 이유는 백성들이 몸보신에만 영리하여 자신들이 당하는 고통을 목민관에게 항의하지 않기 때문이다. 官所以不明者, 民工於保身, 不以瘝犯官也.

부당한 행정에 정당하게 저항권을 행사한 사람을 처벌해서는
안 된다는 판결이다. 200년 전에 국민 저항권을 명백하게 인정
한 다산의 명재판이었다. 다산의 자서전인 「자찬묘지명」과 「사
암선생연보」에 이계심 사건이 기술되어 있다. 워낙 반향이 컸던
중요한 사건이라 자세하게 기록해 놓은 것이다.

공정하고 올바르게 세금을 징수하는 일처럼 중요한 일은 없다.
그래서 다산은 간절한 심정으로 목민관의 임무를 설명하였다.

목민관은 백성과 직접 접촉하는 벼슬이다. 임금은 높은 분이어서
몸소 아래 백성에게 임할 수 없기 때문에 목민관에게 백성을 다스
리게 하는 것이니, 모든 일을 몸소 집행하여 백성의 고통을 살펴
야 한다. 그러나 오늘날의 목민관은 망령되게 스스로를 높다고 여
겨 대체(大體)만을 지키기에 힘쓰고, 상납에 관한 일은 전적으로
아전의 손에 맡겨 탐학이 자행되어도 들은 척도 하지 않으니, 목
민관의 직책이 어찌 이와 같은 것이겠는가?

백성들의 이해에 관계되는 일은 반드시 목민관이 직접 관계
하여 중간에서 일어나는 온갖 비리와 부정은 철저하게 막아야
한다는 뜻이다. 오늘날에도 과세는 참으로 중요한 정책이다. 정
보 공개와 투명한 행정이 요구되면서 중간착취가 옛날처럼 쉽
지 않으나 언제나 주의를 기울여야 한다.

부당한 세금정책에 저항해야

예나 지금이나 세금의 종류는 법으로 정해져 있다. 특별한 이유가 있을 때 세금을 신설하기도 하는데 매우 신중하게 정해야 한다. 다산은 부당하게 신설된 세금은 거부해야 한다고 주장했다. 요즘이야 법으로 규제되지만, 옛날처럼 멋대로 세금의 종류를 늘리는 때에는 반드시 목민관이 앞장서서 가로막아야 한다는 것이다. 특히 지역의 특산물인 토산품의 종류를 늘리는 경우가 많은데, 목민관은 사리를 따져 바로잡을 수 있는 역할을 해야 한다.

예를 들어 제주도에서 나오는 특별한 전복이나 강진·해남 등지에서 나오는 생달자(生達子, 이 나무에서 짜는 기름이 등창이나 종기에 효험이 있다)라는 식물을 감영에서 요구하여 오랫동안 백성들이 시달렸다. 이런 문제에 대하여 다산은 참으로 선구적인 주장을 펴서, 목민관은 백성들의 이해에 관계되는 경우 굳은 의지로 백성들 편에 서서 저항해야 한다고 했다.

상부 관청에서 이치에 어긋난 일을 강제로 고을에 배정하면 목민관은 마땅히 이롭고 해로움에 대한 내용을 두루 개진하여 결코 명령에 따르지 않아야 한다. 上司以非理之事, 强配郡縣, 牧宜敷陳利害, 期不奉行.

그러면서 상부의 부당한 지시나 명령에 정정당당하게 맞서 끝내 이행하지 않았던 유명한 목민관을 예로 들었다. 장요(將瑤)·당간(唐侃)·여공저(呂公著)와 같은 중국의 훌륭한 목민관들은 상부의 부당한 지시에 맞서 백성들이 당해야 할 고통을 막아 냈다고 하였다.

다산은 자신이 목민관으로 있으면서 상부의 부당한 지시에 따르지 않고, 따를 수 없는 이유를 상세히 설명한 방보(防報, 상급관청의 지시대로 업무를 수행할 수 없을 때 그 이유를 열거하여 올리는 보고문)를 올려 백성들의 고통과 불편을 막아낸 실제 경험을 기록해 놓았다.

무오년(1798) 겨울에 조세의 현물 수납을 이미 절반이나 끝냈는데 선혜청에서 감영으로 공문을 보내 좁쌀 7천 석을 돈으로 바꿔 보내라고 독촉하였다. 선혜청에서 임금께 아뢰어 허락을 받아 감영으로 공문을 보낸 것이었다. 그러나 목민관인 나는 그럴 수 없다고 고집하여 그대로 현물로 수납하고 창고를 봉하였다. 서울에서 나를 죄주도록 청했으나, 임금께서 감사가 올린 장계와 내가 올린 장계를 비교한 뒤 "잘못은 서울 선혜청에 있고 정약용에게는 죄가 없다"라고 판결하였다. 나는 사표를 내고 돌아가다가 그 소식을 듣고 눌러앉았다.

부당한 상부의 지시를 거부한다는 것은 쉽지 않은 일이다. 자신이 당할 이해를 따지지 않고 정당하게 맞섰기 때문에 임금이 옳은 판단을 내려 원활하게 해결되었다는 내용이다. 자신의 일

이어서 간단하게 기록했지만 「사암선생연보」 37세(무오) 조항
에는 참으로 자세하게 기록해 놓았다. 그 글에서 다산은 부당한
상부의 지시를 거부했던 일은 쉽지 않은 일이었음을 거듭 강조
하였다.

당시 선혜청 당상관인 정민시가 경연석상에서 상부의 지시
를 따르지 않는 곡산 부사를 즉각 파면하라고 요구했으며, 전에
승지로서 임금을 시종했다는 이유로 그런 명령을 이행하지 않
는다면서 나라의 기강을 바로잡기 위해서라도 엄벌해야 한다
고 주장했다.

그러나 현명한 임금 아래 현명한 신하가 있듯이 다산이 올린
글에 "거북 등에서 어떻게 털을 뽑을 것이며, 토끼 머리에서 어
떻게 뿔을 뽑을 수 있겠습니까?"라는 말에 감동한 정조가 다산
의 손을 들어준 내용이 다산 연보인 「사암선생연보」에 자세히
열거되어 있다. 이 사건은 아주 중요한 일이라 연보에 자세하게
자초지종을 기록한 것으로 보인다.

방보를 올리는 일은 결코 쉽지 않다. 왜 부당한 지시인가를
정확히 파악하여 임금이 옳은 판단을 할 수 있게 해야 일이 제
대로 풀릴 수 있다. 벼슬아치로서는 위험한 모험일 수 있다. 백
성들 편에 서는 정당한 주장만이 임금을 감동시킨다는 것을 다
산은 정확히 알고 있었기에 그러한 방보를 감행할 수 있었다.

어떤 일을 맡든지 성심성의껏 임하라

목민관의 공무집행 마지막 조항은 '왕역'이다. 왕역이란 글자의
의미대로 일상적인 임무가 아니라 다른 관청이나 지역으로 나
가 임무를 수행하는 것을 말한다. 요즘으로 보면 차출당하여 파
견 근무에 임하는 것이다. "상부에서 차출해 파견하면 받들어
행하는 것이 마땅하다"고 다산은 말했다.

국가를 위해서 일하는 공무담당자로서 상부의 명령에 따른
파견 근무는 뿌리칠 수 없다. 특별한 사유가 없는 한 마땅히 따
라야 한다. 스스로 편리를 도모해 병에 의탁하여 응하지 않음은
군자의 도리가 아니라고 했다. 차출되어 가면 마땅히 진심으로
직분을 다하여 책임을 다하도록 해야 한다.

상부 관청의 공문서를 가지고 서울에 가는 인원으로 차출된

경우에는 사양하지 말아야 한다. 긴급한 일 때문에 목민관 본인이 갈 수 없는 경우라면 사정을 설명하여 면제를 요청하고, 대리인을 보내는 방법도 강구할 수 있다. 자신의 고을 안에 있는 궁묘(宮廟, 궁전·문묘)에 제관(祭官)으로 차출되면 마땅히 재계(齋戒)하고 정성을 다해 제향을 모시는 임무를 행해야 한다.

가장 자주 하게 되는 파견 근무는 서울에서 온 고시관과 함께 과거시험장 고관(考官)으로 차출되는 경우이다. 이때는 한결같은 마음으로 공정하게 임할 것이며, 만약 서울의 고시관이 사심을 갖고 부정행위를 한다면 불가함을 고집하여 강력히 견제해야 한다. 서울 고시관을 따라 하다가 뒤에 문제가 되면 공동 책임을 져야 하니 자기 뜻을 굽히면 안 된다.

서울 고관이 보잘것없는 답안지를 뽑으려 하면 다투어야 하고, 좋은 글을 버리려 해도 다투어야 한다. 또 뇌물을 주고받은 흔적이 있어도 다투어야 하며, 사정(私情)을 둔 흔적이 있어도 다투어야 한다. 반드시 합격자 명단이 하나라도 공도(公道)에서 나오지 않은 것이 없어야 그 지방 사람 모두가 그의 명성을 찬양하게 된다.

차출된 시험관이지만 왕명을 수행하는 임무이니 공정한 채점을 하라는 뜻이다. 예전이나 지금이나 너무나 당연한 일이다.

차출되는 또 다른 경우는 사람의 목숨에 관계되는 옥사(獄事, 수사·재판)의 검시관(檢屍官)이다. 시체를 검시할 때는 정해진 기한 안에 초검·재검 등을 면밀하게 해야 한다. 오늘날에야 경찰·검찰 등 수사기관이 따로 있어 행정업무에 종사하는 목민관의 임무와 관계가 없으나, 삼권이 분리되지 않았던 조선시대에는 목민관에게 주어진 임무였다.

목민관은 조창(漕倉, 세곡을 저장한 창고)에서 조운선이 출발할 때 관리감독을 위해 차출되기도 한다. 또 중국이나 외국에서 오는 칙사를 영접하는 일을 맡기도 하는데, 각별히 예의를 다하여 공손하게 맞고, 송별하는 일에 조금도 소홀하지 않아야 한다. 조금이라도 실수하여 트집을 잡히거나 언짢은 일이 일어나면 외교문제로 번지기 때문에 당연히 세심하게 신경을 쓸 일이다.

▌ 표류선을 정확히 파악해 미래에 대비해야

해안지방에 외국의 표류선이 정박한 경우에도 목민관이 파견된다. 목민관은 그들이 왜 표류하였으며, 어느 나라에서 무슨 일로 항해했는지 등을 잘 파악하여 보고해야 하므로 이런 일이 발생하면 지체하지 말고 그곳으로 달려가야 한다. 인종이 다르고 얼굴색이 다른 외국인은 언어가 통하지 않아 소통하기가 어렵다. 더구나 외국인이 침략을 위해 정박한 경우도 있으므로 목민관이 능수능란하게 대처하지 않으면 큰 사달이 일어날 수도 있다.

다산은 표류선의 실태를 파악하기 위한 다섯 가지 원칙을 강조했다.

첫째, 외국인과의 예의는 마땅히 서로 공경하는 데서 시작해야 한다. 동방예의지국인 우리나라 사람과 다르게 외국인은 머리가 짧고 옷소매가 좁아 야만스럽게 보이지만 절대로 무시하면 안 된다.

둘째, 우리나라 법에 표류선 안에 있는 책은 모두 초록하여 보고해야 한다. 양이 많아 쉽게 초록할 수 없으면 우선 간단하게 초록하고 나머지는 모두 보관했다가 검토해야 한다. 과거에 표류선에서 귀중한 도서가 발견되었던 예도 있으니 버리거나 매장해서는 안 된다.

셋째, 조사관으로 파견되었다고 섬사람들에게 갑질을 하며 민폐를 끼치면 안 된다. 조사관의 횡포가 무서워 섬사람들이 표류선을 쫓아 버리는 경우가 생긴다.

넷째, 우리나라는 삼면이 바다인데도 선박제도가 소박하고 고루하다. 표류선을 만나면 그 선박을 상세히 조사하여 재목은 무엇을 사용했고, 뱃전의 판자는 몇 장을 썼으며, 배의 길이와 넓이, 높이가 어느 정도인지 기술해야 한다. 노와 돛대 등 배의 요소요소를 잘 파악해 그것을 모방할 계획까지 세워야 한다.

다섯째, 외국인과 말을 할 때에는 마땅히 그들을 도와주고 동정하는 모습을 보여야 하며, 음식물은 신선하고 깨끗한 것을 주어야 한다. 우리 쪽의 지극한 정성에 그들이 감복하여 기뻐할 것이며, 뒤에 귀국해서도 좋은 말로 우리나라를 칭찬할 것이다.

표류한 선박의 실태를 파악하는 일 하나에도 이렇게 정확한 수칙을 정한 다산의 치밀한 공무집행에 감탄을 금할 수 없다. 오늘에는 해양경찰의 업무에 속하는 일이겠지만, 외교 문제도 있고 무기를 소지한 경우도 있어 그들을 신중하고 정성스럽게 대함은 너무 당연한 일이다. 다산의 꼼꼼한 배려에서 공직자들이 지켜야 할 원칙이 분명하게 드러난다. 이런 정도로 공무 집행에 충실을 기해야 한다는 다산의 뜻은 오늘에도 그대로 통한다.

제방(堤防)을 수리하고 성을 쌓는 일에 차출되어 감독을 맡게 되면, 힘들게 일하며 고생하는 백성들을 위로하여 그들의 마음을 얻으라고 당부하였다. 하천을 준설하고 성을 쌓는 일은 군현의 백성들이 맡는데 노동 강도가 센 힘든 일이다. 늙고 여윈 사람은 부역을 면하여 돌아가도록 조치하고, 굶주리거나 넉넉한 사람을 구별하여 부담을 고르게 하며, 담배와 술을 주고 노래로써 일을 권하며, 부지런한 사람을 칭찬하고 게으른 자를 경계하면 백성들이 분발하여 공사가 빨리 완성될 것이다. 옛날이나 지금이나 백성의 마음을 얻는 일이 무엇보다 중요하다.

다산은 송나라의 유명한 학자이자 관리인 정명도(程明道)의 예를 들어 감독하는 사람의 자세에 대해 설명했다.

정명도가 현령이 되어 부역을 감독할 때, 심한 추위와 뜨거운 햇빛 아래서도 갖옷을 입거나 일산을 바치는 일이 없었다. 때때로 공사장을 돌아보지만 일꾼들은 그가 오는지도 몰랐다. 그의 기상이 맑고도 공손하여 속세 밖에 있는 것 같고, 노고를 이겨내지 못할 것 같았으나 일을 맡으면 미천한 사람들과 기거와 음식을 같이 했다. 감독관이라는 지위에 있으면서도 인부들의 마음을 위로하고 동고동락했다. 현명한 목민관은 이처럼 백성을 대하는 자세로부터 만들어지는 법이다.

제4편

———

애
민

愛民

▌ 사회적 약자를 돌보아야 한다

1762년, 다산 정약용이 태어난 해에 프랑스 파리에서는 루소의 『사회계약론』이 출판되었다. 『목민심서』를 저술한 1818년에는 그 유명한 『자본론』의 저자 카를 마르크스가 태어났다. 『사회계약론』과 『자본론』은 프랑스 혁명과 공산주의 혁명의 씨앗 역할을 하였지만, 다산의 『목민심서』는 그런 정도의 위력을 과시하지 못한 채 200여 년의 세월이 흘렀다. 『목민심서』의 애민편은 복지국가의 사회보장제도를 완벽히 구현할 수 있는 정치철학과 경제사상을 제시하였다. 세계를 움직일 수 있는 책으로 아무런 손색이 없지만 아직까지 그 가치가 제대로 알려지지 않았다.

책 이름 '목민(牧民)'에서 민(民)의 개념은 무엇인가. 민을 보호하고(保民) 기른다고(養民) 할 때, 민은 지배계층을 제외한 일반 백성을 의미한다. 다산은 특히 사회적·경제적으로 약자에 속하는 사람들에게 초점을 맞추었다. 그렇다면 『목민심서』의 다른 11편은 애민편의 내용을 실천하기 위한 방법론이라고 해도 과언이 아니다. 다시 말해 사회적 약자를 보살펴서, 그들의 삶이 보장되는 복지사회를 이루기 위해 목민관이 실천해야 할 임무를 나열해 놓은 책이 바로 『목민심서』라는 뜻이다. 인류의 영원한 꿈인 '요순시대'는 '애민'의 실천으로 사회보장제도가 잘 구축된 세상이라고 여긴 사람이 다산이었다. 복지국가의 건설, 복지사회의 구현, 다산의 꿈과 희망은 바로 그 점에 집중되어 있었다.

다산이 사회적 약자 가운데 가장 먼저 관심을 기울인 대상은 노인이었다. 남의 도움 없이 살아가기 힘든 노인을 부양하는 양로정책(養老政策)을 제대로 실행해야 올바른 목민관이 될 수 있다고 했다.

첫 번째 조항의 '양로'라는 용어는 다산이 창안한 말이 아니다. 요순시대 이래로 동양정치사상의 근본은 양로로부터 시작되었다. 『예기(禮記)』에 "봄에는 고아를 위한 잔치를 베풀고, 가을에는 노인을 대접한다(春饗孤子, 秋食耆老)"라 했고, "봄에는 어린이를 기르고, 가을에는 노인을 봉양한다(春養幼少, 秋養衰老)"라고 하였다. 고대로부터 동양의 미풍양속으로 노인을 봉양하고, 그들을 위한 잔치를 베풀었다.

이와 같은 역사적인 자료에 근거하여 다산은 "양로의 예가 폐지된 뒤부터 백성들이 효도를 일으키지 않으니, 목민관은 양로의 예를 거행하지 않으면 안 된다"는 원칙을 천명했다.

양로에서 경로로, 경로에서 효도로

고을의 목민관은 노인을 위한 잔치를 의례에 맞추어 제대로 이행해야 한다. 양로연은 옛날부터 정해진 의례가 있다. 노인이라 함은 대개 60세 이상으로 잡는데, 숫자가 너무 많아 경비를 감당하기 어려울 때는 80세 이상으로 올리기도 했다. 노인의 연령에 따라 대접하는 음식도 차이가 있어, 고령의 노인일수록 맛있고 좋은 음식을 대접하도록 하였다.

노인을 우대한 국가정책의 일환으로 나라에서는 기로소(耆老所)를 설치하여 연로한 문신(文臣)을 예우하였다. 지방에서는 목민관이 지역의 노인들을 위해 잔치를 베풀고 우대하여 노인 봉양의 뜻을 확대함으로써 부모에게 효도하는 정신을 고양시켰다.

양로연의 예법에 대하여는 다산이 참으로 자세하게 진행 절차를 기록해 놓아 목민관은 그대로 따르기만 하면 되었다. 물론 오늘날의 양로연이야 예법에 맞추기보다는 노인들이 편하고 즐겁게 느끼도록 배려하면 될 것이다.

한 걸음 더 들어가 다산은 잔치를 중요한 민원을 청취하는 기회로 삼아야 한다는 아이디어를 제시했다.

양로의 예에는 반드시 걸언의 절차가 있으니, 백성들의 괴로움과

질병을 물어서 예에 맞도록 해야 한다. 養老之禮, 必有乞言, 詢
瘼問疾, 以當斯禮.

'걸언(乞言)'이란 말을 빌린다는 뜻이니, 나이가 많아 이해관
계에 얽매이지 않는 노인들의 진솔한 이야기를 통해 관할지역
의 문제점을 파악하라는 것이다. 젊은 사람들은 이해관계에 얽
혀 사또 앞에서 직설적으로 고을의 문제점을 지적하기가 어려
울 수 있다. 지금도 주민들과의 원활한 소통이 중요한데, 양로연
은 소통의 측면에서도 매우 좋은 방법이다.

여헌 장현광(張顯光, 1554~1637)은 보은 현감으로 있을 때 고
을 어른들과 초하루와 보름날에 만나기로 약속하고, 그들로부터
민간의 괴로움과 정사의 잘못에 대해 들었다. 장현광은 고칠 것
은 고치는 한편 이러한 모임을 통해 효도와 우애를 돈독히 하고
염치를 기르고 덕행을 존중하고 나쁜 풍속을 물리치는 방도로
삼았다.

이처럼 목민관이 노인을 우대하는 혜택을 베풀면 사람들이
노인을 공경할 줄 알게 되어 양로에서 경로로, 경로에서 효도로
인간의 기본 윤리가 살아날 것을 기대하며 다산은 양로에 정성
을 바쳐야 한다고 강조했을 것이다.

80세 이상 장수한 남자 21명과 여자 15명을 뽑고, 모자 36개를
사들여 남자는 자주색으로 여자는 검은색으로 입동에 관청에서
배부하였다. 그 비용이 열 냥에 불과했지만 백성들은 진심으로 기

뻐하였다.

다산이 황해도 곡산 도호부사로 재직했을 때의 경험을 말한
것이다. 명절이나 연말에 조그만 선물이라도 보내면 노인들은
매우 기뻐하고, 민심이 순화된다.

범재 심대부(沈大孚, 1586~1657)가 성주(星州)의 현감으로 있
을 때 어린 고아와 병약한 사람을 돌보고 노인을 문안하면서 명
절 때마다 쌀과 고기를 보내자 사람들이 감복하여 마을이 저절
로 다스려졌다.

오늘날의 정부 또한 노인을 위한 여러 가지 정책을 펼친다.
기초연금을 지급하고 교통비를 지원하며 경로당 등 공공시설을
활용하는 복지도 늘리고 있다. 예전에 비하여 혜택이 늘어난 것
은 사실이나 더 많은 정책 개발로 힘없고 약한 노인을 우대하는
정책이 계속 강화되어야 한다.

고아를 기르면 세금을 면제해야

사회적 약자를 돌보는 '애민'의 두 번째 조항은 '자유'이다. 어린 아이를 자애롭게 보살핀다는 뜻이다. 다산은 "자유라는 제도는 고대 어진 임금 시절부터 큰 정사(政事)로 여겼으니 대대로 이 제도를 보완해 오면서 법으로 삼았다"라고 하여 이 정책의 중요성이 어느 정도인가를 밝혔다.

어린아이 중에서도 특히 고아(孤兒)를 긍휼히 여겨 보살피는 일이 더 중요하기 때문에 자유는 바로 고아를 돕는 일이라고도 할 수 있다. 고아를 기르는 사람에게는 아들 한 명 분의 세금을 면제했던 옛 제도도 있다.

백성들 중에서 어른을 공경하고 고아를 돌보아주는 사람이 있다면 나라에 알려서 두 필 말이 끄는 고운 수레를 탈 수 있게 해야 한다.

정책적으로 '자유'를 권장해야 한다는 뜻이다. 다산은 세상에서 가장 슬프고 외로우며 불행하기 그지없는 일이 어려서 부모를 잃는 것인데, 그런 불쌍한 고아를 돌보아주지 않고서야 어떻게 사람 사는 세상이겠느냐고 자유의 정책이 중요함을 강조했다.

지금과는 다르게 가난에서 벗어나기 어려웠던 조선시대에는 흉년이 들면 자식 버리기를 물건 버리듯 했다. 목민관은 곧 백성의 부모이니 거두고 기르는 역할을 제대로 해야 한다.

『목민심서』의 자유정책은 고아 문제가 중심인데, 오늘의 입장으로 보면 이해하기 어려운 점도 많다. 다산은 고아를 기른 경우 자식으로 삼을 수도 있지만 노비로 삼는 것도 허락해야 한다고 했는데, 지금의 인권개념으로는 이해하기 어려운 것이 사실이다. 당시는 노예제도가 있던 시절이고, 부모 없는 아이들을 거두는 일이 너무 급하고 중요하기 때문에 최선책, 차선책을 제시한 것이다. 그럼에도 그 옛날 노인과 어린이를 복지정책의 최우선에 두었던 다산의 정신은 오늘날에도 참고할 만한 가치가 있다.

옛날의 유아정책은 가난한 백성을 위한 정책이어서 버려진 아이나 고아 문제에 집중되었지만, 지금은 맞벌이 부부가 시대적 현실인 만큼 국가나 사회가 유아를 돌보는 일이 큰 비중을 차지하고 있으니 이 점에 대한 정책적 배려가 더 확대되어야 한다고 생각한다.

3 ──────── 진궁振窮: 사회적 약자 배려

▎ 환과고독을 도우라

현재 사회적으로 보편적 복지냐 선별적 복지냐로 극심한 논쟁
이 일고 있는데 누가 뭐라 해도 세상은 보편적 복지국가로 가야
한다. 200년 전 다산이 주창한 복지정책의 진면목을 살펴보자.

다산은 세상에 네 종류의 불쌍한 사람이 있다고 했다.

> 홀아비·과부·고아·자식 없는 늙은이를 사궁(四窮, 네 종류의 궁한
> 사람)이라 한다. 이들은 너무 궁하여 스스로 일어날 수가 없고, 남
> 의 도움을 받아야만 일어날 수 있다. 진(振)이란 거들어 주고 일으
> 켜 주는 것이다.

'사궁'이란 다산이 만든 말이 아니다. 동양 고대의 훌륭한 정

치는 이 네 종류의 궁인을 돌보는 일부터 시작했다는 기록이 있다. 주(周)나라 문왕(文王)이 인(仁)을 베푸는 정치를 펴면서 가장 먼저 했던 일이 바로 사궁인 환·과·고·독(鰥·寡·孤·獨) 네 종류의 백성을 돌보는 일이었다. 『시경(詩經)』에도 "넉넉한 부자들이야 좋겠지만 힘없고 외로운 사람들이 불쌍하도다(哿矣富人, 哀此惸獨)"라는 구절이 있다. 불쌍한 사람들에 대한 배려와 보살핌이 좋은 정치의 시작이라는 뜻이다.

요즘의 표현으로 사회적 약자가 바로 사궁인데, 목민관은 자신이 맡은 지역 안의 사궁을 식별하는 일부터 해야 한다. 그렇다고 모든 환·과·고·독을 관이 보살펴야 하는 것은 아니었다. 가난하여 의탁할 곳이 없는 사람이 사궁에 해당되지, 넉넉한 형편이거나 의탁할 친족이 있으면 사궁에서 제외시킨다.

사궁의 선정 기준에는 세 가지가 있다. 첫째 나이, 둘째 친척, 셋째 재산이다. 나이 60세 미만으로 자신의 노력으로 자신의 문제를 해결할 능력이 있거나, 10세 이상으로 먹을 것을 자신이 해결하는 사람은 제외시켜도 된다. 촌수가 먼 친족이라도 돌봐줄 사람이 있다면 그런 사람도 사궁에 들어가지 않는다. 어려운 처지이지만 재산이 풍족하여 자신의 문제를 해결할 수 있는 경우도 사궁에서 제외시킨다. 합리적으로 사궁을 선정하는 것은 목민관의 올바른 행정의 하나이다. 오늘날 극빈자나 최저 생활 보호 대상자를 선정하는 기준을 바르게 정하는 것도 마찬가지이다.

그렇다면 사궁을 어떻게 도와줄 것인가. 늙은 홀아비로 자식이 없는 사람에게는 매달 곡식 다섯 말을 지급하고, 늙은 과부로서 자식이 없는 사람에게는 매달 곡식 서 말을 지급한다. 이는 당시 최소한의 생활비이다. 세금이나 노역을 면제해 주고, 마을에 덕이 있는 사람이 그들을 살펴주어야 한다.

『대명률(大明律)』에 이러한 조항이 있다. "사궁으로 병이 심해 폐인이 된 사람으로서 가난하고 의지할 친척도 없어 혼자 살아갈 수 없는 사람은 목민관이 응당 거두어 주어야 한다. 거두어 주지 않는 사람은 장(杖) 60대의 벌을 받는다. 응당 옷과 양식을 지급해야 하는데 만약 목민관이 수량을 깎아 버린다면 지키고 감독해야 할 사람이 스스로 훔친 죄목으로 처벌한다."

합독정책을 시행하라

그 옛날 복지국가를 지향하는 정책을 폈던 어진 이들의 생각은 참으로 인도주의적이었다. 사회적 약자를 돌보는 일에서 시작하여 인류의 보편적인 삶에서 벗어난 사람에게도 도움을 주어 모든 백성이 정상적인 삶을 유지하도록 하는 일이 복지의 큰 틀이었다. 혼인 적령기를 놓친 사람은 관에서 주선하여 성혼시켜야 한다는 내용도 있다. 여자 17세에 시집가지 못하고 남자 20세에 장가가지 않으면 부모에게 죄가 있다고 독촉하였다. 한(漢)나라 때에는 민간 여성으로 30세가 넘었는데 시집가지 않으면 벌금을 물린다는 법도 있었다.

다산도 혼인 문제를 심도 있게 다루었다.

혼인을 권장하는 일은 우리나라 역대 임금의 유법(遺法)이니 목
민관은 마땅히 성심으로 준수해야 한다. 혼인 적령기를 놓친 사람
은 관에서 도와주어야 한다. 천지간에 얽히고설켜서 펴지 못하는
일로서 남녀 간에 혼기를 놓치는 일보다 더한 것은 없다. 나라를
책임진 목민관이 되어 걱정하지 않을 수 있겠는가.

갈수록 결혼이 늦어지고 독신자가 늘고 있어 국가의 인구정
책에 큰 문제가 야기되고 있는 오늘날, 혼인의 권장과 독려는
중요한 정책의 하나임을 알아야 한다. 국가에서 지원하는 게 쉬
운 일은 아니지만 주거정책, 육아정책에 대해 긴 안목을 가지고
국민들의 혼인을 적극 이끌어야 한다.

다산은 역대의 기록을 검토하여 목민관으로서 결혼을 독려하
여 좋은 결과가 나왔던 사례를 열거하여 모범으로 삼도록 권하
였다. 또한 결혼 권장책의 하나로 "매년 정월이 되면 적령기를
넘겼는데도 혼인을 못한 사람을 골라 2월에는 성혼하도록 해야
한다"라는 조목을 두었다. 남자 25세, 여자 20세 이상인 사람은
부모나 친척을 독촉하여 성혼시키도록 하고, 태만한 사람은 벌
을 주라고 하였다.

다산은 궁한 사람을 보살피는 일의 하나로 홀로 사는 노인 남
자와 홀로 사는 노인 여자 사이의 노년 동거생활을 권장하였
다. 그것을 합독(合獨)이라 한다. 이 용어는 『관자(官子)』라는 책

에 나온다. "모든 도읍에 중매를 맡은 사람이 있어 홀아비와 과부를 골라 화합해서 살도록 하고 있으니, 그것을 합독이라고 한다."

여자의 재혼이 쉽지 않았던 조선 후기에 복지정책의 일환으로 홀아비와 과부의 재결합을 권장한 것은 간단한 일이 아니었다. 다산은 "합독은 선정(善政)의 하나다. 향촌의 과부로서 개가할 뜻이 있어도 부끄럽고 두려움이 많아 주저하고 있는 경우가 많다. 목민관이 예(禮)로써 권하여 한 남자와 한 여자가 서로 제자리를 얻게 함이 가장 좋은 방법이다"라고 했다. 목민관이 중매를 서서 공식적으로 재결합하면 떳떳하고 당당한 결합이 된다는 것이다.

'보쌈'이라는 옛날의 풍속은 마을의 청년들이 혼자 사는 과부를 보에 싸서 홀아비 집으로 보내는 약간은 야만스러운 행위였다. 그런 방법은 부모나 형제의 동의가 없으면 분쟁이 일어날 소지가 있으며, 여자의 순결을 강제로 더럽힐 수도 있기 때문에 금해야 한다. 그래서 합법적이고 자발적으로 할 수 있게 관이 주도하라는 것이었다. 그런 일은 법령으로 정하여 강제성을 띠는 것도 좋지 않다고 했다. 백성들을 타일러서 고대의 아름다운 풍속이 저절로 이어지게 하라는 뜻에서 합독정책을 권했다.

세상은 갈수록 복잡해지고 있다. 홀아비와 과부를 합치게 하는 경우 재산은 어떻게 하며, 살아갈 주택은 어떻게 할 것인가 등 여러 가지 문제가 제기될 수 있다. 몇 년 전 내가 인천광역시에서 강연할 때 '합독'의 문제를 설명하자 그것을 실제 행정으로 실천한 경우가 있다. 뒤에 들으니 고문변호사와 연결하여 재산 문제, 가족 문제 등 합리적인 방법으로 처리할 길을 열어 주었더니 상당한 숫자의 합독 가정이 나왔다고 한다. 노령화 시대가 가속화되면서 과거 어느 때보다 합독정책이 더 필요하다고 생각한다. 복지정책의 차원에서, 노인 문제 해결의 차원에서, 홀로 사는 부모 모시는 자녀들의 편의를 위해서도 다산이 권장한 합독제를 깊이 연구할 시대가 왔다.

슬픔을 위로하고 장례를 도우라

세상에서 가장 슬픈 일은 사람이 죽는 것이다. 집안에 초상이 나면 가족이나 친척들은 슬픔 속에 장례를 치른다. 이웃이나 관청에서도 위로의 마음을 전한다. 초상 치르는 비용을 돕는 일은 오랫동안 전해 오는 미풍양속이다. 벼슬이 높거나 재물이 넉넉한 집안의 초상이야 크게 신경을 쓰지 않아도 되겠지만, 힘없고 빈한한 집안에서 일어난 초상에는 더 관심을 기울여야 한다.

상(喪)을 당한 집안에 대하여 관에서 취할 중요한 조치의 하나로, 다산은 맨 먼저 노역 차출을 덜어 줘야 한다고 했다. 가족이 죽어 슬픔에 잠겨 있는 사람이 노역에 동원된다면 누가 상을 맡아서 치르겠는가. 오늘날 군에 복무중이거나 교도소에 복역중일 때 상을 당하면 귀휴조치를 하는 것을 떠올리면 쉽게 이해가 된다.

힘없고 약한 사람을 배려하는 다산의 뜻은 다른 곳에서도 찾을 수 있다.

목민관은 가난한 백성이 죽어서 염(殮)도 하지 못한 채 구렁텅이에 버려지면 관에서 비용을 마련해 장사지내도록 해야 한다. 기근과 유행병으로 사망자가 속출할 때에는 시체를 거두어 매장하는 조치를 취하고 진휼을 해야 한다. 혹시 먼 객지에서 벼슬하던 사람의 관(棺)이 그 고을을 지나는 경우에는 성심껏 운반과 경비를 도와야 한다.

인간의 생명이 얼마나 중한 것인가를 일깨우며 정치에 반영할 것을 촉구하는 다산의 뜻은 오늘날에도 백번 유효하다. 생명에 대한 경외심이 갈수록 사라지고 인명경시 풍조가 만연한 오늘의 세태에서 『목민심서』의 '애상' 정신은 역시 큰 의미가 있다.

전염병 퇴치에 적극 나서야

세상에 불쌍한 사람으로 중환자나 장애인보다 더 심한 경우는
없다. 무거운 병으로 신음하는 환자, 자유롭게 활동하기 어려운
장애인은 반드시 국가와 사회가 배려해 주어야 한다. 장애인이
나 중환자는 신역(身役)을 면제해 주어야 하는데, 이런 조치를
'관질'이라고 한다. 고대의 문헌인 『주례(周禮)』에 이미 관질의
문제가 거론되었는데, 관대할 '관(寬)' 자는 신역, 즉 병역이나
납세의 의무를 면제해 준다는 뜻이라고 풀이했다.

이 부분에서 다산은 실감나는 예를 들었다.

요즈음 목민관은 혹독하고 인자하지 못하다. 어떤 시골 아낙이 젖
먹이를 안고 관가에 와서 "이 아이가 부엌에서 불에 데어 지금 손

발을 못 쓰게 되었으니, 새로 배정된 군대 명부에서 제외시켜 주십시오"라고 하자, 목민관이 "밭 가운데 허수아비보다야 낫지 않느냐?"고 하며 들어주지 않았다고 한다. 슬프다. 목민관으로서 이렇게 하고서야 백성을 다스리는 사람이라고 할 수 있겠는가! 장님, 벙어리, 절름발이, 고자 같은 사람들은 군대 갈 장부에 넣어서는 안 되고 잡역을 시켜서도 안 된다.

장애가 있는 사람, 불치병자 등은 모두가 꺼리는 바이니 관에서 도와주어야 한다. 장애로 인해 자력으로 살아갈 수 없는 사람의 경우 의탁할 곳을 마련해 휼양(恤養)해야 하며, 군졸 중에 추위와 굶주림으로 쓰러진 사람에게는 의복과 음식물을 제공하여 죽음을 면하게 해주어야 한다.

전염병이 만연하여 온 고을 전체가 죽은 사람으로 가득 차는 불행한 경우를 당했을 때 목민관은 어떻게 할 것인가. 조류인플루엔자, 메르스, 구제역, 코로나19 등 대형 유행병으로 나라가 얼마나 어려움에 봉착했던가는 우리가 너무 잘 아는 바이다. 다산은 이에 대한 처리 방법도 자세히 일러 주었다.

전염병이 유행할 때 민간 풍속에는 꺼리는 일이 많다. 보살피고 치료해서 두려워하지 않도록 해야 한다. 전염병과 천연두 및 여러 가지 병으로 죽고, 요사(夭死)하는 천재(天災)가 유행할 때에는 마땅히 관에서 구조해야 한다.

다산은 방역사업은 국가가 책임지고 해야 한다는 주장을 폈다. 면역과 방역에 대한 로드맵을 정하여 치료에 만전을 기하도록 당부하였다. 의약에 밝아 당대의 의원으로 칭해졌던 다산답게 전염병 치료에 대한 자세한 처방까지 제시하였다.

특히 전염병의 특효약인 '성산자(聖散子)'라는 약의 처방을 상세히 기록했다. "복암 이기양(다산의 대선배)이 문의 현감으로 있을 때 염병이 크게 유행하였다. 그때 성산자를 많이 지어서 백성들에게 나누어 먹였고, 이웃인 청주·옥천까지 보급하여 살아난 사람이 그 수를 셀 수 없을 정도였다."

다산이 강진에서 유배살이 할 때인 기사년(1809)과 갑술년(1814)에 큰 흉년이 들었고, 이듬해 봄에 전염병이 크게 유행하였다. 다산 역시 성산자 처방을 보급해서 살려낸 사람이 많았다. 참고로 다산이 제시한 성산자의 약제와 복용 방법을 소개한다.

창출(蒼朮)·방풍(防風)·후박(厚朴)·저령(豬苓)·택사(澤瀉) 각 두 냥, 백지(白芷)·천궁(川芎)·적작약(赤芍藥)·곽향(藿香)·시호(柴胡) 각 반 냥, 마황(麻黃)·승마(升麻)·강활(羌活)·독활(獨活)·지각(枳殼)·오수유(吳茱萸)·세신(細辛)·고본(藁本)·복령(茯苓) 각 7돈, 석창포(石菖蒲)·초두구(草豆蔻)·양강(良薑) 각 8돈, 감초(甘草) 두 냥 반, 대부자(大附子) 한 개. 이를 거친 가루로 만들어 매번 3돈씩 복용하되, 물 두 종지에 대추 한 개를 넣어서 8부쯤 끓여서 조금 더울 때 먹는다.

참으로 어둡고 미개한 시대에 목민관으로서 온갖 정성을 다해 면역, 방역에 충실해야 함을 가르쳐 주는 대목이다. 다산은 황해도 곡산 도호부사 시절 무서운 유행병이던 천연두 치료법을 담은 『마과회통』을 지어 보급하기도 했다.

▌ 인명을 구조하면 국가에서 포상해야

최근 우리나라에 걷잡을 수 없는 유행병이 번져 인명 피해가 심하고, 가축을 대량 살상하는 불행을 겪고 있다. 의학기술이 발달한 오늘날에도 인간은 자연재해를 이겨 내기가 어렵다. 목민관이라면 질병에 관한 문제, 환자나 장애인에 대한 보호책 등을 제대로 강구해서 복지정책 차원의 문제 해결에 정성을 기울여야 한다. 200년 전의 다산처럼 성심성의껏 임한다면 얼마나 좋을까.

다산이 환자 치료 문제에 마음을 기울인 분야가 하나 더 있다. "유행병이 번지면 사망자가 매우 많이 나온다. 구호나 치료, 매장을 하는 사람에게는 마땅히 포상을 하도록 조정에 청해야 한다"라는 항목을 두었다. 어려운 시기에 전염에 대한 위험을 무릅쓰고 환자를 돌보거나 가난한 환자를 구호하는 의로운 사람에게는 반드시 포상하는 조치를 취해야 한다는 것이다.

역시 다산은 자신의 뜻을 관철하기 위해 두려움 없이 상관에게 항의하는 바른 목민관이었다. 다음 사례는 실제로 다산이 겪은 일이다.

1798년 겨울에 독감이 번져 죽은 사람이 셀 수 없었다. 조정에서 부민(富民)이 구호나 치료, 매장을 도우면 3품과 2품의 품계를 내린다고 하였다. 다산이 곡산부에서 임금의 지시사항을 알리자 이에 응한 사람이 5명이었다. 일을 마친 다음 관찰사에게 보고하였는데 다른 고을에서는 행한 사람이 없어 한 고을 백성만 별도로 아뢸 수 없다는 이유로 조정에 알리지 않았다.

다산은 즉시 승정원에 보고하였다.

"만일 이대로 아뢰지 않는다면 다음부터는 임금의 유시를 백성들이 믿지 않을 것입니다. 이것은 작은 일이 아니니 곧바로 경연 자리에서 임금께 아뢰야 합니다. 만일 그렇지 않으면 내가 상소하겠습니다."

이윽고 승정원에서 아뢰자 임금이 크게 놀라 관찰사를 2등 감봉조치하고, 그 5명의 백성에게 모두 품계를 내려주었다.

역시 다산답다. 정부가 약속을 지키지 않으면 백성들이 어떻게 믿겠는가.

현재 온 인류는 대재앙 속에 놓여 있다. 코로나19라는 전염병이 세계를 휩쓸고 있다. 다산 시대와는 다르게 간단한 의학 처방으로 예방과 치료가 되는 질병이 아니다. 대대적인 의료 체계의 정비와 공공의료제도 확충에 국가가 총력을 기울이지 않을 수 없는 상황이다. 지방 장관들 또한 국가 시책에 발맞추어 철저하게 방역과 치료에 힘써 전염병 퇴치에 앞장서야 한다. 온갖 고생을 무릅쓰며 예방과 치료에 헌신한 의료인을 비롯해 여러 봉사자들에게 국가적 포상과 지원이 극대화되어야 한다.

재난 예방이 구제보다 중요하다

옛날이나 지금이나 국가가 해야 할 가장 큰 의무는 국민의 생
명과 재산을 보호하는 일이다. 이를 위해서 국민은 세금을 내고
국토방위에 헌신한다. 국민의 생명과 재산을 위협하는 가장 큰
재앙은 바로 전쟁이다. 국가는 전쟁을 막아야 할 의무가 있다.

　전쟁 다음의 큰 위협은 천재지변으로 인한 재해이다. 그래서
다산은 『목민심서』 애민편의 마지막 조항인 '구재'에서 재난에
서 백성들을 구제하는 문제를 세밀하게 다루었다.

　옛날에도 천재지변은 끊이지 않았다. 현대처럼 과학기술이
발달하고 기술문명이 찬란한 때에는 천재 이외에 대형 인재(人
災)가 수없이 발생되고 있다. 이렇다 보니 '구재'는 예전보다는
오히려 오늘날 더욱 마음을 기울여야 할 문제이다. 화산이 폭발

하고, 대형 지진이 일어나고, 폭우와 폭설이 인간의 삶을 위협하는 일은 모두 천재에 해당하지만, 대형 비행기 사고나 열차 사고, 교통사고 등 예전에는 없던 인재가 끊임없이 일어나고 있다. 화재(火災)나 수재(水災)는 천재인 경우도 있고 인재인 경우도 있다.

이런 모든 재해에 대하여 국가는 법률에 근거하여 대책을 마련하지만, 지방관인 목민관의 경우 관할 지역민의 문제이기 때문에 특별한 배려를 해야 한다는 것이 다산의 뜻이다. 특히 어려운 상황을 더욱 어렵게 만드는 것이 부정부패이다. 구호품을 배급할 때 물품을 빼돌리는 부정한 짓을 해서는 안 된다. 남의 화란을 자신의 이익 취하는 일로 여기는 부패 관료에 대한 경고는 그냥 지나칠 일이 아니다.

재난 구제에서 또 하나 명심해야 하는 사항은 때를 잘 맞추는 것이다. 무릇 재해와 액운이 있으면 불탄 것을 구하고 빠진 것을 건지기를 스스로 불타고 빠진 것같이 해야지 조금도 늦추어서는 안 된다. 재난 구제에서 목민관은 성(誠)과 신(信)에 근본을 두어야 한다. 모든 일에 정성을 기울이고 모두가 믿을 수 있는 태도로 임해야 때맞춰 도움을 줄 수 있다. 재난을 당한 약자들이 목민관을 신뢰하고 따라야 일이 신속하게 처리된다.

다산은 재난 구제보다 더 중요한 것이 예방이라고 하였다.

재난이 일어날 것을 생각해서 예방하는 것이 재난을 당한 후에 은혜를 베푸는 것보다 낫다. 思患而預防, 又愈於旣災而施恩.

유비무환의 대원칙이다. 불을 끄려다 머리를 그슬리고 얼굴을 데는 것은 미리 굴뚝을 돌리고 땔감을 불 가까이에서 치워버리는 것만 못하다. 민가가 낮은 지대에 있어 수재 위험이 있으면 평상시에 옮기도록 권유해야 한다. 사고가 나면 급하게 해결책을 강구해야 하지만, 사고를 미리 예측하여 재난의 근원을 막는 것이 더 중요하다.

물난리 속에서 건져낸 『여유당전서』

재난을 방지하기 위해 행하는 일에는 다른 이로움도 따른다. 다산은 "둑을 쌓고 방죽을 만들어 물의 재난을 막고 수리(水利)를 일으키는 것은 두 가지 이득을 얻는 방법이다"라고 하여 둑을 쌓으면 수해도 막을 수 있지만, 저장된 물을 농사에 이용하는 수리 시설이 되어 두 가지 이익을 얻게 된다고 하였다. 다산은 해마다 반복되는 두물머리 일대의 수재를 예로 들었다.

내 집이 열수(洌水, 한강) 가에 있어서 매년 여름과 가을에 큰물이 질 때마다 집들이 떠내려 오는데, 마치 봄에 덜 녹은 얼음덩이가 떠내려 오는 것과 같다. 혹은 닭이 지붕 위에서 울고, 혹은 의복들이 문 귀틀에 걸려 있기도 하였다. 금년에도 이러하고 명년에도 또다시 그러하니, 이것은 목민관이 백성을 안착시키지 못하는 허물이다.

다산이 살았던 집은 옛날로는 광주군이지만 지금은 경기도 남양주시의 땅이다. 그곳은 북한강과 남한강이 합류하는 곳으로 해마다 한강이 범람하여 큰 피해를 보는 곳이다. 다산이 일찍이 대책을 세워야 한다고 강조했지만 나라에서 관심을 기울이지 않아 1925년 을축년 홍수로 한강이 크게 범람했을 때 다산의 마을인 소내의 집들이 온통 물에 떠내려가 마을 전체가 거의 폐촌이 되었다. 그때 집 전체가 떠내려간 탓에 다산의 저서가 온통 일실될 상황이었으나 후손들의 지혜로 겨우 수습했다고 한다. 아슬아슬한 위기를 겪은 후 다산의 저서가 1938년 활자로 간행되었으니 민족의 복이 아닐 수 없다. 목민관이 재난 방지에 노력하지 않으면 그런 무서운 결과가 올 수 있다는 것을 보여 주는 사례의 하나이다.

재난이 수습된 뒤 백성들이 편안한 마음으로 다시 안착하여 생업에 종사할 수 있도록 해 주는 것 또한 목민관의 어진 정사이다. 물난리 뒤에는 전염병이 도는 경우가 많으니 예방과 치료에 각별히 주의하고, 이제 막 환란에서 벗어난 백성들에게 무거운 세금이나 병역 의무를 지게 하는 것도 문제가 많으니 면역 조치를 취해야 한다. 사고 처리가 끝났다고 다시 발생할 수 있는 부수적인 일을 등한시하면 효과가 제대로 나지 않는 것이 당연하다.

다산은 어진 목민관의 예로 순조 때의 유명한 정승 이서구(李書九, 1754~1825)를 들었다.

이서구가 평양 감사로 있을 때, 평양에 큰불이 나서 관청과 민가가 거의 다 타버렸다. 감사가 정확하고 신속하게 일처리를 하여 관청 건물 수십 채와 백성들의 집 만여 호가 잘 복구되었다. 백성들은 잊지 않고 오래도록 그 은혜를 칭송하고 있다.

세세한 곳까지 관심을 기울여 재난을 미리 예방하고, 불가피한 천재지변의 경우 성심껏 사고를 처리하고, 처리 뒤의 끝마무리까지 제대로 해야만 재난이 구제된다. 예전보다 복잡해진 현대사회에서는 재난이 끊일 날이 없다. 얼마나 많은 국민이 뜻하지 않은 사고로 죽고 얼마나 많은 재산이 어느 날 갑자기 사라지고 마는가.

오늘날의 공무원들, 다산의 재난방지책에 마음을 기울여 국민의 생명과 재산이 보호받도록 노력해야 한다.

제5편

이전

吏典

1 ──────────────────── 속리束吏 : 아전 단속

| 아전의 숫자를 줄이고 정식 월급을 주어야

오늘날의 행정제도와는 다르지만 『목민심서』의 6전체제는 국가의 행정체제를 축소하여 지방에 적용시킨 것이다. 내무행정은 이전, 재무행정은 호전, 교육행정은 예전, 병무행정은 병전, 법무행정은 형전, 공업과 산업행정은 공전에 해당하는 것으로 요약할 수 있다. 중앙정부에 6조 판서가 있다면 군현(郡縣)에는 6방의 아전을 두고 목민관이 총체적으로 지도 감독하면서 지방행정을 이끌어 가는 체제였다.

이러한 행정체제는 왕조 시절의 제도로서 지금과는 판이하게 다른 사회경제적 여건 아래 유지되던 제도여서 지금의 행정제도와 똑같은 개념으로 비교하기는 어렵다. 지금은 20개가 넘는 행정부서로 나눠져 있는데, 다산 당시에는 통치의 핵심사항을

6개 분야로 나눠 놓았다고 보면서 설명할 수밖에 없다.

『목민심서』의 전체 체제가 그러하듯 '이전편'에도 6개 조항의 행정지침이 열거되어 있는데 그 첫 번째 조항이 '속리'이다. 즉 아전을 단속하여 백성들에게 해를 끼치지 못하도록 하는 것이 목민관의 중대한 임무 중의 하나라는 것이다.

지방 관아의 아전제도에 대해 정확하게 이해할 필요가 있다. 지금이야 면·동의 직원에서 대통령에 이르기까지 모두가 공무원이자 목민관이지만, 조선시대에는 달랐다. 지방에서는 목민관만이 유일하게 공무원인 관(官)이고, 목민관을 보좌하며 일하는 아전들은 엄밀한 의미로 관이 아니었다. 이 점이 현재의 제도와 다른 점이다. 우리는 공무원을 모두 관리(官吏)라고 하지만, 옛날에는 목민관인 관(官)과 아전인 이(吏)를 합하여 관리라고 했다. 우리가 잘 아는 '탐관오리(貪官汚吏)'라는 말은 탐욕스러운 목민관과 부패한 아전을 뜻한다. 이처럼 관과 이를 구별했는데, 뒷날 이(吏)가 모두 공무원의 지위를 얻으면서 관리는 모두 공무원으로 호칭하게 되었다.

조선시대에 아전의 지위는 양반 아래 중인 계급의 낮은 신분이면서 정규 녹봉도 받지 못하는 처지였다. 그런데 세습으로 아전의 지위를 유지하다 보니 지방에서 권세를 부리며 부당한 방법으로 백성들을 착취하는 일이 많았다. 이처럼 아전제도는 모순이 많은 잘못된 제도였다. 다산은 『경세유표』에서 아전의 숫자를 대폭 줄이고, 정규 녹봉을 주어 착취의 사슬을 끊어야 한다고 주장했다.

그러나 수백 년 동안 굳어져 있는 제도를 하루아침에 개혁하기는 어렵다. 다산은 내무행정인 이전의 첫째 조항을 속리, 즉 아전을 단속하는 것으로 잡았다. 부패가 구조적으로 얽힌 '이서(吏胥)의 나라' 조선에서 이서를 제대로 통제할 수 있을 때 나라다운 나라가 된다는 것이 다산의 뜻이었다. 율기(律己)를 통해 인격과 능력을 갖춘 목민관이 행정실무 집행자인 아전을 단속하는 '속리'에 밝으면 맡은 일을 제대로 할 수 있다고 여긴 것이다. 다산은 '속리'의 대원칙을 이렇게 밝혔다.

아전을 단속하는 일의 근본은 자기 자신을 단속하는 데 있다. 목민관의 마음과 몸가짐이 바르면 명령을 내리지 않아도 행정이 제대로 행해지지만, 바르지 못하면 아무리 명령을 내려도 행정이 제대로 돌아가지 않는다.

아랫사람을 지도하는 리더십은 자신의 마음과 몸가짐이 바를 때 발휘된다. 이 원칙은 사실 다산이 창안한 내용이 아니다. 공자는 『논어』에서 "자신의 몸가짐이 바르면 명령하지 않아도 따르며, 자신의 몸가짐이 바르지 않으면 명령을 내려도 따르지 않는다(其身正, 不令而行, 其身不正, 雖令不從)"라고 했다. 이거야말로 옛날이나 지금이나 만고에 변할 수 없는 리더십의 핵심 원칙이다.

다산은 금정도 찰방으로 있을 때 직접 보았던 당시 홍주 목사 유의(柳誼)의 행실을 예로 들었다.

"홍주의 아전은 충청 우도에서 가장 못돼 먹었는데 유의가 청렴과 검소함으로 스스로를 지키면서 지성으로 백성을 섬기자 아전들이 모두 열복하여 회초리 하나 쓰지 않았는데도 털끝만큼의 잘못도 범하는 사람이 없었다. 나는 이것을 보고 율기가 아전을 단속하는 근본임을 알았다."

아전의 폐해가 얼마나 심했던지 다산은 무서운 말을 남겼다. "백성은 토지를 논밭으로 삼지만, 아전은 백성을 논밭으로 삼는다.(民以土爲田, 吏以民爲田.)"

백성들은 땅을 일궈 농사일로 먹고 살지만 아전들은 백성들을 착취해서 먹고 산다니 얼마나 기막힌 이야기인가.

아전을 단속하는 두 번째 원칙은 그들을 함부로 대하지 않는 것이다.

예(禮)로 바로잡고 은혜로 대한 뒤에라야 법으로 단속할 수 있다. 만약 업신여기고 짓밟으며 함부로 대하고 이랬다저랬다 속임수로 몰아가면 단속을 받으려 하지 않는다.

인간답게 대우하고 예의 바르게 대접하면서 바른길을 제시해야 따르지, 법이나 위력으로 통제하려 하면 근본적인 개선을 할 수 없다.

오늘날 시장·군수·구청장은 모두 선출직이다. 공무원은 정년이 될 때까지 근무하지만, 선출직 목민관은 기한이 끝나면 자동으로 물러나야 한다. 전문적인 직업 공무원을 단속하는 문제는 예전에 비해 더 어려울 수도 있다. 공직자의 기본 정신인 '공렴(公廉)'으로 행정에 임할 때 한시적으로 일하는 목민관의 지시와 명령을 제대로 따라줄 것이다. 오늘의 목민관들은 더욱 자신의 몸가짐을 바르게 하고 예의와 은혜를 잊지 않아야 리더십이 제대로 통한다는 것을 새겨들어야 한다.

아전을 단속하는 세 번째 원칙은 너그러움이다.

윗사람으로서 너그럽지 못한 것은 공자께서 경계한 바이다. 너그러우면서도 풀어지지 않으며, 어질면서도 나약하지 않으면 일을 그르치지 않을 것이다. 진심을 다해 가르치면 아전들 역시 사람인지라 바로잡히지 않을 자가 없다.

공자의 "너그러우면 모든 사람의 마음을 얻을 수 있다(寬則得衆)"라는 격언을 인용하였다. 마음이 너그럽고 도량이 넉넉할 때에만 남들이 따라주고 믿게 된다는 뜻이다.

아전을 단속하는 최후의 수단은 의법 조치하는 일이다.

타일러도 깨우치지 못하고 가르쳐 주어도 고치지 못하며 세력을 믿고 속이려 드는 아주 간악한 아전은 형벌로 다스려야 한다.

온갖 방법으로 선도했으나 따르지 않을 경우는 법에 의하여 처벌하거나 징계할 수밖에 없다. 삼가야 할 일이지만 부정과 비리를 저지른 아전을 그대로 두고 어떻게 옳은 행정을 펼 수 있겠는가. 어떤 세력을 믿거나 속이는 일에 밝은 간악한 아전이 백성들을 괴롭히고 착취하는 일을 멈추지 않는다면 형벌로 다스릴 수밖에 없다.

▍ 아전의 횡포는 심각한 사회문제

조선 후기에 아전의 횡포가 심각한 사회문제로 대두되었다. 조선 말기의 시인이자 우국지사인 매천 황현(黃玹, 1855~1910)은 유명한 저서인 『매천야록』에서 "조선에는 3대 폐단이 있는데, 첫째는 전라도 아전, 둘째는 충청도 양반, 셋째는 평양 기생이다"라고 했다. 전라도 아전의 횡포가 오죽 심했으면 동학농민혁명이 전라도에서 일어났겠는가. 다산은 매천의 주장을 확인시켜 주는 사례를 제시했다.

전라 감영의 아전 최치봉(崔致鳳)이란 자는 악독한 아전들의 괴수였다. 최치봉은 세금 수탈은 물론이고 해마다 돈 수십만 냥을 전라도 53개 읍의 간교한 아전들에게 풀어 고리대(高利貸)를 놓아 백성들의 피를 빨았다. 최치봉은 중앙의 재상들과 결탁되어 있어 비록 현직 목민관이라도 그의 비행을 폭로하기가 어려웠다.

이노익(李魯益, 1767~1821)은 전라 감사로 부임하자마자 외압을 두려워하지 않고 최치봉의 비행을 낱낱이 밝혔으며, 즉각 사형에 처해 목민관의 권위를 세웠다. 백성들은 그간 억눌렸던 가슴을 쓸어내렸다. 그러나 전라도 아전의 병폐가 끝내 치유되지 못해 동학농민혁명으로 연결된 것은 역사의 필연적인 진행이었다.

아전을 단속하는 방법의 하나로 다산이 제시한 내용이 있다.

아전 중에서 악독하고 간활한 자의 우두머리는 모름지기 행정관청 밖에 비(碑)를 세우고 이름을 새겨서 다시는 복직하지 못하게 해야 한다.

탐관오리의 비행을 기록한 비를 세워 만인에게 공개함으로써 재발을 막자는 것이다. 이른바 '기악비(記惡碑)'라는 것이다.

다산은 아전의 잘못은 그 근본 원인이 목민관에게 있다고 했다.

목민관이 좋아하는 것을 아전들이 영합하지 않는 경우는 없다. 내가 재물을 좋아함을 알게 되면 반드시 이로움으로써 꾀어 낼 것이요, 한 번 꾐에 넘어가면 곧 그들과 더불어 함께 빠지고 만다.

재물의 유혹에 빠지는 목민관의 약점을 귀신같이 알아내는 아전들의 꾐에 빠지지 않으려면, 목민관 스스로 그런 약점을 보여서는 안 된다는 경고이다. 요즘에도 흔하게 볼 수 있는 사례이다.

다산은 아랫사람을 단속하는 요령을 설명했다. "알지도 못하면서 아는 척하고, 결재하기를 물 흐르듯 막힘없이 하는 것은 목민관이 아전들의 술수에 떨어지는 까닭이 된다"며 아전들의 속임수에 걸려들지 않는 방법을 치밀하게 기록하였다.

실무능력 없이 문과에 급제한 사람이 중앙에서 내려오거나 벌열 집안의 후손으로 음직으로 내려온 목민관의 경우 실제의 행정은 전혀 모르는 경우가 많다. 그런 사람이 하루아침에 천리나 먼 시골에 내려와 뭐든지 아는 체하며 거리낌 없이 결재나 해 주다 보면 속이 보이게 되고, 속이 보이면 아전이 농간을 부리게 된다는 것이다.

시부(詩賦)나 읊고, 경전(經傳)이나 외워서 급제한 뒤 바로 목민관이 되면 노련한 아전에게 물어서 배워야 한다. 모든 것을 다 알고 있는 것처럼 허풍을 떨다가는 반드시 아전에게 당하게 된다.

무릇 한 가지 명령, 한 장의 지시서를 내릴 때에도 마땅히 수리(首吏)와 해당 아전에게 그 일의 근본을 캐어 보고 지엽을 밝혀 내어 밑바닥까지 궁구하여 스스로 마음이 환해진 뒤에 결재하면, 며칠이 지나지 않아 사무에 밝아져서 통하지 않을 것이 없다.

사건의 전말과 일의 실체를 파악하는 실무를 익힌 다음에 공무를 처리하고 서류를 결재하라고 하였다. 너무나 당연한 내용이다. 이래야 아전들의 농간을 이겨낼 수가 있다는 것이다.

다산은 자신이 경험했던 일 하나를 소개하였다.

"내가 오랫동안 읍내(귀양살이 중 강진 읍내에서 거주)에 살면서 들어보니 새로 부임한 목민관이 까다롭게 사건의 근본을 캐어 묻는 경우 노회한 아전들이 의논하기를 '그 징조가 고달플 것 같다'고 하지만, 응대하기를 물 흐르듯 쉽사리 하는 경우에는 서로 웃으면서 '그 징조를 알만하다'라고 하니, 아전을 단속하는 요체가 진실로 여기에 있다."

다산은 아전의 숫자가 너무 많은 것도 문제라고 하였다.

아전의 인원수가 적으면 한가로이 지내는 사람이 적어서 백성을 침학하고 가렴하는 일이 심하지 않을 것이다.

중앙관청에는 정해진 아전의 숫자가 있어서 크게 문제되지 않으나, 지방에는 정원이 정해져 있지 않아 어떤 곳은 수백 명에 이르는 경우도 있었다. 예를 들어 경상도 안동이나 전라도 나주에는 수백 명의 아전이 있어서 단속하기가 매우 어려웠다. 이러한 문제를 해소하기 위해 숫자를 줄이고 정원을 정하자는 주장이 계속 이어졌으나 나라에서 전혀 관심을 기울이지 않았다. 다산은 그 고을의 전결(田結)의 많고 적음으로 아전의 정원을 정하여 토지 1천 결마다 5인을 두어서 1만 결 되는 고을에 아전 50인을 두더라도 부족하지 않을 것이라고 했다.

공무원 숫자를 적절하게 정하는 것은 행정 수행에 아주 중요한 문제이다. 특히 오늘날의 공무원 제도와도 판이하게 달랐던 아전 문제는 간단하지 않다. 녹봉도 일정하게 지급하지 않는 상태에서 숫자만 많다면 이들은 결국 백성 착취를 일삼게 되니 얼마나 심각한 문제인가. 그래서 다산은 아전을 단속하는 가장 좋은 방법은 숫자를 줄이고 일정한 봉급을 지급하는 것이라고 하였다.

그러나 아전의 봉급을 주는 문제는 간단하지가 않다. 오랫동안 중국에서도 아전의 녹봉이 없었고, 그에 따라 조선에서도 녹봉을 주지 않는 제도가 굳어졌다. 다산은 은결(隱結)을 찾아내는 토지제도의 개편이 이루어진 다음에야 재원이 확보되어 아전에게 녹봉을 지급할 가능성이 있지만, 토지제의 변혁이 쉽지 않은 이상 해결하기 어렵다고 말했다. 근본적인 제도 개선이 필요하다는 것이다.

엄연한 계급사회에서 아전이 자신들의 세력만 가지고 위세를 부릴 수 있는 것은 아니다. 그들은 중앙의 재상들과 결탁하고 감사와도 연통해 위로는 목민관을 업신여기고 아래로는 백성들을 수탈했다. 아전이 중앙의 세력가와 결탁하는 방법에는 여러 가지가 있다.

첫째, 적교(謫交)이다. 벼슬아치가 귀양살이 왔을 때 온갖 편의를 제공하고, 뒤에 그가 높은 지위에 오르면 그 인연을 통해 위세를 부리는 것이다.

둘째, 궁교(宮交)이다. 궁중의 재산인 궁방전(宮房田)을 관리하면서 고관들과 관계를 맺는 것이다.

셋째, 유교(由交)이다. 전임 목민관과 관계를 잘 유지해 그의 권세에 빌붙는 것이다.

이처럼 권세가를 등에 업고 지방에서 힘을 휘두르는 아전들에게 굴하지 않고 체계적으로 관리 감독할 능력이 있는 사람이야말로 참다운 목민관이라고 다산은 말했다.

　예전과 다르게 오늘날의 공무원들은 모두 목민관의 임무를 수행하고 있다. 최하위 공무원에서 최고 상급자에 이르기까지 모두가 목민관이라는 생각에서 벗어나면 안 된다. 특히 높은 지위에 있는 공무원은 지도자로서 리더십을 발휘해 하위직 공무원을 잘 지도 감독해야 하며, 직책에 비례해 더 큰 책임이 따른다는 것을 명심해야 한다.

2 ──────── 어중馭衆 : 아랫사람 관리

┃ 아랫사람도 소중한 사람의 아들이다

'어중'이란 글자의 뜻대로 목민관 휘하에서 일하는 사람을 어떻게 통솔하느냐의 문제이니, 이전의 첫 번째 항목인 '속리(束吏)'와 일정 부분 겹친다.

옛날이나 지금이나 윗자리의 공직자라면 권위와 신뢰를 바탕으로 아랫사람을 제대로 통솔할 수 있어야 한다. 다산은 어중의 대원칙을 이렇게 세웠다.

모든 아랫사람을 통솔하는 방법은 위신, 즉 위엄과 신뢰뿐이다. 위엄은 청렴에서 나오고 믿음은 성실함에서 나오니, 성실함과 청렴함이 있어야만 뭇사람을 복종시킬 수 있다. 馭衆之道, 威信而耳. 威生於廉, 信由於忠, 忠而能廉, 斯可服衆矣.

다산은 아랫사람을 편파적으로 대하면 안 된다고 경고했다. 누구든 공명정대하게 대해야 오해 없이 상관의 지시를 따른다. 조선은 가난한 나라여서 아랫사람에게 충분한 녹봉을 주지 못했다. 지방 관아에 속한 하위직은 대체로 배고프고 추위에 절박한 사람들이다.

목민관은 반드시 잘 보살펴 그들 또한 사람의 아들이라는 생각을 항상 간직하는 것이 옳다. 必須軫念, 常存彼亦人子之意, 可也.

저들도 사람의 아들이라는 생각, 참으로 곱씹어야 할 말이다. 아무리 힘없는 아랫사람이라도 그 또한 인간으로서 남의 아들이니, 자신의 아들처럼 대해서 인간다운 삶을 유지할 수 있게 해야 한다는 인도주의 정신을 담고 있다. 이런 마음으로 그들을 대할 때, 그들 또한 상관을 따르고 일반 백성에게 봉사할 수 있다.

'어중'은 '속리'와 다르게 관청에 속한 행정요원, 군관, 포교, 문졸(門卒), 관노 등을 포괄하는 개념이다. 지금이야 권한이 분산되어 검찰·법원·경찰·군부대 등 각각의 소속 상관이 있으나, 당시에는 입법·사법·행정 삼권이 모두 목민관에게 있었기 때문에 목민관이 모두 통솔했다. 이들은 목민관에게는 아랫사람이지만, 일반 백성들에게는 늑대나 호랑이와 같은 존재여서 말썽 없이 단속하고 통솔하여 민폐를 없애고 탐학을 막는 것이 목민관의 중요한 임무였다.

포도군관 등은 요즘의 경찰관이나 검사와 같이 도둑이나 범죄자를 체포하는 직무를 맡아 일반인에게는 무서운 존재였다. 이들은 경향 각지에서 큰 도적 노릇을 했다. 도적과 내통하여 장물을 나누기도 하고, 시장 상인들을 위협해 재물을 훔치는 일이 다반사였다. 목민관은 이들이 저지르는 폐단을 파악해 엄하게 다스려야 한다.

'문졸'은 이른바 '문고리 권력'이었다. 노예 같은 신분이지만 목민관의 최측근으로 혼권(閻權)·장권(杖權)·옥권(獄權)·저권(邸權)·포권(捕權)을 쥐고 있어 백성들은 승냥이 보듯 두려워했다.

혼권이란 관청의 출입문을 지키는 권한이다. 억울한 일을 당한 백성이 목민관에게 소장을 제출하여 억울함을 바로잡으려고 관청에 들어오면, 문지기들이 미리 소장의 내용을 살펴 이속(吏屬)에게 불리한 내용이면 목민관에게 전달되지 못하게 막아 버린다. 목민관은 이 점을 잘 단속하여 백성들이 어머니 집에 들어오듯 일체의 통제가 없도록 해야 한다.

장권이란 자신의 뜻대로 죄인에게 정당하지 못한 곤장질을 하는 권한이다. 뇌물을 받아먹고 세게 치라는 곤장을 가볍게 하거나, 가볍게 쳐야 할 곤장을 앙심을 품고 세게 치는 경우 등이니, 이것을 통제하는 것도 결코 작은 일이 아니다.

옥권이란 죄인의 목에 칼을 씌우고 벗기는 권한이다. 사심을 갖고 처리하지 못하도록 단속해야 한다. 저권이란 관둔전(官屯田) 같은 토지에서 세금을 걷는 일로, 여러 가지 명목으로 농간을 부려 백성을 수탈하는 경우가 많았다.

포권이란 체포하는 권한이다. 죄인을 잡아오라는 명령서를 들고 고을에 가면 부자건 가난한 자건 무조건 돈을 바친다. 포승줄로 겁을 주면 온 마을사람이 술과 음식을 접대하며 난리를 만난 듯 겁에 질린다. 함부로 누명을 씌워 백성들을 체포하면서 비행과 불법을 저지른다.

이렇게 막강한 권력으로 백성들을 괴롭히고 비행과 불법을 자행하는 문졸을 제대로 통솔하는 일이 얼마나 중요한 일인가. 다산은 참으로 유능한 목민관만이 그러한 일에 세세한 관심을 기울여 백성을 보살핀다고 하였다. 요즘으로는 경찰과 교도소 업무를 담당하는 경찰서장, 교도소장의 업무까지 목민관의 업무여서 이런 일에 소홀함이 없도록 하라는 뜻으로 여겨야 한다.

▎낮은 곳을 바라보고 살피라

관청에는 많은 종류의 노예가 있었다. 시노(侍奴)는 온종일 뜰에 서서 잠시도 떠날 수 없고, 공노(工奴)는 노동 강도가 높은 공방 일로 고달프기 그지없다. 구노(廐奴)는 말을 키우고 일산을 받들며, 방자라 부르는 방노(房奴)는 방을 데우고 뒷간을 치우는 일을 한다. 다산은 이들도 아들처럼 대해 춥거나 배고프지 않도록 보살펴야 한다고 했다.

푸줏간에서 일하는 포노(庖奴), 뜰을 가꾸는 원노(園奴), 기생이나 관비(官婢) 등은 미천한 신분으로 인간적인 대접을 받지 못하는 경우가 허다했다. 통인(通引)·지인(知印)이라고도 하는 시동(侍童)은 요즘으로 보면 심부름꾼이다. 이들은 관인(官印)을 도용하거나 시험지를 빼돌리는 등 비행을 저지르기 쉬우니 불법이 일어나지 않도록 세세한 주의를 기울여야 한다.

이 관노들이야말로 가장 고되고 힘들게 일하는 사람들이다. 한 고을의 행정은 전적으로 목민관의 책임이니 이들에게도 관용을 베풀어 맡은 일을 잘 감당하도록 붇돋아 주어야 한다는 것이 다산의 뜻이었다.

목민관이 수행하는 고을의 행정은 전적으로 목민관의 책임이다. 목민관이 위엄과 청렴으로 자신의 심신을 단련하여 아랫사람들에게 성실한 신뢰를 보여 줄 때 그들이 복종하고, 원활한 행정을 펼칠 수 있다.

어떤 국회의원이 국회에서 일하는 미화원들에게도 친절하게 인사하고, 또 그들의 편에 서서 처우가 개선되도록 도움을 주었다. 그가 세상을 떠나 국회장으로 장례식을 치를 때 청소하는 분들이 모두 나와 애도의 뜻을 표현했다는 보도를 읽었다. 아랫사람을 대하는 자세를 그런 예에서도 배울 수 있지 않을까.

요즘 재벌이나 권력자들의 '갑질'이 횡행하는 기사를 읽다 보면 이 사항을 다시 한 번 돌아보게 한다. 아랫사람이라고, 약한 사람이라고 인격까지 무시하며 위력으로 통솔하려 드는 사람은 언젠가 그에 상응하는 반격을 받게 된다는 것을 기억해야 한다. 그들 또한 사람의 아들이라는 생각을 지우지 않도록, 자존감을 잃지 않도록 인격적인 대우와 배려를 해야 한다.

고을에서 인망이 두터운 사람을 보좌관으로

동양의 이상사회는 요순시대이다. 요순시대를 만드는 정치철학
은 중국의 고전인 『서경(書經)』에 담겨 있다. 방대한 『서경』의
철학을 압축하여 정치의 요체를 설명한 고전이 바로 『대학(大
學)』이다. 『대학』에서 정치를 잘 해서 좋은 나라를 만들려면 최
소한 두 가지를 실천해야 한다고 했으니, 하나는 용인이요, 둘은
이재(理財)이다.

　다산이 『목민심서』에서 말하는 용인은 바로 동양정치의 본질
에 해당하는 이야기이다. 용인은 인재를 올바로 등용하여 어질
고 능력 있는 사람이 나라 일을 하도록 하고, 이재는 나라의 재
정을 제대로 관리하여 백성들이 넉넉하게 먹고 살도록 하는 것
이니, 오늘로 보면 경제정책을 제대로 시행해야 한다는 뜻이다.

다산은 용인의 대원칙을 이렇게 밝혔다.

나라 다스리는 일은 사람 쓰기에 달려 있다. 군이나 현은 비록 규모가 작지만 사람 쓰는 일은 다르지 않다. 爲邦在於用人. 郡縣雖小, 其用人無以異也.

목민관의 임무는 국왕과 다르지 않아 결국 누구를 어떻게 쓰느냐가 중요하다는 뜻이다. 다산은 용인의 중요성을 강조하기 위하여 『논어』를 거듭 인용하였다. 제자 중궁(仲弓)이 벼슬하자 공자는 "어진 사람을 발탁하는 일에 힘쓰라. 나라를 다스리는 사람은 어진이 등용하는 일을 가장 시급한 일로 여겨야 한다"고 하였다.

나라에는 정승·판서 같은 고관대작이 있다. 왕이 이들을 제대로 등용하는 일에 국가의 운명이 달려 있다고 해도 과언이 아니다. 군현에는 그런 큰 벼슬이 없지만 수령의 보좌역인 향승(鄕丞)·좌수(座首)·별감(別監) 등 보좌진이 있다. 비록 낮은 벼슬이지만 이들의 등용은 군현의 정사와 직결되어 있다. 다산은 "향승은 목민관의 보좌인이다. 반드시 그 고을에서 가장 착한 사람을 골라 그런 직책을 맡겨야 한다"고 했다.

이 점은 옛날과 지금의 제도에 큰 차이가 있다. 오늘날은 군수나 시장을 일반 공무원이 공무를 통해 보좌한다. 옛날에는 목민관만 관(官)인 공무원이고, 나머지 아랫사람은 모두 아전이나 군졸이었다. 각각의 업무를 맡아 수행하지만 목민관의 보좌 역할을 할 수는 없었다. 그래서 사족(士族) 중에서 어진 사람을 향승으로 뽑아 보좌를 맡기는 게 좋다는 것이다. 조선 후기에는 옛날의 제도가 사라져 경상도 안동 지방을 제외하고는 향승조차 고을의 사족에서 선택하지 않고 모두 중인 계급에서 고르는 게 관례가 되어 훌륭한 보좌진을 찾기가 어려웠다.

수령의 보좌진 중에는 좌수가 우두머리였다. 그러므로 목민관에게 직언을 할 수 있고, 옳은 방향으로 인도할 능력이 있는 사람을 골라야 한다. 그런 보좌관이 있다면 시정·군정에 무슨 걱정이 있겠는가. 시장 아래 부시장, 군수 아래 부군수가 있는데, 이들을 제대로 추천하고 잘 골라 등용해야 바른 정사를 펼 수 있다. 부시장·부군수 아래 많은 실·과장 또한 제대로 고르고 발탁하는 일이 중요한 용인이다. 다산은 적임자가 없으면 자리를 채우되 일은 맡기지 말라고까지 했다.

다산은 능력 없는 목민관의 경우에 벌어지는 부정과 비리에 관한 이야기도 빼놓지 않았다. "일에 밝지 못하고 스스로 노력하지 않는 목민관은 정사를 향청(鄕廳)에 맡겨 버린다. 군대에 관한 소송이나 세금에 관한 소송 등을 조사하여 보고하도록 하면 좌수가 아전과 더불어 농간을 부려서 뇌물을 받고 사정(私情)을 두거나 간사한 사람을 숨겨 주고 정직한 사람을 무고하는 일이 있다"라고 하여 무능한 목민관이 보좌진에게 일을 맡겨 그들의 농간을 막지 못하면 그 불행이 백성들에게 미쳐 백성들만 고통을 당하게 된다고 하였다. 그런 목민관을 누가 목민관으로 인정할 수 있겠는가. 오늘의 목민관들, 한 번쯤 자신의 주변을 살펴보아 행여 그러하지는 않은가 면밀히 살필 일이다.

▌재주가 많은 사람보다 신실한 사람을 발탁하라

이제 사람 쓰는 일에 대한 다산의 지혜를 알아보자.

아첨을 잘하는 사람은 충성스럽지 못하고, 간쟁을 좋아하는 사람은 배반하지 않는다. 이 점을 잘 살피면 실수하는 일이 적다. 善諫者不忠, 好諫者不偝. 察乎此, 則鮮有失矣.

옳은 말은 귀에 거슬리고, 좋은 약은 입에 쓰다는 속담이 있다. 그러나 거슬리는 말이 싫고 쓴 약이 싫다면 어떻게 옳은 일을 하고 병을 낫게 할 수 있겠는가.

풀어서 설명해 주는 다산의 이야기가 참으로 의미 깊다. "목민관의 지위는 비록 낮지만 나라를 다스리는 도가 있다. 아첨하는 사람은 애써 물리치고 간쟁하는 사람의 말을 흡족히 받아들이도록 노력해야 한다. 그러나 아전이나 하인배는 지위가 낮아서 감히 간쟁할 수도 없고 아첨하기도 불편하다. 오직 향승이나 수교(首校)가 수령의 안색을 살펴 제대로 말을 다한다. 그들은 아첨으로 비위를 맞춰 목민관을 악으로 인도하고 비방하는 말이 들끓어도 '칭송하는 말이 고을에 가득하다'라고 말하고, 목민관이 쫓겨날 기미가 있어도 오히려 '오랫동안 재직할 것이니 염려 없을 것이다'라고 하니 목민관이 기뻐하여 그 사람만 충성스럽다고 여긴다. 상부기관인 감영(도청)의 공문이 이미 도착한 것도 모르고 있다가 갑자기 조사를 당하면 어제까지 면전에서 아첨하던 사람이 스스로 나서서 비행(非行)의 증인이 되어 작은 잘못까지 들추어 내지만, 혹 참고 덮어 주는 사람은 전날 간쟁으로 귀찮게 여기던 사람이다. 목민관 된 사람은 크게 반성해야 한다."

아첨하는 사람과 간쟁 잘하는 사람의 차이를 명확하게 구별하는 지혜를 담은 말이다.

군현에는 비장(裨將)을 둔다. 비장은 바로 오늘날의 비서진에 해당한다. 이들을 어떻게 등용하고 어떻게 관리하느냐도 목민관의 중요한 용인이다. 다산은 "비장을 두는 목민관은 신중하게 인재를 고르되 충성되고 신실함을 첫째로 삼고, 재주와 슬기는 다음으로 여겨야 한다"고 했다. 충직하고 신뢰할 수 있는 사람, 그런 사람들이 비서의 역할을 제대로 할 수 있다는 것이다.

다산은 적극적으로 일을 처리했던 훌륭한 비장의 예로 정도길(丁道吉)을 들었다.

정조 대의 명재상 채제공이 함경도 감사 시절, 다산의 서종고조(庶從高祖)되는 징도길이 그 밑에서 비장을 지냈다. 함경도 6진 지방에서는 세금으로 세포(細布)를 거두는데, 그 베가 매우 가늘고 질이 높았다. 1필이 밥주발 안에 들어갈 정도로 가는 베라 하여 발내포(鉢內布, 주발 안의 베)라고 했다. 백성들은 그런 베를 짜는 일이 매우 힘들고 고통스러웠다. 정도길은 사또의 명이라고 하며 1등급 세포가 아닌 그 아래 급의 약간 굵은 베로 세금을 받았다. 고을의 아전과 군교 등이 너무 거친 베를 받아 왔다며 소란을 떨었으나 채제공은 잘한 일이라고 칭찬하며 그를 더욱 신임했다.

감사의 뜻을 먼저 헤아린 비장의 처사도 훌륭했지만 문제가 될 소지가 있는데도 백성의 편의를 우선순위에 두었던 감사 또한 훌륭한 사람이었다. 이처럼 비서는 윗사람의 마음에 드는 일을 하기보다는 국민에게 도움이 되는 일이 무엇인지 헤아려 윗사람에게 권해야 한다.

4 ──────────── 거현擧賢 : 인재 추천

▎지역 인재를 발굴해야 한다

한 지역을 맡아 백성을 보살피는 목민관의 중요한 임무 가운데
하나가 거현, 즉 지역 출신 인재를 중앙정부에 추천하여 벼슬에
등용되도록 하는 일이다. 오늘날 국회의 인사청문회를 통하여
정부에서 추천한 인재가 적격자인가 아닌가를 따지는 뉴스를
보다 보면 인재를 고르고 어진 이를 천거하는 일이 참으로 어렵
다는 것을 느낄 수 있다.

　더구나 교통과 통신이 발달하지 못한 왕조시대에 구중궁궐
깊은 곳에 있는 군왕이 나라 전체에서 훌륭한 인재를 알아보고
능력 있는 인물을 찾아내는 일은 어려울 수밖에 없다. 그래서
목민관이 실상을 정확하게 파악할 수 있는 담당 지역에서 훌륭
한 인재를 발굴하여 중앙으로 천거하는 '거현'은 매우 중요했다.

"인재를 추천하는 것은 목민관의 본무이다(擧賢者, 守令之本務)"라고 주장한 다산은 관내에 경전에 밝고 행실을 돈독하게 닦은 선비가 있으면 그를 방문하고, 명절에는 어진 이를 찾아뵙는 예의를 갖추어야 한다고 강조했다.

다산은 인재를 찾기 위한 네 가지 원칙을 제시하였다. 이 원칙은 사실 국가를 경영하는 원칙이기도 하다.

첫째, 친친(親親)이다. 어버이를 어버이로 여기고 친족과 친하게 지내는 것이다.

둘째, 장장(長長)이다. 어른을 어른으로 존중하는 것이다.

셋째, 귀귀(貴貴)이다. 귀한 분을 귀하게 대접하는 것이다.

넷째, 현현(賢賢)이다. 어진 이를 어진 이로 인정하는 것이다.

다산이 활동했던 19세기 초 조선에서는 대개 과거제도를 통해 인재를 발굴했다. 지방관이 인재를 추천하는 제도는 있었지만 조선 중기 이후 당쟁이 극심해지면서 자기 당파 아니면 아예 등용을 하지 않아 유명무실해지고 말았다. 경행(經行, 경서에 밝고 행실이 뛰어난 사람)과 이재(吏才, 행정업무에 밝고 뛰어난 사람)를 추천하도록 권장하는 정부 정책은 옛날 일이 되고 만 것이다.

다산은 「정수칠에게 주는 글」에서 "과거학(科擧學)은 이단(異端) 가운데서도 제일 가혹한 것이다. 양자(楊子)·묵자(墨子)·노자(老子)·불씨(佛氏)도 우원하지만 과거학은 홍수나 맹수보다 더 해가 크다"라고 과거제도를 혹독하게 비판하면서 공거(公擧)제도라고 할 수 있는 거현을 적극 권장했다. 군현에서 인재를 직접 추천하는 '향공(鄕貢)' 제도가 활성화되어야만 올바른 인재가 나라에서 일할 기회를 얻게 된다는 것이다.

다산은 숙종 때의 유명한 정승 남구만(南九萬, 1629~1711)이 인재 천거의 임무를 잘 수행했다고 하였다. "근세에 남구만이 변경 지방을 안찰하고 돌아올 때는 반드시 그곳 인재를 추천했는데, 이러한 사실이 그가 올린 장계나 상소에 자주 나타나 있다. 대신(大臣, 정승)이 인재 천거로 임금을 섬기는 뜻이 이와 같으니, 뜻있는 선비가 목민관이 되었다면 이런 뜻을 잊을 수 있겠는가!"

또 한나라 때 문제(文帝)나 무제(武帝) 또한 직언(直言)과 극간(極諫)을 할 수 있는 현량(賢良)한 사람을 추천하도록 모든 목민관에게 조서를 내려 많은 지방 인재들이 중앙정부에 등용될 수 있었던 사실을 언급하면서 인재 추천에 정성을 다할 것을 강조하였다.

▎ 시험만으로 인재를 뽑는 과거제도를 개선해야

인재 등용 방법으로 제도화된 과거제도에 대하여 다산은 상세한 설명을 하였다. 과거제도는 본래 아름답기 그지없는 제도였는데, 뒷날 많은 폐단이 생겨 그대로 두고는 나라를 건질 방법이 없다는 것이 다산의 뜻이었다.

한나라 때에는 현량방정과(賢良方正科), 직언극간과(直言極諫科), 효제역전과(孝弟力田科), 무재이등과(茂才異等科) 등 네 개의 과가 있어서 훌륭한 인재를 얻을 수 있었다. 그런데 수나라, 당나라 이후로는 시부과(詩賦科), 명경과(明經科), 굉사박학과(宏辭博學科)로만 인재를 골라 시험을 통한 인재 등용으로 좁혀져 과거는 폐단을 지닌 제도로 추락하고 말았다.

중국의 과거제도는 여러 가지 면에서 조선에 비해 합리적이고 치밀한 제도였다. 조선의 과거법은 고려 광종 때 중국의 쌍기(雙冀)가 칙사를 따라왔다가 병으로 귀국하지 못하고 남아 전해 준 것이다. 그런데 시험을 치르는 제도는 가르쳐 주고 향거법(鄉擧法, 고을에서 추천하는 제도)은 상세하게 가르쳐 주지 않았다. 중국은 먼저 천거를 받은 뒤에 시험에 응할 수 있는데, 우리나라에서는 천거도 받지 않고 시험을 치르게 되어 인재를 제대로 발탁할 길이 막히고 말았다.

아무런 선발 기준 없이 아무라도 응시할 수 있는 제도 때문에 과장(科場)은 종종 서로 때리고 짓밟는 난장판이 되기도 했다. 이렇게 무뢰한 무리에서 합격자가 나오기도 했다. 글자 한 자 배우지 않고 글을 사고 뇌물을 바쳐 합격자에 드는 부잣집 자식도 허다했다. 국가에서 사람을 등용하는 길이 오직 이 길밖에 없으니 이런 한심한 일이 벌어지는 것이다.

조선 후기 실학자인 반계 유형원, 성호 이익 등도 다산과 마찬가지로 과거제도의 개혁을 강력히 주장하였다. 그러나 과거제도의 개혁을 이루지 못한 조선은 끝내 나라가 망하는 비운을 당하고 말았다.

오늘날 우리나라의 사법시험, 행정고시 제도는 분명 그런 정도는 아니다. 더구나 요즘은 사법시험은 폐지되고 법학전문대학원이라는 한 발 더 선진적인 제도로 바뀌어 기대되는 바가 있다. 행정고시 제도는 그대로인데, 앞으로 이런 제도도 더 개선할 점이 없는가 깊이 연구해야 한다.

요즘 정부의 추천을 받은 장관이나 고위공직자가 국회의 인사청문회에서 자신들의 잘못을 변명하는 모습을 보면, 인재 등용이 얼마나 어려운 일이고 또 천거제도가 얼마나 중요한 일인가 알 수 있다.

지역 민심을 정확히 파악하라

21세기는 말 그대로 정보의 시대이다. 정보에 뒤떨어지면 경쟁에서 이길 수 없는 것은 너무나 당연하다. '찰물'이란 바로 물정을 살핀다는 뜻인데, 요즘으로 보면 정확한 정보를 파악하는 일에 해당된다. 한 지역의 행정을 책임지는 목민관으로서 그 지역 내 민정과 물정을 정확하게 파악하여 하급관리들이 부정을 저지르고 백성들에게 폐단을 저지르는 작태가 없는가를 파악하는 것은 기본적인 임무이다. 또 민간인의 동태와 실정을 올바르게 파악하여 백성들이 괴로워하고 고달프게 여기는 일이 무엇인가를 파악해야 한다.

다산은 『목민심서』 12편 중에서 구체적인 실태나 정보와 관계없는 3편(부임·진황·해관)을 제외한 9편의 54조항을 부지런히 힘써 실행해야만 목민관의 업무를 제대로 시행하는 것이 된다고 하였다. 그래서 구체적으로 살펴야 할 내용까지 자세히 열거하였다.

우선 아전이 교활하게 행동하지 못하도록 살피고, 향임(鄕任)과 군교(軍校)가 몰래 목민관의 눈치를 보며 멋대로 농간질하는 것을 살펴야 한다. 그 아래 심부름꾼이나 면임(面任)이 몰래 백성들을 토색질하고 행패부리는 것을 살펴야 하고, 불효하고 공손하지 못하며 장터에서 행패를 일삼는 사람들을 살펴서 금해야 한다. 또 시골에서 무단(武斷, 깡패 행위) 행위를 하며 약한 사람을 업신여기는 자를 통제하기 위해서는 별도로 염탐하고 조사해야 한다. 요즘 경찰의 정보과 형사처럼 민정을 살피고 백성들의 동향을 제대로 파악할 유능한 염탐원이 있어야 한다.

다산은 백성들의 실상을 정확하게 살폈던 옛날 어진 목민관을 열거하면서 정보 파악이 얼마나 중요한지를 강조했다. 중국 북제(北齊)의 고유(高洨)는 유능한 목민관으로 자기 지역에서 일어나는 일에 대한 정보에 밝아 '신명(神明)'이라는 호칭을 들었다.

좋은 방법은 아니지만 특수한 사정이 있는 경우라면 투서함을 설치하여 폐단이 일어나지 않는 범위에서 정보를 얻어야 한다. 그래서 목민관의 정사(政事)에 잘못한 바가 있으면 주저 없이 고쳐 시행할 것이요, 민폐를 고해 오는 경우에는 사실을 파악하여 단연코 개혁할 것이며, 사사로운 원한으로 무고하는 경우는 진실을 밝혀야 한다고 했다.

만약 관리가 고발을 당하면 과연 부정이 있는지 바로 조사하여 처리하고, 증거가 없는 경우는 더 면밀히 조사해야 한다. 이렇게 하면 아전이 백성을 호랑이처럼 두려워하여 함부로 권리를 침범하지 못한다. 토호(土豪)가 고발을 당한 경우에는 면(面)에 문서를 보내 누구는 무단 행위를 했고, 누구는 착하지 못한 일을 했다는 밀고가 들어왔다는 것을 알리고, 이번만은 용서할 터이니 앞으로는 그러지 말아야 한다고 경고하면 효과가 있다고 했다.

향교를 통해 민정을 살피라

조선시대 향촌의 사회단체로는 유일하게 향교(鄕校)가 있었다. 고을의 유지들이 유교(儒敎)를 신봉하여 공자에게 제례를 올리고, 고을의 인재를 교육하는 곳이다. 또한 고을 유지들이 모여 정사를 논하는 곳이기도 하다. 다산은 목민관이 사계절 첫 달 초하룻날 향교에 문서를 보내 다음 사항에 대해 의견을 구하는 것이 좋다고 권유했다.

"환곡과 세곡에 문제는 없는지, 새로 군보(軍保)를 뽑았는데 백성들에게 큰 해가 되는 부정과 폐단이 있는지 진솔하게 보고하라.

소송사건의 판결에 잘못이 있거나 죄를 처단할 때 억울함이 있거나 무릇 정령(政令)에 흠이 있으면 각기 지적해 진술하라.

아전과 관청의 일꾼들이 마을에 나가 사사로이 거두는 것이 있거나 풍헌(風憲)·약정(約正)이 부정한 마음을 먹고 사사로이 농간을 부리는 일이 있으면 자세히 진술하라.

불효를 저지르거나 어른을 능멸하여 교화를 손상시키거나 소란을 피우는 자에 대해서도 진술하라.

만일 아전을 겁내고 토호를 두려워하여 은폐하거나 사적인 감정으로 원한을 품어 모함을 한다면 그들도 지적하여 진술하라."

즉 민폐에 대한 정보를 정확하게 파악할 수 있는 내용을 다 열거하라는 것이다. 문서를 작성하면서 드러낼 만한 것은 성명을 바로 쓰고, 드러내고 싶지 않은 것은 성명을 쓰지 않아도 된다. 모두 얇은 종이에 풀을 발라 봉하고 사인(私印)을 찍어 향교에 제출하고, 이 문서는 향교의 장의(掌議)가 직접 관아에 와서 목민관에게 전해야 한다고 하였다.

목민관이 살펴야 할 대표적인 일은 따지고 보면 민막(民瘼, 백성이 당하는 고통)이었다. 백성의 생명과 재산을 보호해 줄 막중한 책임이 있는 목민관으로서 백성의 질곡을 살피는 것은 매우 중요한 일이다.

다산은 이 사례에 합당한 예로 북위(北魏)의 육발(陸馛)을 들었다. 육발은 목민관으로 재직하며 고을에서 가장 어질고 인격이 높은 10명의 자문위원을 선정하였다. 그들을 '10선(十善)'이라 부르며 정사(政事)를 묻고 고을의 실상을 파악했다. 그 결과 정직하고 청렴하며 인격이 훌륭한 이들의 자문을 받는 일이 정사에 많은 도움이 되었다고 했다. 새겨들을 이야기이다.

다산은 진실을 파악하고 민정을 제대로 살피기 위해 반드시 주의할 사항이 있다고 하였다.

좌우에 가까이 있는 사람들의 말을 그대로 믿고 들어서는 안 된다. 비록 부질없이 하는 애기에도 모두 사의가 있다는 것을 알고 있어야 한다. 左右近習之言, 不可信聽. 雖若閑話, 皆有私意.

최측근의 말을 그대로 믿으면 안 된다는 경고이다. 말하는 내용의 앞뒤를 잘 가려 행여라도 속임수에 빠지면 안 된다. 가장 가까이 있는 기녀나 심부름하는 종들이 저희들끼리 사사로이 문답하는 말을 아전들이 거짓으로 꾸짖으며 못하게 하는 척하지만 사실은 아전들이 흘려보낸 말이 많다. 간악하고 궤휼함이 천태만상이니 그런 말인들 어찌 유의하지 않을 수 있겠는가.

목민관도 철저하게 심사를 받아야

다산은 '찰물'의 결론으로 중국 한 무제(漢武帝) 때의 행대(行臺) 제도를 소개했다. '행대'란 대단위 행정구역 안의 여러 고을을 순행하며 목민관을 감시하는 임무를 지닌 관원을 말한다. 13주(州)에 자사(刺使) 1인을 배치하여 온 지방을 두루 다니면서 치민(治民)의 상태를 살펴 유능한 사람은 상신하고 유능하지 못한 사람은 내쫓으며, 억울한 옥사를 판결하여 처리하되 여섯

조목을 기준으로 실사를 하는 제도였다. 6조의 기준은 다음과
같다.

1. 강성한 씨족과 토호들이 전택(田宅)을 제도보다 넘치게 지녔
   으며, 강한 힘으로 약한 사람을 능멸하고 다수의 힘으로 소수
   에 대해 횡포를 부리는 일이 있는가.

2. 관찰사가 임금의 명령을 받들지 않고 공(公)을 등지고 사(私)
   를 도모하며 정도가 아닌 행동을 하고 모리를 취하며 백성을
   침탈하여 가렴주구하는 간악함을 행하는 일이 있는가.

3. 관찰사가 의문 나는 옥사를 돌보지 않고 사나운 기세로 사람
   을 죽이며, 성나면 멋대로 형벌을 가하고 기분 좋으면 멋대로
   상을 주며, 번거롭고 가혹하게 백성을 대해 증오의 대상이 되
   지는 않는가.

4. 관찰사가 사람을 발탁하고 임용하기를 공평하게 하지 못하
   고 자기가 좋아하는 사람에게 영합하여 어진 사람은 막고 나
   쁜 사람을 총애하는 일이 있는가.

5. 관찰사 자제들이 세력을 믿고 각각의 직무 담당자들에게 청
   탁하는 일이 있는가.

6. 관찰사가 공도(公道)를 어기고 아랫사람과 한 무리가 되어
   간악한 짓을 하며 강성한 토호에게 아부하며 뇌물을 통하게
   하고 정령(政令)을 훼손하는 일이 있는가.

   이러한 사항을 제대로 파악하여 중앙에 보고하라는 것이다.
다산은 역시 약자의 편을 드는 공직자였으며 백성을 위해『목
민심서』를 저술한 학자이자 실학자였다. 목민관이라면 사(私)를

버리고 공(公)을 추구해야 하고, 부정과 비리를 근절하고 청렴한 공직자로 남아야 한다고 했다. 실학자답게 목민관의 행정업무에서 관할 지역의 민정과 물정을 정확히 파악하여 행여라도 백성들의 권리가 침탈당하고 억울한 재판이 없도록 모든 노력을 기울이라고 했다. 바로 '찰물'을 통해 정확한 정보를 입수하고 올바른 행정을 펴라는 뜻이었다. 지금의 목민관들 또한 명심해야 할 내용이다.

6 ──────── 고공考功 : 업무 평가

█ 아전의 근무 평가를 공정하게 해야

옛날이나 지금이나 나라를 다스리는 대원칙에는 큰 차이가 없다. 시대의 변화와 사회의 운동성 때문에 대응하는 방법이야 변할 수 있지만 기본적인 원칙은 변할 수 없다. 나랏일을 처리하는 통치자로서 등용한 공무원의 잘하고 못함을 평가하고 판별하는 일은 대단히 중요하다. '고공(考功)'이란 공무원의 업적이나 공적을 평가하고 고찰하는 일이다.

다산은 자신이 평생토록 가장 선망하고 꿈꾸던 세상은 요순(堯舜)의 치세였는데 그런 요순시대가 어떻게 왔는가를 말하며 "요순이 요순의 치세를 이룩한 까닭은 고적, 이 한 가지 일에 있다(堯舜之所以爲堯舜之治, 不外乎考績一事)"라고 하여 고적, 즉 고공만 제대로 시행하면 바로 요순시대가 도래한다고 하였다.

국가 경영에는 당연히 '고공'이 중요한데 군현을 통치하는 목민관에게도 고공은 중요한 업무였다. 다산은 목민관은 아전의 공과를 반드시 평가해야 한다고 했다. 만일 고과를 매기지 않으면 백성에게 옳은 일을 하라고 권장할 근거가 없다는 것이다. 아랫사람의 근무 성적을 제대로 평가하여 잘하면 상을 주고 못하면 벌을 주는 '상선벌악(賞善罰惡)'의 고공제도 확립은 과거나 지금이나 필수적인 통치술이다. 고대의 『주례(周禮)』에도 "아전이 제대로 해야 백성의 마음을 얻는다"라고 하였다.

다산은 원칙적인 통치원리를 강조하였다.

대체로 사람을 부리는 법은 오로지 권(勸), 징(懲) 두 글자에 있다. 공이 있어도 상이 없으면 백성을 권면할 수 없고, 죄가 있어도 벌이 없으면 백성을 징계할 수 없다. 권면하지도 징계하지도 않으면 모든 백성이 해이해지고 온갖 일이 무너지게 되니 벼슬아치나 이속들도 다를 바 없다. 근래에 죄를 지으면 벌을 주기는 하지만 공적이 있어도 상은 주지 않는다. 이 때문에 아전들의 버릇이 날로 간악한 데로 나아간다.

백성에게 바르게 살기를 권장하려면 마찬가지로 공적이 있는 아전이나 아랫사람을 칭찬하고 상 주는 일을 확대해야 한다는 것이다.

반대로 과실이 많은 사람은 벌점을 주어 경각심을 갖도록 한다. 다산은 공직자의 성적을 매기는 방법을 다음과 같이 열거하였다.

성적은 9등급으로 구분한다. 상(上)의 3등급에 든 사람은 새해 보직을 줄 때 반드시 요직을 준다. 중(中)의 3등급에 든 사람은 차별하여 상을 준다. 하(下)의 3등급에 든 사람은 1년 동안 정직시켜 직임을 얻지 못하게 한다. 그렇게 해야 어느 정도 권선의 효과를 얻게 된다.

예를 들어 아전의 정원이 30명인 경우, 상상(上上)과 하하(下下)에 각 1인, 상중(上中)·하중(下中)에 각 2인, 상하(上下)·하상(下上)에 각 2인, 중상(中上)·중하(中下)에 각 3인을 넣고 그 나머지 14인은 모두 중중(中中)에 두면 된다.

상상(上上)에서 하하(下下)까지 9등급으로 나누는데, 상지상(上之上)에서 상지하(上之下) 3등급, 중지상(中之上)에서 중지하(中之下) 3등급, 하지상(下之上)에서 하지하(下之下)까지 3등급, 합하여 9등급이 된다. 상상이 최고 등급이고 하하가 최하여서 하(下)의 세 등급은 반드시 벌을 받고, 상(上)의 세 등급은 반드시 상을 받는 제도가 확립되어야 한다는 것이 다산의 뜻이었다.

더 자세한 설명도 곁들였다. "상상에 든 사람은 제일 가는 자리를 주고, 상중에는 다음 자리, 상하에도 그다음 자리를 준다. 중하에는 반년 정직시키고, 하 3등급에는 1년 정직을 시키는 혹독한 벌을 내려야 한다."

이렇게 엄격한 상벌제도를 시행해야 공직자들의 근무태도를 바꾸고 능력을 발휘할 것을 생각하게 된다고 하였다.

▎목민관의 임기 보장이 중요하다

중앙의 통치가 아닌 군현의 지방관 통치에서 필수적으로 개선해야 할 문제로 다산은 목민관의 임기 문제를 들었다. 임기가 최소한 6년은 보장되어야 한다는 주장이다. 이 점은 조선왕조시절 끊이지 않고 제기되던 문제였다. 선조 때의 율곡 이이도 수령의 임기가 보장되어야 아랫사람의 고공도 가능하니 3년 이상의 임기 보장을 요구했다. 1년 아니면 길어야 2년인 목민관이 1년에 한 차례 고공을 해서 그 결과를 시행하는데, 바로 목민관이 교체된다면 고공제도를 실행할 수가 없다. 고과를 매기지도 못한 채 자리가 갈리기도 하고, 고과를 매겼는데 그걸 반영할 수 없다면 무슨 소용이 있겠는가. 금방 교체되는 목민관의 평가를 누가 두려워하겠는가.

다산은 목민관이 내린 명령을 믿을 수 있게 해야 한다는 문제에 대해서도 언급했다. "영(令)을 믿음직하게 한다는 것은 목민관이 백성을 대하는 첫 번째의 임무이다. 영을 내려 '무슨 죄를 범한 사람은 무슨 벌을 받는다' 하고서 그대로 시행하지 않고, 영을 내려 '무슨 공을 세운 사람은 무슨 상을 받게 된다' 하고 그대로 시행하지 않으면 무릇 명령을 시행하고자 해도 백성들이 믿으려 하지 않을 것이다. 평소에는 큰 해가 없다 해도 만약 나라에 외환이 있을 경우를 당해 믿음이 아랫사람들에게 먹히지 않으면 장차 어떻게 되겠는가. 그래서 명령을 미덥게 한다는 것은 목민관의 급선무이다"라고 하여 명령이 그대로 집행되어야 백성이 믿고 따른다고 하였다.

목민관의 근무 성적은 감사가 매긴다

공무원의 고과 평가가 한 나라를 통치하는 핵심임은 우리가 다 아는 일이다. 이 점을 정확히 알고 있던 다산은 『경세유표』에서 '고적제(考績制)'를 분명하게 수립하고 치밀한 시행을 통해 공직자의 업무가 정상화되어야 한다고 강조하였다. 또 개별 논문인 「옥당진고과조례차자(玉堂進考課條例箚子)」라는 글에서도 고공제도의 중요성을 강조하였다.

> 국가의 안위는 인심의 향배에 달려 있고 인심의 향배는 백성들이 잘살고 못사는 데 달려 있다. 백성들의 잘살고 못사는 것은 목민관이 좋고 나쁜 데 달렸으며, 목민관의 잘하고 못함은 감사(監司)가 포상해 주고 징벌해 주는 일에 달렸다. 감사가 고과를 평가하는 법은 곧 천명과 인심 향배의 기틀이 되고, 나라의 안위를 판가름한다. 관계되는 바가 이처럼 중요한데 그 법이 소루하고 명백하지 못함이 오늘날과 같은 때가 없으니 적이 우려되는 바이다.

다산은 성적표의 예시를 만들었다. 목민관의 근무 성적을 평가하는 각 도의 감사는 『목민심서』 율기·봉공·애민의 3개 강령과 6전(六典)에 맞추어 9개의 등급을 정하고, 업무 내용에 따라 성적을 매기는 것이다. 예를 들어 전라 감사가 나주 목사인 박모 씨의 성적을 평가한 내용을 살펴보자.

율기 : 애첩이 정사에 관여하고 술자리가 너무 많다. (否)

봉공 : 초하루와 보름날 대궐을 향해 올리는 절을 거행하지 않고 검시관의 일을 기피하였으니 성실치 못하다. (否)

애민 : 의지할 곳 없는 늙은 홀아비와 과부들을 강제로 마을 백성들에게 맡겨 심지어는 뇌물을 바치고 모면하려는 사람도 있었다. (否)

이전 : 간활한 향임(鄕任)을 신임하여 정사를 모두 맡겨 버리고 면임(面任)과 이임(里任)도 모두 간활한 사람을 시켰다. (否)

호전 : 면화 밭의 재해를 전혀 돌보지 않고 아전의 손에 일임해 버려서 재결을 31결(結)이나 과도하게 매기도록 했다. (否)

예전 : 13경(經)을 구입해 온 다음 좋은 본을 훔쳐 제가 갖고 몰래 좋지 못한 본으로 바꿔 놓아 선비들의 비방이 있었다. (否)

병전 : 어영청 군사 11명을 첨정(簽丁)하는데 간활한 아전의 비리 행위로 30여 명을 침노하기에 이르러 백성들의 원성이 식지 않았다.(否)

형전 : 술에 취하여 죄도 없는 사람을 함부로 곤장질하고 조그마한 과오에 여러 달 갇혀 있게 했다. (否)

공전 : 문루(門樓)가 부서져서 전임자가 그 수리비로 돈

300냥을 남겨두었는데 모두 사적으로 써버리고 다시 세울 마음을 두지 않았다. (否)

이상 아홉 가지 일이 모두 부(否), 즉 '잘하지 못함'이니 성적을 하하(下下)로 매기는 것이다. 참으로 치밀하게 항목을 정하여 잘못한 수령을 처벌하고 파면하는 엄격한 제도를 설명하였다.

오늘날의 지방관인 시장·군수·구청장 등이 이러한 예를 참고하고 현실적인 제도에 맞춰 아랫사람을 평가하면 다산이 의도했던 고공 업무가 제대로 시행되리라 믿는다. 선출직이지만 최소한 4년의 임기는 보장받은 상태이니 충분히 고공제도를 잘 활용할 수 있을 것이다.

제6편

호전

戶典

▎전정은 목민관의 임무 중 가장 어려운 일

조선 500년의 긴 세월 동안 국정의 가장 중요한 정책과제는 전
정(田政)·군정(軍政)·환곡(還穀)에 대한 3정(三政)이었다. 전정
이란 글자의 의미대로 토지제도와 그 제도에 따른 세금정책과
법규에 대한 내용이다. 군정은 징병·모병을 비롯해 군역(軍役)
에 대한 세금으로 부담하는 군포(軍布)를 다루는 정책이다. 환
곡이란 춘궁기에 식량을 대여해 주고 추수기에 곡식으로 환수
하는 정책을 말한다. 3정은 모두 세금과 관련되어 있어 백성의
이해관계가 가장 민감한 부분이다.

　조선시대의 제도와 정책은 정치체제의 변동에 따라 대폭 변
화하였고 사라진 내용도 많다. 때문에 원론적인 부분이나 오늘
날의 제도에 부합하는 경우 설명을 하겠지만, 현대와 동떨어진

정책이나 제도에 대해서는 대폭적으로 생략할 수밖에 없다.

다산은 목민관의 임무 중에서 가장 어렵고 힘든 일이 전정이라고 선언했다. 그 이유는 조선의 양전법(量田法)이 본래 불완전하기 때문이다.

전답의 길이와 넓이를 헤아리고 토지의 비옥함과 척박함을 따져서 공정한 세금을 거두는 것은 참으로 어려운 일이다. 조선 후기를 다루는 역사 서술에서 '3정 문란'이라는 용어가 자주 등장하는데 그중에서 전정의 문란이 극에 달해 결국 농민혁명이 일어날 수밖에 없었던 것을 생각하면, 전정의 문제는 그만큼 어려운 일임을 알 수 있다. 다산이 지적한 대로 양전법이 올바른 제도로 정착되지 못한 상태였으므로 법에 맞추어 정확하게 전정을 시행할 수가 없었다. 이는 오늘날의 토지나 주택정책과도 비교된다.

양전(量田)을 위해서는 전산법(田算法, 농지 넓이를 셈하는 법)이 제대로 정리되고 그것을 바르게 시행해야 한다. 다산은 당시의 전산법을 이렇게 설명했다. 현행 전산법에는 방전(方田)·직전(直田)·구전(句田)·제전(梯田)·규전(圭田)·사전(梭田)·요고전(腰鼓田) 등의 이름이 있다. 그런데 양(量)을 헤아리는 법식이 사법(死法)이 되어 다른 모양의 토지에는 통용할 수가 없다. 이렇듯 양전에서 전답의 넓이를 헤아릴 방법이 없으니 어떻게 전정의 기초를 세울 수 있겠는가.

다산은 당시의 제도로 인해 발생할 수 있는 비리와 부정의 근절을 위한 세세한 방법을 제시했다.

방전은 정사각형의 토지로 가로와 세로가 동일한 토지이고, 직전은 긴 직사각형의 토지이다. 구전은 직각삼각형의 토지이고, 제전은 사다리 모양의 토지로 윗부분은 좁고 아랫부분은 넓은 모양의 토지이다. 규전은 이등변삼각형 모양의 토지이고, 사전은 북(梭) 모양의 토지이니 위와 아래는 좁고 중앙이 넓다. 요고전은 사람의 허리 모양으로 위와 아래가 같은 넓이인데, 중앙만 사람의 허리처럼 좁은 모양의 토지를 가리킨다고 했다.

다산은 친절하게 토지의 모양을 그려 제시해 주었다. 당시로서는 정확한 토지 계량을 위해 고안한 나름대로 치밀한 방법이었다. 오늘날에는 기술이 발전하여 정밀하게 측량할 수 있으므로 토지의 모양에 따른 세금 부과 문제는 염려하지 않아도 될 것이다.

▎ 나라와 백성을 다 이롭게 하는 정책

전정에서 다산이 강조하는 두 가지는 양전(量田)과 개량(改量)이다. 토지의 넓이를 정확하게 잘 헤아리는 것이 양전이고, 기존에 잘못된 측정을 바로잡는 것이 개량이다. 다산은 조선의 토지 제도는 문제점이 많으니 목민관이 분발하고 지혜를 다하여 지극히 합당한 데 이르기를 힘써서 조금이라도 유감이 없도록 하는 것이 옳다고 역설했다.

토지를 새로 측량하는 것은 전정의 중대한 업무이다. 묵정밭과 고의로 조세 대상에서 누락시킨 땅을 찾아내 탈세를 막아야 한다. 새로 측량하되 큰 폐단이 없는 것은 가급적 옛 문서에 따르고, 심한 것은 바로잡아 원래의 수치를 밝혀야 한다. 이러한 일을 할 때 목민관은 원칙을 잘 지켜야 한다.

양전하는 법은 아래로 백성을 해치지 않고, 위로는 국가에 손해를 끼치지 않아야 할 것이니, 오직 공정하고 공평하게 해야 한다.

다산은 무엇보다 균등(均等)의 도덕성을 강조한 것이다. 그래서 이 일은 목민관 중에서도 제도를 잘 아는 적임자가 맡아서 해야 한다고 했다. 세금을 많이 걷으면 백성들이 힘들어하고, 세금을 너무 적게 걷으면 나라의 살림이 어려워진다. 당연히 백성들에게도 해롭지 않고 나라의 살림에도 결손이 없어야만 올바른 토지정책이 된다. 예나 지금이나 공평한 과세정책은 나라를 유지하는 데 큰 의미를 지닌다.

빈자와 부자의 소득 격차를 줄여야

국민에게는 납세의 의무가 있다. 국민이 세금을 납부하지 않으면 국가의 운영이 불가능하다. 그래서 옛날이나 지금이나 세금을 공정하게 걷고 세금을 제대로 납부하는 세정(稅政)은 국가의 가장 중요한 정책의 하나였다. 그만큼 중요한 사항이라 다산은 세법 조항을 상하 두 부분으로 나누어 세밀하게 설명하였다.

　앞의 조항에서 언급한 대로 토지제도가 제대로 정비되지 못한 연유로 조선의 세금정책 또한 많은 문제를 안고 있었다. 토지 문제는 크게 두 가지로 나뉘는데, 전답과 주택이다. 사실 다산 당시에는 주택정책은 별 문제가 없었다. 자연부락 단위로 씨족들끼리 모여 살아 주택이 큰 문제로 부각되지 않았다. 오늘날에는 주택 문제가 전답과는 비교되지 않을 정도로 큰 문제로 떠

오르고 있다. 땅값과 아파트의 가격 폭등으로 한국 사회가 온통 혼란의 도가니 속에 있는 것 같다.

토지와 주택의 문제를 공정하게 조정하는 일은 세정(稅政)과 직결되어 있다. 이 문제가 파생시키는 결과는 바로 빈부 격차와 소득 불균형으로 이어져 오늘날 가장 큰 현안의 하나인 양극화 현상으로 연결된다.

조선 후기에도 세법과 토지제도의 모순으로 부자는 더 부해지고, 가난한 사람은 더 빈곤해지는 악순환의 골이 깊었다. 빈부의 격차를 줄이고 공정한 세상이 되기 위한 결론은 역시 토지 공개념의 확대이다. 그래서 다산은 토지의 공유(共有)나 국유(國有)를 통한 공전제(公田制)를 주장했으나, 이미 기득권자들의 권한이 확대되어 대폭적인 정책의 전환이 없는 한 어려운 문제였다.

누진세, 부자 증세, 빈자 감세 등 오늘날의 세법도 복잡다단한데 당시로서도 참으로 복잡하고 어려운 것이 세금 징수였다. 다산이 현실에 맞게 가난한 농민을 돕는 길은 공직자가 올바른 자세로 공정한 세금을 징수할 것과 세법의 합리적인 제정을 제안하는 것이었다.

비록 백성이 바치는 기일을 어겨도 아전을 풀어서 납부를 독촉하는 것은 호랑이를 양의 우리에 풀어 넣는 것과 같으니 결코 그렇게 해서는 안 된다.

가난한 백성이 세금을 기일 안에 납부하지 못해도 가혹하게 독촉하지 말라는 관용의 정치를 요구한 것이다. 다산은 제도를 고치고 방법을 새로 마련하는 일이 쉽지 않으니 불쌍한 백성이 숨이라도 쉬도록 가혹하게 독촉하는 일이라도 줄인다면 고통이 덜 하리라고 여겼다.

조선은 지역에 따라 농민의 부담이 달랐다.

남쪽 지방과 북쪽 지방의 습속이 서로 달라서 종자와 부세를 지주가 내기도 하고, 혹은 경작자가 내기도 한다. 목민관은 다만 습속을 좇아 다스려서 백성들의 원망이 없게 해야 한다.

특히 전라도 지방은 경작하는 전부(佃夫)가 종자 값과 지대(地貸)까지 부담하는데, 북쪽 지역은 소득의 일정량을 지주에게 바칠 뿐 종자 대금이나 세금은 지주가 납부했다. 당장 습속을 바꿀 수가 없기 때문에 백성들의 원망이 없도록 하라고 했지만, 다른 글에서는 종자 대금이나 세금은 지주가 부담하고 경작자는 소득의 일부만 내야 한다고 습속의 변화를 주장하기도 하였다.

다산은 가난한 사람의 부담을 줄이고, 부자의 부담을 늘려 빈부의 격차를 좁히는 일만이 올바른 세금정책이라고 주장했다. 통치의 핵심이 바로 세정(稅政)의 올바름에 있음을 누누이 강조했다.

집값, 토지값 모두가 난맥상인 오늘날 빈부의 격차는 갈수록 벌어지는데 어떻게 해야 공정하고 평등한 세상을 구현할 것인가. 다산의 주장을 곰곰이 되짚어 볼 필요가 있다.

환곡의 가장 큰 문제는 높은 이자

농민이 봄에 빌려다 사용한 곡식을 가을에 농사지어 되갚는 양
곡정책을 환곡(還穀)이라 하는데, 곡부(穀簿)는 바로 환곡 장부
를 가리킨다. 다산은 이 조항에서 환곡 장부와 아울러 환곡의
운영 전반에 관한 내용을 언급했다.

환곡은 환자(還上, 이두로 읽는 음이다)의 별칭으로, 두 용어는
같은 의미이다. 때로는 '조적(糶糴)'이라는 용어와 통용하기도
하여 환곡·환자·곡부·조적 등의 용어가 실제로는 같은 의미로
사용되고 있다. 조적은 본디 중국 고대의 농민구제 제도의 하나
였다. 조(糶)는 봄에 곡식을 방출하는 것이고, 적(糴)은 가을에
곡식을 환수하는 것이다.

우리나라는 삼국시대부터 시행되었다고 전하는 이 제도가 없

어지긴 했지만 농자금의 대여와 상환과 연결시켜 생각해 볼 수 있다.

다산이 살아가던 조선 후기는 삼정의 문란이 극심했다. 즉 전정(田政)·군정(軍政)·환곡(還穀) 정책이 본래의 목적에서 이탈하고, 아전의 농간이 개재되어 농민에게는 가장 괴로운 정책이 되고 말았다. 이 문제에 대해 다산은 매우 정밀하게 거론하였다.

환자는 사창(환곡제도를 개선하여 마을 단위로 공동 운영하는 제도)이 변화해서 나온 제도인데, 조적도 아니면서 백성의 뼈를 깎는 병폐가 되었으니 백성이 죽고 나라가 망함은 바로 눈앞에 닥친 일이다. 還上者, 社倉之一變, 非糶非糴, 爲生民切骨之病, 民劉國亡, 呼吸之事也.

다산은 가난한 농민을 구제하려는 목적으로 만들어진 제도가 고리대금을 하는 장사로 변하면서 농민 착취의 수단으로 둔갑해 버렸다고 질타한 것이다. 우리나라의 50년대, 60년대, 70년대까지도 금융조합이나 농협이 농자금을 대여하고 고액의 이자로 상환하도록 했던 일을 기억하면 짐작하기가 쉽다.

모든 제도가 그렇지만 본래의 취지는 훌륭한데 세월에 따라 변하여 수단과 방법을 가리지 않고 관(官)이 백성을 수탈하고 착취하는 방향으로 바뀌었던 것이다. 다산은 막된 세상에서 고통을 당하는 백성들의 처참한 상태를 고발했다.

군현의 아전들이 농간질하고 판매를 해서 스스로 장삿속으로 이득을 취하게 되는 것이 열에 일곱이다. 백성들은 쌀 한 톨도 보지 못했는데 그냥 바치는 쌀이나 조가 천이나 만이나 되니, 이것은 부렴(賦斂, 세금처럼 바치는 것)이지 어찌 진대(賑貸, 빌려주고 받아냄)라 하겠으며 이것은 늑탈이지 어찌 부렴이라 할 수 있겠는가.

환곡제도의 잘못된 운영으로 백성들이 당하는 고통에 대하여 다산은 참으로 신랄하게 비판하였다. "불교에서 말하는 아비지옥(阿鼻地獄, 지옥 가운데 고통이 가장 심하다는 여덟 번째 지옥)은 지옥 가운데 무수한 지옥이 있음을 말하는 것이니 오늘의 사창이 그런 따위가 아니겠는가. 열을 바치고는 일곱을 받고, 알곡을 바치고는 쭉정이를 받으며 심한 경우는 쭉정이도 받지 못한다. 이는 그들로 하여금 모두 궁한 백성이 되게 하는 것이다."

당시 세상이 바로 '아비지옥'이라는 극한적인 용어까지 사용하고 있다. 그만큼 환곡정책의 폐단이 심해 농민이 살아갈 수 없는 세상이라는 뜻이다. 견디다 못한 백성들이 그런 악정에 시달리다가 끝내 동학농민혁명으로 뛰쳐나왔던 일을 생각하면 다산의 주장이 과장되었다고 말하기 어렵다.

관리의 비행과 농간을 철저히 막으라

다산은 환자법 자체에 너무나 많은 모순이 있음을 지적했다. 법

시행 과정에서 일을 관장하는 아전의 횡포와 간사함은 더욱 가중되는 문제를 야기하여 백성들이 당하는 고통이 곱으로 심해진다는 평가였다.

이런 문제 때문에 이미 이전(吏典)편에 '속리(束吏)' 조항을 두어 아전의 간사함과 모리 행위를 제대로 단속하지 못하면 어떤 목민관도 자신의 역할을 제대로 못한다고 했다. 별도의 논문인 「환향의(還餉議)」와 「환자론(還上論)」에서도 제도의 개선과 함께 집행하는 관리들의 부정과 비리를 막지 못하면 아무런 효과가 없다고 주장했다. 또한 『경세유표』「창름지저(倉廩之儲)」항목에서도 강력하게 환자제도의 개선을 강조하였다.

환자의 폐단을 바로잡고 백성의 고통을 덜어 주려던 당시의 국왕 정조는 남다른 생각으로 여러 조치를 취하기도 했다. 여론 수렴을 통해 올바른 정책을 펴고자 했던 정조대왕은 호남의 선비들에게 대책을 건의해 달라는 문건을 하달한 적도 있다. 그해가 1798년인데 다산은 그때 문제점을 제대로 알아내 해결책을 올리라는 정조의 간절한 뜻을 기록으로 남겼다. "나라를 이롭게 한다는 것이 나라를 병들게 하고 사람을 기른다는 것이 사람을 해치게 되었다"면서 목민관이 법을 어겨가며 농간질하는 대표적인 여섯 가지의 사례를 열거하여 이러한 폐단을 바로잡을 대책을 강구해야 한다고 건의했다.

지방관의 최고 우두머리는 감사이다. 감사 아래로 수령, 즉 현감·군수·목사 등의 목민관이 있고, 목민관 아래에는 아전이 있다. 아전의 농간도 막아야 하고 목민관의 농간도 막아야 하는데,

더 큰 문제는 감사의 농간을 막는 일이다.

다산은 「감사론(監司論)」에서 감사는 '큰 도둑'이고 현감이나 군수는 '작은 도둑'이라고 혹독하게 비판했다. '윗물이 흐리면 아랫물이 맑기 어렵다(上流旣濁, 下流難淸)'는 속담을 제시하며 아랫사람의 잘못은 본디 윗사람의 잘못으로부터 비롯되기 때문에 근원을 막지 못하면 아랫물은 절대로 맑아질 수 없다는 원칙을 제시했다. 최고 우두머리인 감사가 잘하면 목민관 또한 잘하게 되고 목민관이 잘하면 최하위 아전의 농간도 막을 수 있다는 주장이다.

이 점은 현대사회에도 그대로 적용되는 일이다. 자신의 몸이 바르면 단속하지 않아도 모두가 따르게 되지만 자신이 바르지 못하면 아무리 단속해도 따라 주지 않는다는 『논어』의 말을 상기할 필요가 있다. '속리(束吏)'의 원칙에서 이미 언급했던 대로 윗사람이 위엄이 있고 청렴한 자세를 유지하면 아랫사람이 본받아 따르는 것이 세상의 원리이다. 고관대작이 행동으로 모범을 보여 주는 것만이 아랫사람의 비행과 농간을 막는 방법이라는 것을 알아야 한다.

다산은 자신이 목격한 일을 예로 들면서 조선 후기 환곡정책의 폐해가 어디까지 미치는지 통렬하게 꼬집었다.

"내가 강진의 다산에 거처하며 창고로 가는 길을 10년 동안 내려다보는데 백성들이 곡식을 받아 가지고 가는 것을 본 일이 없다. 겨울이 되면 집집마다 5~7석을 내어 관창(官倉)에 바치는데 그렇게 하면서 환자라고 부르는 것이 부끄럽지 않은가. 무릇 환(還)이란 되돌린다(回)는 뜻이며 갚는다(報)는 뜻이다. 가져가지 않으면 되돌려 줄 것이 없고 베풀지 않으면 갚는 것도 없는 법이다. 무엇 때문에 환(還)이라는 글자를 쓰는가. 지금은 백상(白上, 이유 없이 그냥 바치는 것)은 있어도 환자는 없다."

'억배(抑配, 억지로 분배함)'를 하여 이자를 받는 강도 행위도 있고, 아예 쌀 한 톨 분배하지 않고 억지로 받아가는 강탈 행위까지 저지르는 환자의 부패와 비리를 지적한 것이다. 당시 아전들 사이에 "괴롭히면 얻는 것이 있다(困而得之)"라는 말이 공공연히 돌았다. 백성을 달달 볶으면 곡식이 나온다는 말이다. 백성을 보살펴야 할 목민관이 아전을 시켜서 이 네 글자를 활용했다면 세상이 어떤 지경에 이르렀는지 짐작할 수 있다.

일제강점기에 '공출'이라 하여 명분 없이 곡식을 강탈해 가던 것이 '백상'이라는 말과 통한다. 바로 우리의 아버지 세대가 당했던 일이다. 정책과 제도가 바르지 못하고 행정 집행자의 농간과 위계 때문에 백성들은 언제나 뜯기고만 살았다. 지금의 시대라고 그러한 일이 없는지 샅샅이 살펴서 근원부터 막아야 한다.

백성의 과도한 빚은 탕감해야

환곡제도는 본래 일종의 농민 구제정책이었다. 다산이 이에 대하여 참으로 상세하게 내용을 설명하고 분석한 것은 그 제도가 문란해져서 백성들이 당하는 고통이 너무 컸기 때문이다. 백성을 구제한다는 차원에서 어떻게 해야 폐해를 막고, 관리들의 농간을 막아 올바른 제도로 개혁하는가가 주요 관심사였다.

다산은 "목민관이 백성을 돌봐 주고 보살펴 주는 올바른 길은 고를 균(均)이라는 한 글자가 있을 뿐이다(牧民之道, 均一字而已)"라고 하여 백성이 이익을 보는 경우도 모두에게 고르게 이익이 되게 하고, 손해를 보아도 모두가 고르게 손해를 보도록 해야 한다는 주장을 폈다. 모든 고을에는 읍내와 읍 밖에 창고가 있는데 두 곳 모두 고르게 감시하고 살펴서 한 곳이라도 농민이 피해를 보지 않도록 해야지, 어떤 곳은 이익을 보고 어떤 곳은 손해를 보는 일이 없어야 한다고 했다. 혜택이든 고통이든 어떤 경우에도 고르게 해야 한다는 원칙이다.

환곡제도에서 가장 큰 문제는 대여한 곡식에 큰 이자를 붙여 갚아야 하는 것이다. 아무리 이자가 높아도 갚을 능력이 있으면 문제가 없겠지만, 문제는 갚을 능력이 없어서 관곡(官穀)에 포흠(逋欠, 조세를 내지 않아 부족하게 됨)이 나는 경우이다. 포흠을 충당하기 위해 대책을 강구하다 보면 가난한 백성들은 온갖 고통을 피하기 어려운 처지에 놓이고 만다. 그럴 경우 어진 목민관이라면 어떻게 할 것인가.

혹 관재(官財)를 덜어서 포흠한 환곡을 갚아 주며, 혹은 감사와 상의하여 환곡을 탕감해 주는 것이 곧 옛날 사람들의 덕정(德政)이요, 각박하게 거두어들이는 것은 어진 사람이 즐겨하는 바가 아니다.

다산은 이러한 개념을 가지고 어진 정사를 폈던 수령들의 사례를 열거하였다.

퇴계 이황의 선배이자 「어부사」로 유명한 농암 이현보(李賢輔, 1467~1555)가 영천 군수로 있을 때, 그 고을에 묵은 포흠이 많았다. 그가 아주 잘 조치하고 비용을 절약하여 1년이 넘자 환곡의 본 수량이 다 채워졌다. 너무 오래되어 징수하기 어려운 건은 문서를 불태워 버렸다. 도저히 갚을 수 없는 빚을 문서로 남겨 늘 백성을 괴롭히는 것을 말끔히 씻어냈다는 뜻이다. 요즘으로 보면 능력이 없는 세금 체납자의 세금을 탕감해 주고 미납자 명단을 삭제한 것이다.

금계 황준량(黃俊良, 1517~1563)이 성주 목사가 되었을 때, 경비를 절약하여 전임 목민관 시절의 포흠을 메우고 그 수량이 채워지자 문서를 불태워 버렸다.

정랑(正郎) 권목(權穆, 1614~1663)이 함흥 판관이 되었을 때, 환곡의 묵은 포흠이 수천 곡(斛)에 이르렀다. 그는 저축을 해가며 포흠된 곡식을 채운 뒤 그 문서를 모두 불태워 버렸다.

윤형래(尹亨來)가 회인 현감이 되었을 때, 가난하여 환곡과 군포를 마련할 수 없는 백성의 경우에는 모두 편법을 써서 채워 주거나 탕감해 주었다. 늙은 부모를 부양하기 어려운 경우에도 구휼해 주니, 온 고을 사람이 "이러한 목민관을 두고 어찌 차마 포흠을 지겠는가" 하며 포흠한 환곡을 상환하되 오히려 남에게 뒤질까 걱정하였다. 관청 뜰에서 매 한 대 때리는 일이 없고 감옥에 죄수 한 사람이 없었으나 거두어들인 곡식은 옛날보다 더 많았다.

조창원(趙昌遠, 1583~1646)은 인조의 장인으로 한원부원군(漢原府院君)에 봉해졌다. 직산(稷山)이라는 조그마한 고을의 현감으로 있던 젊은 시절 청백한 마음으로 직무를 받들며 사무 처리를 치밀하게 하자 몇 해가 지나지 않아 공명하다는 소문이 이웃 고을까지 퍼졌다. 그는 자신이 받은 선물을 백성들에게 나누어 주어 포흠을 갚게 하는 등 선정을 베풀었다. 그의 공적이 높은 평가를 받아 조정에서 비단을 하사하고 벼슬의 품계를 높여 주었다.

이밖에 신계 현령 이적(李積), 안동 부사 정언황(丁彦璜), 영암 군수 이행원(李行遠), 경상 감사 김세렴(金世濂) 등의 어진 정치를 자세하게 설명하여 후인들이 모범으로 삼을 수 있도록 하였다. 이들은 모두 가난한 농민이 환곡으로 빌려다 사용한 곡식을 가난 때문에 포흠을 지고 갚지 못하는 형편일 때 온갖 방법을 동원해서 그들이 진 빚을 관에서 충당하는 선정을 베풀었다.

오늘이라고 예전과 다르지 않다. 옛날의 가혹한 환곡제도는 없어졌지만, 그와 비슷한 제도는 아직도 상존해 있다. 농자금을 빌려다 농사짓는 농민이 얼마나 많은가. 농협에서 은행에서 빌려다 농사를 짓지만 종자 값도 제대로 나오지 않는 흉작일 경우 죽어나는 것은 농민이다. 가뭄, 병충해, 폭우, 폭설 등 온갖 재해 때문에 순조롭게 농사를 짓지 못하는 경우가 얼마나 많은가. 그럴 경우 가혹한 이율로 농민은 파탄나지 않을 수 없고, 탕감의 조치가 없다면 완전히 망하는 수밖에 없다. 이러한 경우 관은 어떻게 대처하는지 궁금하다.

조선 후기는 농업국가였으므로 국민의 절대 다수가 농민이었다. 그런데 대부분의 농민이 환곡제도의 늪에 빠져 빚에 허덕였다. 세상에 무서운 것이 빚이다. 이자는 계속 불어나고 가난해서 갚을 수 없을 때 목민관이 빚을 탕감해 주는 것보다 더 훌륭한 선정이 어디에 있겠는가. 그런데 이러한 복지정책을 시행할 때 목민관이 반드시 명심해야 할 사항이 있다. 그 혜택이 백성 모두에게 균등하게 돌아가야 한다는 원칙이다. 어느 한쪽에만 혜택이 미치면 또 다른 원성을 사게 된다.

조선이라는 500년 역사의 나라가 끝내 망하고 말았던 이유로 크게 세 가지를 꼽을 수 있다.

첫째는 전정(田政)이다. 올바른 토지정책을 세우지 못하여 극소수의 대지주가 농토를 다 차지해 정작 다수의 농민이 땅을 가질 수 없었던 근본적인 모순을 해결하지 못했다.

둘째는 군정(軍政)이다. 군역을 고르게 하지 못해 군사력을 키울 수 없어 결국은 힘없는 나라가 되고 말았다.

마지막이 환곡이다. 빌려주고 받는 과정에서 불공정, 협잡, 교활이 횡행해 백성들의 등골이 빠지는 고통이 이어지니 어찌 나라가 제대로 된 나라일 수 있었겠는가.

다산의 『목민심서』는 바로 3정 문란의 근본 원인을 제시하고 그러한 문제에 대한 근본적인 치유 없이는 나라가 망한다고 보고, 망하지 않을 방안을 강구한 책이었다.

보도를 보면 우리나라의 가계부채 또한 상상할 수 없이 높은 수준이라고 한다. 국민이 이렇게 많은 빚을 지고 어떻게 편안하게 살아갈 수 있을 것인가. 우리 정부도 문제 해결의 방법을 강구해야 할 것이다. 이러할 때 다산을 비롯해 옛날의 어진 이들을 배우는 것이 가장 현명한 지혜가 아닐는지.

4 ——————— 호적戶籍:호적제도

█ 호적제도는 국가정책의 밑바탕

목민관의 7대 의무, 즉 '수령칠사' 가운데 하나가 '호구 증식'이
다. 그 지역의 인구를 늘리는 일은 목민관의 업적을 평가하는
데 중요한 항목이었다. 예나 지금이나 인구 증가는 국가의 원동
력으로서 매우 중요한 문제이다. 호적 문제에는 당연히 인구 증
가에 대한 대책이 포함된다.

'호적'은 현대에도 그대로 존재하는 호적제도를 말한다. 호적
은 주민등록등본이나 호적등본이라는 말처럼 한 가족의 상황이
정리된 장부이다. 호적이 정리되지 않으면 인구의 실태나 가족
사항을 알 수가 없으니, 나라의 기본적인 정책을 마련할 근거가
없게 된다. 다산은 이 조항에서 호적 관리의 중요성과 기본 원
칙을 설명했다.

호적은 부(賦)와 요(徭)의 근본이다. 호적이 균평한 뒤라야 부역(賦役)이 균평해질 것이다.

부와 요란 부역, 부세, 요부 등과 함께 국가기관의 여러 가지 수취(收取) 형태를 통칭해 쓰는 용어인데 여기서는 가호(家戶)를 대상으로 부과하는 여러 형태의 부담을 지칭한다. 가옥세 등 세금을 부과하는 기본 자료가 바로 호적이라는 뜻이다.

'호적'이라는 제도는 간단한 일이 아니다. 세금은 물론 모든 통계의 근본이 되기 때문에 올바른 호적제도 정립은 국가 경영의 근원이고 기본 틀임은 말할 필요도 없다. 그래서 다산은 『목민심서』의 호적 조항 외에 별도의 논문인 「호적의(戶籍議)」에서 "호적은 온갖 사무의 근본이다(戶籍爲百務之根本)"라고 하여 호적이 국가 통치에 얼마나 중요한가를 설명했다.

그러면서 그 이유를 하나하나 열거하였다. 호적법이 분명하지 못하면 토지를 분배하고 살림을 장만하는 것도 시행할 수 없으며, 부세와 부역을 고르게 하는 법도 시행할 수 없다. 군정(軍丁)의 실제 숫자를 정하는 것도 시행할 수 없으며, 과거(科擧)의 정원을 정하는 것도 시행할 수 없다. 백성들을 일정한 거주지에 살게 하여 이리저리 옮겨 다니는 것을 그치도록 할 수 없으며, 명분을 바르게 하는 것을 시행할 수 없다. 임금으로서 국내 인구의 증가와 감소를 알지 못한다면 이는 마치 부모가 자녀의 많고 적음을 알지 못하는 것과 같다. 그러면 그들의 굶주림과 배부름을 살펴서 그 괴로움과 즐거움을 균등하게 할 수 없다.

「호적의」는 호적이 엄밀하게 정리되지 못하는 이유도 들었다. 첫째, 누락된 가호(家戶)가 있기 때문이다. 둘째, 허호(虛戶)가 있기 때문이다. 셋째, 이중으로 호적에 기록된 자가 있기 때문이다. 넷째, 직명(職名)과 역명(役名)이 맞지 않기 때문이다.

그렇다면 이런 잘못을 막을 길은 무엇인가? 다산은 호구와 인구가 누락되는 것을 종식시키는 한 가지 방법을 제시하였다. 그것은 바로 살인사건이 있을 경우 피해자가 관청에 신고할 때 모름지기 먼저 호적을 바치게 하고, 호적이 없는 사람은 조사하여 밝힐 것을 허락하지 않는다는 것이다. 그렇게 하면 누가 호적을 제대로 정리하지 않겠느냐는 뜻이다.

형사 사건의 피해자로 진실 규명을 위한 일을 할 때 호적부를 제시해야 하고, 그렇게라도 해서 호적부를 제대로 갖추자는 뜻이었으니, 지금 입장에서 보면 궁색한 방법이다. 피해자로 신고할 일이 없다면 호적 정리를 하지 않아도 된다는 것이니, 얼마나 합리적이지 못한가.

요즘처럼 인구센서스 같은 제도가 정비되어 있지 않은 상태에서는 불가피한 일이기도 하지만, 그런 제도라도 시행할 수밖에 없었던 형편을 이해해야 한다. 이어서 다산은 제안하였다.

호적을 정비하려면 먼저 가좌부(家坐簿)를 살펴보아야 한다. 허와 실을 두루 알아야 이에 따라 호수를 증감할 수 있으니 가좌부를 소홀히 해서는 안 된다.

가좌부는 오늘날의 주민등록부와 같은 것으로, 가호의 실제 사항을 호수 별로 작성한 서류이다. 이(里) 단위로 호주의 이름, 신분, 몇 대째 살고 있는지, 임시로 사는 사람, 직업, 가옥 칸 수, 전답, 현금, 군 의무자, 여(女), 노인, 궁인(窮人), 종, 여종, 과수 숫자, 가축, 배(船) 등의 가정 형편을 상세히 기록한다.

당시 백성들의 직업을 9개 분야로 나누었는데 농(農)은 농부, 고(估)는 상업, 과(科)는 과유(科儒)로 과거 공부하는 선비이다. 야(冶)는 쇠붙이를 다루는 공장(工匠)을 뜻하며, 창(倡)은 광대이고, 무(武)는 무예를 닦는 사람이다. 어(漁)는 어부이고, 교(校)는 교생(校生) 즉 향교에서 공부하는 사람이다.

호적제도에서 반드시 마음을 기울여야 할 사항의 하나는 거짓과 가짜가 끼어들지 못하게 하는 것이다. 나이를 높이는 사람, 벼슬을 거짓으로 꾸며 행세하는 사람, 거짓으로 홀아비라 칭하는 사람, 거짓으로 과거 공부하는 선비라고 칭하는 사람을 정확히 파악하여 그렇게 하지 못하도록 금하라고 했다. 국가의 통계 업무를 바르게 하고, 정책을 올바르게 세우려면 호적제가 정확해야 한다는 것을 다산은『목민심서』를 통해 강조했다.

마을 형편을 한눈에 보는 지도

목민관은 취임한 지 십여 일이 지나면 경험이 많은 아전이나 글 잘 하는 사람을 불러서 그 고을의 세밀한 지도를 작성해야 한다고 했다. 면(面) 별로 마을 별로 지도를 그려 고을 전체의 가호와 인구 및 생활 형편을 파악하는 것이 좋은 방법이다.

다산은 지도를 그리는 요령까지 친절하게 설명했다. 주척(周尺) 한 척의 길이로써 10리가 되도록 넉넉한 종이를 사용하여 가령 고을의 남북이 백 리요, 동서가 80리라면 지도의 지면 길이는 10척, 너비는 8척이 되게 한다. 먼저 읍성(邑城)을 그리고, 다음에 산림(山林)·구릉·천택(川澤)·개천의 형세를 더듬어 모사하고, 다음에 촌리(村里)를 그린다. 100가(家)가 있는 마을은 지붕을 본뜬 △표 100개를 그리며, 10가가 있는 마을은 △표 10개, 3가가 있는 마을은 3개를 그려 넣는다. 비록 산이나 외진 곳에 1가가 있어도 역시 △표 하나를 그린다. 도로도 구석구석 각기 본래 형태대로 그린다. 지도를 엷은 빛깔로 채색하되 기와집은 푸르게, 초가는 누렇게 하며, 산은 초록으로, 물은 청색으로, 도로는 붉은색을 입힌다.

이런 지도를 집무실 벽에 걸어두고 항상 살펴보면 온 고을 백성들의 주거가 바로 눈앞에 있는 듯할 것이니 고을을 보살피는 일이 매우 효과적이다.

오늘날 지역을 맡아 지방관으로 일하는 공무원은 그 지역의 인구를 늘리는 일에 특히 힘을 기울여야 한다. 우리나라의 인구 감소는 세계 어느 나라보다 더 심각해 인구절벽이라는 말까지 나온다. 『목민심서』를 통해 다시 한 번 각성하는 계기가 되기를 바란다.

▎ 세금이 공평하지 않으면 정치가 아니다

국가는 국민이 내는 세금으로 유지된다. 그래서 국가가 하는 일
중에 가장 중요한 일은 바로 세금을 공정하고 공평하게 걷는 일
이다. 세금은 잘 걷고 잘 쓰는 것도 중요하지만 무리가 없어야
백성의 불만을 줄일 수 있다. 동서고금을 막론하고 공정한 세금,
공평한 세금의 징수야말로 인류의 영원한 숙제의 하나였다. 국
가를 경영하고 나라를 통치하는 일에서 공정·공평·청렴을 강조
했던 다산은 『목민심서』에서 세금 문제를 많이 언급했다. 국가
재무행정에 해당하는 호전(戶典)에서는 세금 문제를 집중적으
로 다루었다.

'평부(平賦)' 조항은 평등하게 부세를 징수해야 한다는 내용
으로 가득 차 있다. 평부라는 용어의 뜻 자체가 바로 온갖 부역

(賦役)을 공평히 해야 한다는 뜻이다. 이 조항에서는 관(官)이 백성에게 수취(收取)하는 전세(田稅)·대동(大同)·환곡(還穀) 이외의 각종 잡역(雜役)·잡세(雜稅)를 포괄하는 내용을 담고 있다. 공정하고 균등한 세금 부과는 별다른 뜻이 있는 것이 아니다. 강자는 배제되고 약자만 부담하는 불공정한 수취체제에 대한 변화를 바라는 의미가 강하다. 백성을 위한 위민정치의 좋은 본보기가 바로 평부 조항에 나열되어 있어 오늘날에도 시사하는 바가 크다.

다산은 먼저 대원칙을 제시했다.

부역을 공평하게 하는 것은 '목민관이 해야 할 일곱 가지 일(수령 칠사)' 중에 긴요한 일이다. 무릇 공평하지 못한 부(賦)는 징수해서는 안 되니, 저울 한 눈금만큼이라도 공평하지 않으면 정치라고 할 수 없다. 賦役均者, 七事之要務也. 凡不均之賦, 不可徵, 錙銖不均, 非政也.

세금이 공평하지 않으면 정치가 아니라고 천명했다. 나라 통치에 공평한 세금 징수가 얼마나 중요한가를 강조한 것이다.

조선시대에 목민관의 업무를 평가하는 고과 항목은 농상성(農桑盛), 호구증(戶口增), 학교홍(學校興), 군정수(軍政修), 부역균(賦役均), 사송간(詞訟簡), 간활식(姦猾息) 일곱 가지이다.

농상성이란 농업과 잠업을 홍성하게 하는 것이다. 인구를 늘리는 것이 호구증이며, 학교를 많이 세워 국민교육에 이바지하

는 것이 학교흥이다. 국토방위에 문제가 없도록 하는 일이 군정
수이며, 소송사건이 줄고 시끄러운 소송을 간소하게 하는 것이
사송간이다. 간활식은 사기와 횡령으로 남을 속이는 사람이 없
도록 하는 것이다.

목민관이 힘써야 할 일곱 가지 업무를 누가 언제 제정했는지
는 알 수 없으나, 모두가 힘써야 할 일임은 분명하다. 다산은 이
모든 것 중에서도 '부역균'에 특별한 평가를 내려 반드시 실천
해야 한다고 강조했다. 세금을 경감시키는 방법, 부역을 고르게
하는 정치의 요체도 언급했다.

부역은 가볍게 해 주는 것이 좋으니 공용(公用)의 허실을 잘 살펴
보면 거두어들이는 것을 가볍게 할 수 있을 것이다. 부역은 공평
하게 하는 것이 좋으니 백성들이 호적에서 누락된 것을 조사하면
거두어들이는 것이 고르게 될 것이다.

마을을 위한 민고가 착취 수단으로 돌변

다산은 또 당시의 관행이던 각 고을의 '민고(民庫)' 문제를 거론
하여 애초에는 백성들의 편익을 위해 설치된 제도인데, 뒷날엔
백성들을 착취하는 수단으로 변했다고 가혹한 평가를 내렸다.

일반 세금 외에 가장 큰 부담은 민고이다. 혹은 토지에 부과하고

혹은 가호에 부과하는데 비용이 날로 많아져 백성들은 살 수가 없게 되었다. 田賦之外, 其最大者, 民庫也. 或以田賦, 或以戶賦, 費用日廣, 民不聊生.

민고는 '보민고(補民庫)'라고도 하는데, 정규 납세가 아닌 갖가지 잡역(雜役)이나 비용을 담당하기 위해 설치되었다. 법에 따라 만든 것이 아니라서 지방의 관행에 따라 운영에 차이가 있다. 그런데 마을 공동체의 편의를 위해 만든 애초의 취지와는 다르게 백성을 착취하는 제도로 변했다는 것이 다산의 주장이다.

민고 문제를 다산이 얼마나 심각하게 여겼던가를 방증하는 '책문(策問)'이 있다. 책문은 과거를 보는 선비들에게 질문을 던지고, 그에 대한 답변을 평가하여 합격 여부를 결정하는 질문지이다.

다산이 강진의 다산초당에서 귀양살이를 할 때 과거를 준비하는 유생 몇 사람이 찾아와 예상 문제를 내달라고 부탁을 하여 '민고'에 대한 책문의 질문과 답변을 내주고 그 내용을 『목민심서』'평부' 조항에 넣었다. 당시 민고라는 제도가 얼마나 큰 폐해를 낳고 있는가를 자세히 열거한 장문의 책문이다. 혹독한 세금 징수가 호랑이보다 더 무섭다는 옛말이 실감나는 글이다.

이어서 다산은 동시대의 인물로 선정을 베풀어 큰 이름을 남긴 정승 정만석(鄭晩錫, 1758~1834)이 연일 현감(延日縣監)으로 있을 때 민고의 폐해에 대해 상소한 내용을 소개하였다.

"각 고을의 민고에서 거두어들이는 것에는 이른바 시탄가(柴

炭價, 땔나무 값), 빙정가(氷丁價, 얼음을 채취하는 일꾼의 품삯), 과실가(果實價), 면주가(綿紬價, 옷값), 전관각가(傳關脚價, 공문서 수발 비용), 조보가(朝報價) 등등의 온갖 세금이 있습니다. 이 외에도 자질구레한 명목이 허다해서 경상도 71개 고을이 각각 같지 않습니다. 혹은 결(結)에 부과하고 혹은 호(戶)에 부과하며, 혹은 곡식으로 하고 혹은 돈으로 하며, 혹은 많이 내고 혹은 적게 내며, 혹은 명목이 있기도 하고 혹은 없기도 하는 등 본래 일정한 규례가 없습니다. 그러므로 탐욕이 많은 수령은 여기에 빙자하여 마구 거두어들이고, 고식적인 수령은 그전처럼 잘못된 전철을 밟으며, 나약한 수령은 간활한 아전에게 속임을 당하여 거두어들이는 것이 옆으로 빠져나가 버리는 폐단이 있게 됩니다. 이 때문에 가렴(苛斂)이 더욱 심하여 백성들은 점점 막다른 데 이르고 있습니다. 만약 각 고을의 민고절목(民庫節目)을 전부 파악하여 거둬들이는 것을 계산하고 소요되는 것을 헤아려서 그대로 둘 만한 것은 그대로 두고, 줄일 것은 줄이고, 혁파할 것은 혁파하고, 결에서 매기든지 호에서 매기든지 구분하여 그 수량을 책정하고, 돈으로 받든지 곡식으로 받든지 편의한 대로 마련해야 합니다.”

정만석의 대책이 다산의 생각과 같기 때문에 긴 상소의 일부를 인용하여 '민고' 문제의 해결책으로 제시한 것이다. 협잡과 농간이 판을 치고 아전의 간활한 속임수에 속아 넘어가는 못난 목민관의 행태까지 지적한 점으로 보아 당시의 백성들이 당하던 고통을 충분히 짐작할 수 있게 해 준다. 다산이나 정만석 같은 관료는 당시 백성들의 시대적 아픔을 명확하게 파악하고 있었다.

그 무렵 호남의 능주 목사로 있던 이종섭(李宗燮, 1748~?)이 세금의 불공평한 점을 상소했는데, 정조대왕이 다음과 같은 비답(批答)을 내렸다.

"호남 지방의 민고 문제는 결렴(結斂, 결로 받는 세금)으로 부족하여 호렴(戶斂, 가호로 받는 세금)까지 하고 있으니 이 폐단을 생각하면 통곡할 수밖에 없다'고 한 너의 말은 대단히 절실하다. 조정에서도 모르는 바이고 대사농(大司農, 호조 판서)도 관장하지 않는 바이며, 중간에서 농간하는 폐단으로 백성들이 장차 모두 병들어 쓰러지게 되었다. 이런 문제를 해결하지 못하는 목민관은 뇌물을 받은 관인에게 적용시키는 죄목으로 감옥에 가두어 엄형을 가하라."

다산은 임금의 말이 이같이 준엄함에도 폐단이 예나 마찬가지이니, 천하에 간이 큰 것은 각 고을의 목민관이라며 한탄했다.

요즘도 대통령이 거듭 엄명을 내리지만 도처에서 비리가 계속되고 안전 문제가 해결되지 않으며, 사고가 계속 터지고 있다. 병들어 쓰러지게 된 국민을 생각하지 않는 공직자, 그들은 다산의 뜻, 정만석의 대책, 정조의 엄명을 생각하면서 관행과 제도를 고치는 일에 앞장서야 한다.

목민관은 세금의 명목을 줄여야

세금과 부역을 공평하게 해야 한다는 이야기는 계속된다. 오늘날이야 세법(稅法)의 규정에 따라 세금을 징수하고 있지만, 조선시대에는 각 고을의 목민관이 정하는 거나 진배없었다. 그러다 보니 수령이나 아전의 농간이 관례처럼 행해져 백성들이 큰 고통을 겪었다. 다산은 어떻게 해야 잘못된 관행을 바로잡아 백성들의 고통을 덜어 주느냐에 주안점을 두었다.

다산이 파악한 당시 세금 징수의 큰 문제점의 하나는 목민관의 탐학이었다.

청렴한 사람이 목민관으로 있으면 비록 세금을 조금 받더라도 부족하지 않을 것이요, 탐학한 사람이 목민관으로 있으면 아무리 많이 받더라도 부족하다고 증액하게 된다. 다른 명목의 세금이 늘어나는 것은 목민관이 탐학하기 때문이다.

목민관이 청렴하냐 탐학하냐에 따라 세금의 종류가 늘어나고 세액이 증가된다니, 모순도 이런 모순이 없다. 탐학한 목민관 아래서 생활하는 일반 백성이 얼마나 큰 아픔을 겪고 있었던가를 짐작할 수 있다.

다산은 "가혹한 정책은 호랑이보다 무섭다(苛政猛於虎)"라고 공자가 했던 말을 곳곳에서 인용하였는데, 관리의 수탈이 역사 이래로 끊임없이 이어지고 있음을 알 수 있다. "풍년은 도리어 흉년보다 못하다. 천재(天災)가 자주 일어나면 백성들은 비록 양식이 부족하더라도 입는 것을 줄이고 먹는 것을 아껴 그런 대로 살아갈 수 있는데, 만약 풍년이 들어 오래도록 쌓인 포흠(갚지 못한 빚)의 재촉으로 아전들이 문에 늘어서고, 형틀에 묶여 매를 맞게 되면 백성들은 죽으려야 죽을 수조차 없다"라는 이야기는 매우 역설적이면서도 백성은 이래도 당하고 저래도 당하는 불쌍하고 가련한 존재임을 여실히 보여 주고 있다.

잘못된 명목의 세금이나 가혹한 세액 증가로 당하는 백성의 아픔을 다산은 설화와 같은 이야기를 통해 목민관의 흉포한 행위를 폭로하였다.

"우리나라의 어떤 목민관이 탐학하여 백성이 밤중에 산에 올라가서 소리를 질러 매도하였다. 그 이튿날 목민관이 향승(鄕丞)을 불러 말하기를 '산에서 소리가 나는 것은 귀신이 노했기 때문이다. 마땅히 제(祭)를 지내서 풀이해야 할 것이다' 하고는 집집마다 10전씩을 거두어 돼지 한 마리를 사서 제를 지내고 그 나머지는 목민관이 사적으로 착복하였다. 백성들이 또다시 산에 올라가 외치자, 이번에는 '제를 박하게 지냈기 때문이다' 하고는 또 100전씩을 거두어 제를 지내니 백성들은 다시는 욕을 하지 못했다."

이런 세상이 조선이라는 나라였다. 비리와 부정이 횡행하던 세상에서 그것을 욕하고 탓하다가는 오히려 더 큰 고통과 착취를 당해야 했다.

백성 동원을 삼가야

다산은 자신이 목민관으로 일할 때 백성들의 부당한 부역을 감해 주기 위해 상급 관청의 명령에 따르지 않았던 경험을 기록으로 남겼다.

"내가 곡산(谷山)의 도호부사로 있을 때 하루는 황해 감사가 관문(공문)을 띄워 은(銀) 광산의 광부 200명을 징발하여 재령군으로 가서 장용영에서 둑 쌓는 일을 하도록 독촉하였다. 나는 그렇게 할 수 없다는 이유를 들어 글을 올리고 그 명령에 따르지 않았다.

다시 내려온 공문은 더욱 엄중하였다. 또 편지에 '근일의 일에 자기 의견을 고집하는 것은 좋지 않다. 더욱이 이 장용영은 다른 관청의 일과는 다르니 어찌 감히 이렇게 하는가?' 하였다. 나는 '근일이란 정조대왕이 다스리는 세상이다. 어찌 자기주장을 하는 것이 좋지 않다고 하는가. 다른 관청의 일이라면 그래도 따를 수 있지만, 이 장용영의 일은 백성을 동원해서 원망을 산다면 정조대왕의 덕에 누를 끼침이 적지 않다' 하고는 전처럼 명령에 따르지 못하겠다고 알렸다. 감사는 일이 생길까 두려워하여 드디어 곡산부는 덮어 두고 오직 다른 고을에만 부역을 시켰다."

이 대목은 더 설명이 필요하다. 다산은 정조가 아끼는 신하였다. 장용영은 바로 정조가 새로 임금이 되어 신설한 군영(軍營)이다. 여기에 대한 부역이 필요하다면 당연히 국비를 사용하여 일을 시켜야 하는데, 황해 감사는 그렇게 처리하지 않고 각 군현에 강제로 부역을 명하여 경비를 착복하려는 의도를 가졌을 것이다. 이런 내용을 잘 알고 있던 다산은 다른 군영의 일이야 혹시 응할 수 있지만 정조대왕의 덕에 손상을 끼치는 장용영의 일에는 강제 부역을 시키지 못하겠다고 한 것이다.

이런 것을 눈치로 알아낸 황해 감사는 곡산군을 제외한 다른 지역의 부역군으로만 일을 했다는 내용이니, 사리에 밝고 옳고 그른 일이 무엇인가를 아는 목민관은 부당하게 백성들에게 부역을 시키지 않을 수 있다는 예를 보여 준다. 백성을 사랑하는 목민관은 역시 다르다. 다산과 같은 목민관은 백성의 아픔을 줄일 수 있는 능력이 있었다.

조선시대에 승려는 신분이 매우 낮았으며, 서울의 사대문 안을 출입할 수 없었다. 예전과는 다르게 다산의 시대에는 불교가 쇠퇴하고 시주하는 사람도 적어 사찰들은 가난에서 벗어나지 못했다. 사찰에는 주로 사회적 약자인 홀아비·과부·고아·독거노인 등이 굶주림을 면하려고 들어간 경우가 많은데, 관에서는 승려에게 온갖 잡역을 떠맡기고 항차 수탈까지 일삼았다. 특히 절에서 짚신을 삼아 관에 바치게 하고, 수령들이 놀이를 할 때나 이웃 수령을 접대할 때 절에서 돈을 거두고 일꾼으로 동원하는 일도 관행이 되었다. 다산은 불법(佛法)을 금지하지 못할 바에는 승려도 보호할 대상이라고 주장했다. 그러나 무당 풍습에는 단호하여 무녀에게 거두는 세금을 더 높여 악습을 점차 없애야 한다고 했다.

다산은 당시의 역역(力役)에 대한 문제점도 지적하였다. 역역이란 여러 가지 노동에 동원되는 일을 말한다. 백성의 노동력을 동원하는 역역은 신중히 하되 줄이는 방향으로 가야 하며, 백성에게 이로운 일이 아니면 하지 않는 것이 원칙이라고 했다.

당시에는 백성들이 수시로 동원되어 일했다. 둑을 쌓는 일, 도랑 파는 일, 저수지를 준설하는 일, 상여 메는 일, 배를 끄는 일, 목재를 운반하는 일, 공물(貢物)을 운반하는 일, 말을 모는 일, 얼음을 저장하는 일, 장사(葬事)를 돕는 일, 가마를 메는 일, 길 짐을 지는 일 등 자질구레한 일이 수없이 많았다. 이런 노역으로부터 벗어날 수 있도록 목민관은 노력을 기울여야 한다. 신분이 높은 이나 벼슬아치의 편익을 위해 백성의 노역을 동원해선 안 된다는 것이 다산의 주장이다.

다산은 합리적인 법의 시행으로 부당한 부역과 역역을 막아야 한다는 결론을 내렸다. 부세(賦稅)와 요역(徭役)을 고르게 하려면 호포법(戶布法)과 구전법(口錢法)을 시행하여야 민생이 안정될 수 있다고 했다. 호포법이란 군포(軍布) 징수를 사람 숫자로 하지 않고 가호(家戶)를 단위로 하여 양반에게도 군포를 받는 법이다. 구전법은 군포 대신 한 사람당 돈으로 징수하자는 법인데 뒷날 여러 방법으로 변화되었다.

법이라고 다 옳은 것은 아니고, 또 어떤 법도 일장일단이 있으니, 합리적인 법을 통해 부역을 고르게 하고 세금을 정당하게 징수하자는 의견은 오늘날에도 우리가 실천해야 할 중요한 문제이다.

6 ——————— 권농勸農 : 농사 권장

▌농가소득 증대를 위한 전문가 양성

조선시대 산업의 중심은 1차 산업인 농업이었다. 모든 산업의 중심이 농업이었기 때문에 '권농(勸農)'은 요즘으로 말하면 산업진흥책을 강구한다는 뜻이다. 나라 전체로 보면 임금을 비롯해 모든 정부의 책임자들이 하나같이 국가의 주된 산업인 농업을 권장하고, 그 진흥책을 강구했다. 그 일을 담당하는 부처는 호조(戶曹)였다. 오늘날 산업통상자원부와 농림축산식품부를 합친 부처로 생각하면 될 듯싶다.

『목민심서』호전편은 공정한 세금 징수와 부역에 대한 내용이 주를 이룬다. 세금의 원천인 국민소득은 대부분 농업을 통해 발생하므로 농가소득을 어떻게 올릴 수 있느냐의 문제는 매우 중요하다.

농사란 백성에게 이로운 것이다. 農者, 民之利也.

다산은 이러한 대전제 아래 농업을 진흥시키기 위한 여러 가지 방법을 제시했다. 우선 농업 전문지식을 가진 사람이 많지 않으므로 농민이 기술을 제대로 배우는 것이 중요하다고 했다. 지금과 같은 산업사회에서도 각 분야의 전문가와 기술자가 필요하다. 농업도 그와 마찬가지이다.

다산은 '권농'의 첫 부분에서 농업 기술자에 대한 이야기부터 시작하며 고대 주(周)나라에서 농업을 장려하고 발전시키기 위해 수립한 제도를 자세히 소개하였다.

주나라는 수도 100~300리 안의 지역을 수(遂)라고 했다. 수 지역에 수인(遂人)이라는 농업 전문가를 두어 농사와 원예 기술을 지도했다. 수인은 토양에 알맞은 곡물로 농사를 가르치고 농민들이 서로 돕는 기풍을 일으켰다. 쟁기·보습·가래·호미 등 농기구 만드는 것을 백성들에게 권장했고, 토지를 능력에 맞게 맡겨 주었으며, 토지세를 공정하게 정함으로써 정치를 공평하게 하였다. 경자유전(耕者有田)의 원칙, 토지의 공정분배라는 양대 원칙을 잘 세워 농업의 근본을 다지게 하였다.

수사(遂師)는 수인을 보좌하여 백성들이 농사의 때를 잘 맞추도록 조처했다. 수대부(遂大夫)는 농사 지을 수 있는 사람을 분별하여 일을 가르치고, 정초에 농기구 정하는 것을 맡았으며, 백성들을 독려해 공이 있는 사람을 가려 일정한 땅을 다스리게 하였다. 그들을 총괄하는 지도자가 사가(司稼)로서, 호조 안에서 이러한 임무를 담당했다.

현정(縣正)은 농사일을 권하며 상과 벌을 주관했으며, 찬장(鄼長)은 밭갈이와 길쌈을 권장했다. 그 외에 종자를 구분하는 관리, 작물과 토양의 적합성을 따지는 관리, 제방 쌓는 일을 맡은 관리 등 분야별로 전문 지도자를 두어 농사를 독려하고 발전시켰다.

다산은 주나라의 예를 들며 토양에 맞는 곡식을 심고, 종자 개량을 통해 소득 증대를 이뤄내야 한다고 강조한 것이다. 토양 연구와 종자 개량, 농기구의 개발을 위해서는 전문가의 양성과 교육이 절대로 필요하다.

목민관이 성심껏 가르쳐 미개한 습속을 버리고 정밀한 이치를 해득시켜 한 고을이 성과를 누리고 여러 군현이 서로 권하여 익히게 되면, 힘씀이야 적어도 소출이 많아져서 '백성들의 재산이 늘어나고 국력이 부유해질 것이니(民財旣阜, 國力以裕)' 어찌 도움이 적겠는가.

농민의 소득 증가는 개인의 이익일 뿐 아니라 국력 향상의 지름길이 된다는 의미이다. 요즘 지방행정을 맡은 목민관 또한 어떠한 행정보다 산업 육성에 앞장서서 지역민의 소득 증대를 급선무로 여겨야 한다. 다산은 말한다.

옛날의 현명한 목민관은 권농을 부지런히 하는 것을 자신의 명성

과 공적으로 삼았으니 권농은 목민관의 으뜸가는 책무이다. 古之
賢牧, 勤於勸農, 以爲聲績, 勸農者, 民牧之首務也.

다산은 권농의 실질적인 효율을 높이기 위해 고대의 어진 임
금들이 시행했던 제도를 인용했다.

대개 권함에는 반드시 상이 있었으니 상이 아니면 권장되지 않는
다. 징계함에는 반드시 벌이 있었으니 벌이 아니면 징계되지 않는
다. 옛날 한(漢)나라에서는 농사를 권장하기 위해 농사에 힘쓰는
사람을 천거하여 부역을 면제해 주고 관리로 임용하는 제도가 있
었다. 그처럼 권농에 성과가 큰 농민을 발탁해서 등용해야 한다.

농민이 농사만 잘 지어도 벼슬할 수 있는 제도를 만들어야 한
다는 주장이다. 농사의 공과를 따져 뛰어난 사람을 뽑아 관록을
주고 게으른 사람은 벌을 준다면, 백성들의 습속이 날로 부지런
해지고 날로 부강해질 것이다.

목축, 양잠 등 다양한 산업을 발전시켜야

다산은 농업을 발전시키는 대책 하나를 더 언급했다.

권농의 요체는 세금을 덜어 주고 가볍게 함으로써 그 근본을 배양

하는 데 있다. 그렇게 해야 토지가 개간되고 넓혀진다.

세금 때문에 개간할 엄두를 못 내고 좁은 토지로만 농사를 지으니 어떻게 농업이 진흥되겠느냐는 뜻이다. 바다를 막아 원도 쌓고, 산야를 개간하여 농토를 넓히는 일이 매우 중요한 일인데, 세금이 무거워 새로운 일을 벌이지 못하니 과감하게 세금을 줄이고 가볍게 해야 한다는 내용이다.

권농의 다른 방법으로 농사의 범위를 넓히자고 했다. "농사만 권장할 것이 아니라 원예·목축·양잠·길쌈 등의 일도 권장해야 한다"라고 하여 산업의 다양화를 통해 소득 증대를 도모해야 한다는 것이다. 『주례(周禮)』의 "백성들이 목축하지 않으면 제사에 육고기를 올리지 못하게 하고, 경작지 않는 사람에게는 제사에 메를 올리지 못하게 하며, 나무를 심지 않은 사람은 죽어서 관을 쓰지 못하게 하고, 누에를 치지 않는 사람은 명주옷을 입지 못하게 하고, 길쌈하지 않는 사람은 상주(喪主)가 되어서도 삼베옷을 입지 못한다"라는 글을 인용해서 모든 농민이 쌀·보리 농사 외에 특용작물·목축·양잠·길쌈 등의 다양한 농업에 힘을 쓰도록 권장해야 함을 강조했다.

다산은 또 "농사는 식생활의 근본이고, 양잠은 의복생활의 근본이다. 뽕나무 심기를 권장함은 목민관의 중요한 임무이다"라고 하여 양잠산업의 중요성도 강조했다. 시대의 변화로 오늘날 양잠산업은 예전과 달라졌다. 화학섬유나 인조섬유의 발달로 명주가 없어도 의복생활은 큰 지장이 없다. 그러나 다산의 시대에 양잠은 매우 중요한 산업이었고, 뽕나무 심기는 목민관의 대단히 중요한 임무였다. 다산은 뽕나무와 모시풀 심기를 권장하면서 특단의 대책으로 관유지(官有地)라도 할애하여 경작지를 늘려야 한다고 했다.

다산은 농업 경영에도 관심을 두었다. 목축업의 중요성을 설명하면서 『농정전서』 등의 전문서적을 통해 가축의 질병에 대한 연구를 철저히 해서 대형 유행병을 막아내야 한다고 했다. 현대에도 대량으로 발생하는 가축의 질병으로 축산농가는 늘 불안에 떨고 있다. 소·돼지·닭·오리 등 가축들은 유행성 질병에 속수무책인 경우가 많다. 조류 인플루엔자, 소와 돼지의 구제역 질병은 인류의 큰 재앙이 되고 있다.

지금과는 다르게 농업이 기계화되지 못했던 시절에는 소가 중요한 농사 일꾼이었다. 그렇기 때문에 소의 질병 예방과 치료에 더욱 신경을 기울여야 했다. 소가 없으면 쟁기질을 못하고 쟁기질 없이는 농사를 지을 수 없다. 소가 걸리는 질병에는 염병 외에 기창(氣脹)·복창(腹脹)·기열(氣噎) 등 여러 질병이 있다. 다산은 이들 질병에 대한 치료법까지 연구하여 제시하였다. 오늘의 목민관들 또한 가축의 질병에 대한 예방과 치료에 마음을 기울이지 않을 수 없으므로 이 부분은 반드시 살펴야 할 대목이다.

시대는 바뀌었지만 예나 지금이나 목민관이 지켜야 하는 큰 원칙은 변하지 않았다. 요즘 지방행정을 맡은 목민관들 또한 무엇보다 산업 육성에 앞장서서 지역민의 소득 증대를 급선무로 여겨야 한다. 백성을 배부르게 하는 목민관, 국민의 소득 수준을 높이는 공무원이 가장 훌륭한 관리이다.

다산은 곡산 도호부사 시절 임금이 요구한 농업진흥책을 나라에 올리면서 편농(便農, 편하게 농사 짓는 방법), 후농(厚農, 소득이 후한 농업), 상농(上農, 농민의 지위가 향상되는 농업)의 3농정책을 건의한 바 있다.(「응지농정소(應旨農政疏)」) 오늘의 목민관들, 농업 문제 해결을 위한 다산의 건의에 마음을 기울여 보기 바란다.

제7편

예전

禮典

▌ 제사는 경건하게 지내고, 무속은 폐하라

조선시대에는 나라에 다섯 가지의 예(禮)가 법으로 정해져 있었다. 그러한 예를 관장하는 정부기관이 예조(禮曹)이고, 예에 관한 원칙을 기록한 내용이 예전(禮典)이다. 나라의 예는 예조에서 관장하고, 목민관은 고을의 작은 규모의 예에 관한 업무를 수행하였다. 이 예전은 예에 관한 원칙적인 내용을 담고 있다.

나라에는 오례(五禮)가 국법으로 정해져 있으니, 길례(吉禮)·흉례(凶禮)·군례(軍禮)·빈례(賓禮)·가례(嘉禮)의 다섯 가지 예이다. 『국조오례의(國朝五禮儀)』에 그 내용과 절차가 기록되어 있어 국법의 역할을 했다. 길례는 길(吉)한 행사이고, 흉례는 흉한 행사, 즉 초상 같은 불행한 의식이다. 군례는 군대 의식이고, 빈례는 외국 사신이나 지방관을 찾는 상관에 대한 예의이며, 가례는 혼인 예절이다.

예전의 첫 번째 조항은 제사이다. 전통사회에서는 중앙정부와 지방의 관아에서 주관하는 각종 제사가 있었다. 3단의 제사라 하여 사직단(社稷壇), 여단(厲壇), 성황단(城隍壇)에 제사를 지냈다. 성균관의 공자 사당, 지방 향교에서도 제사를 지냈다. 제사는 해마다 정기적으로 지내는 제사와 부정기적으로 지내는 제사가 있는데 중앙은 중앙대로 군현은 군현대로 행사를 진행했다.

지금은 관이 주도하는 제사는 대부분 사라졌다. 문묘의 제사도 모두 민간 차원에서 진행될 뿐 관의 일이 아니다. 제사 조항에서 가장 많이 언급된 기우제는 가뭄에 비가 오기를 기대하여 명산대천에서 임금이나 목민관이 지내는 제사인데, 이런 것도 지금은 없어졌다. 국가 차원의 제사는 오늘의 개념으로 보면 국가의 기념일로 대체되었다고 할 수 있다.

제사에서 반드시 언급할 내용의 하나는 바로 음사(淫祀, 정당한 명분도 없고 분명한 이유 없이 미혹되어 지내는 제사) 문제이다. 다산은 그 시대의 풍속에 따라 정당한 제사는 경건하게 올리도록 권장하였지만, 민간인 사이에서 무속인을 내세워 지내는 제사는 미신(迷信)이니 반드시 폐지해야 한다고 했다. 당시로서는 매우 혁신적인 주장이었다.

이제 세상이 변해 부모에 대한 제사도 폐지하는 지경이니 여타의 대상에게 지내는 제사가 존재해야 할 이유가 없어졌다. 이제 기념행사나 문화제와 같은 의식으로 대체해야 한다.

▌ 목민관은 외교관이다

예전(禮典)의 두 번째 조항은 빈객이다. 빈례(賓禮)는 오례(五禮) 가운데 하나이다. 손님을 맞이하는 예절에 대한 내용으로, 중국 사신 접대와 중앙 관청에 소속된 관리의 지방 출장 및 감사(監司)의 군현 순찰에 대한 예절을 주로 언급했다.

중국의 사신은 오늘날로 보면 외국 정상이나 외교관이라 할 수 있다. 이들과의 왕래에 어떤 예절을 지키는가는 중요한 문제이다. 다산은 빈객에 대한 원칙을 천명했다.

빈객을 접대하는 데 물품이 너무 후하면 재물을 낭비하는 것이요, 너무 박하게 하면 환대하는 뜻을 잃는 것이다. 옛날의 임금들은 절도에 맞게 예를 만들어 후한 경우라도 지나치지 않게 하고, 박한 경우라도 줄이지 못하게 하였으니, 그 예를 제정한 근본을 소급해 보아야 한다.

손님 접대에 지나치거나 부족함 없이 하여 재물을 낭비하거나 야박함이 없도록 해야 한다고 했으니, 오늘날에도 그대로 해당되는 말이다.

옛날에는 사신을 접대할 때 세밀하게 밥상이나 주안상에 놓아야 할 음식의 숫자도 정하고 종류까지 정하는 예식을 만들어 시행했다. 지금은 그런 정도로 따질 일은 아니지만 예가 지나치면 서로가 불편하다.

특히 평안도나 황해도는 중국 사신이 지나는 통로여서 접대하는 과정에서 크고 작은 말썽이 끊이지 않았다. 서북 지방은 사신 접대가 큰 정사(政事)였다. 조공을 바쳐야 하는 제후국으로서 조선은 중국 황제가 보내는 칙사에게 황제와 비견되는 대우를 해야 했다. 자칫 잘못하면 나라의 명운이 흔들리는 정도여서 약소국인 조선은 늘 어려움에 봉착했다. 그래서 다산은 사신 접대에 대한 예의를 상세히 설명하여 목민관이 잘 활용하도록 하였다.

지금은 명목적으로 유엔에 가입한 국가는 모두 동등한 지위를 갖는다. 글로벌한 세상에서 외국과의 교류는 예전에 비할 수 없을 정도로 빈번하며 이에 따른 국가 간의 예절도 더 중요해졌다. 외교에 문제가 생기지 않도록 격을 잘 지켜 나라의 품위를 유지해야 한다.

또한 도시와 도시 간에 결연을 맺는 등 지방자치단체의 교류도 활발해지고 있다. 지방의 목민관들도 외교 예절에 대한 전문적인 지식을 함양해야 한다.

벼슬아치 행차에 고통당하는 백성

감사가 군현을 순방할 때 백성들이 동원되는 폐단이 많아 다산은 이에 대해서도 지적을 했다.

오늘날 감사의 지방 순찰은 천하의 큰 폐단이다. 이 폐단을 고치지 않는다면 부세와 요역이 번거롭고 무거워 백성이 모두 못살게 될 것이다.

감사의 순행에 거창한 환대를 해야 목민관이 고과 평가에 혜택을 입을 수 있다는 이유로 온갖 기상천외한 일까지 벌어졌다. 소에게 깨죽을 먹여 최고의 쇠고기로 대접한다느니 돼지에게 사람의 젖을 먹여 양질의 돼지고기를 대접한다느니 하는 일까지 벌어졌다. 그런 방법을 동원해야 고과 평가를 후하게 받는다니 그 수발을 들어야 하는 백성들의 고생은 미루어 짐작할 수 있다.

상관의 행차나 참석 자리에서 잘 보이기 위해 지나치게 백성의 불편을 초래하는 일을 하면 안 된다. 심지어 내시(內侍) 같은 임금의 최측근 인사가 지방에 와서 일을 볼 때 잘못을 저지르면 목민관이 나서서 반드시 제지해야 한다. 다산은 중국의 현명한 목민관의 예를 들어 높은 사람 행차로 백성들이 고통을 당하지 않도록 해야 한다고 강조했다.

고을마다 수천 명의 백성을 동원하여 천자의 행차를 환영했는데, 어떤 목민관은 그렇게 하지 않고도 예절에 맞게 천자의 행차를 치를 수 있었다. 지금 조선의 목민관은 감사를 마주하는 데에도 백성 몰아치기를 개와 닭처럼 하니 부끄러운 줄 알아야 한다.

지금은 그런 일이 일어나지 않는다고 누가 단정할 수 있는가. 교통 통제나 도로 차단 등의 불편한 일을 우리는 과거 독재시대에 얼마나 자주 겪어야 했던가. 높은 사람의 행차라고 떠들면서 길거리의 노점상을 마구 짓밟고 구박하던 일도 기억해야 한다. 교통신호를 조작하고, 거리를 통제하여 민간인을 불편하게 하는 일을 최소화해야 한다. 빈객 조항에서 가장 깊이 새겨야 할 내용이 바로 그런 점이 아니겠는가.

❙ 목민관의 존재 이유는 백성을 교화하는 데 있다

조선시대에도 교육은 중요한 국가정책이었다. 다산은 교육을 두 분야로 나누어 설명하였다. 학교 교육은 흥학(興學) 조항을 두어 별도로 취급하고, 교민 조항을 두어 요즘의 이른바 사회교육이나 평생교육 등의 문제를 다루고 있다. 이 교민 조항은 바로 국민을 교화하는 교육을 다루는 것이다.

다산은 목민관의 존재 이유가 백성을 교화하는 것이라고 했다.

균등한 토지제도를 제정하는 것도 백성을 교화하기 위함이요, 부역을 평등하게 하는 것도 백성을 교화하기 위함이며, 고을을 설치하고 목민관을 배치하는 것도 백성의 교화를 위함이며, 형벌을 밝히고 법규를 제정하는 것도 교화를 위해서이다.

"목민관의 본질적인 업무가 국민의 교화에 있기(民牧之職, 敎民而已)"때문에 모든 행정업무는 따지고 보면 백성을 교화하기 위한 일이니 '교민'이 얼마나 막중한 목민관의 책무인지 잘 알 수 있다.

조선은 정치제도가 제대로 정비되지 않아 백성을 교화할 여력이 없었다. 다산은 '백세무선치(百世無善治)', 즉 수천 년 동안 좋은 정치가 없었다고 탄식했다. 이는 좋은 정치를 위해서는 국민을 교화해야 한다는 뜻이기도 하다. 다산은 요순시대 교화정책의 모범적인 사례를 열거하여 얼마나 철저하고 치밀하게 국민 교화정책을 폈는가를 설명하였다.

"지역의 책임자는 매월 초하룻날 백성을 모아 나라의 법을 읽어 주고 백성들 가운데 효제목인(孝弟睦婣)의 행실이 있는 사람을 기록하였다. 한 지방의 책임자는 사계절의 첫 달 초하루에 백성을 모아 법을 설명해 주고 백성들 중에 덕행과 도예(道藝)가 있는 사람을 기록하였다. 한 고을의 책임자는 정월 초하룻날에 법을 설명해 주고 백성들의 덕행과 도예를 살피고 그 허물과 악을 규찰하였다. 향대부(鄕大夫, 광역단체장)는 정월 초하룻날 나라의 법률 책임자로부터 교화에 관한 법을 받아와 그것을 고을 전체에 반포하였다.

주나라에서는 백성을 가르치는 일에 매달 과제를 주고 때로 감독하여 덕행에 등급을 매기고 허물과 악을 밝혔다. 이것이 이른바 향삼물(鄕三物)로 백성을 가르치고, 향팔형(鄕八刑)으로 백성을 규찰하는 것이다."

향삼물이란 육덕(六德)·육행(六行)·육예(六藝)로 모두 18가지의 임무를 말한다. 육덕은 지(知)·인(仁)·성(聖)·의(義)·충(忠)·화(和)이고, 육행은 효(孝)·우(友)·목(睦)·인(媧)·임(任)·휼(恤)이고, 육예는 예(禮)·악(樂)·사(射)·어(御)·서(書)·수(數)이다. 윤리와 도덕으로 인간이 지켜야 할 기본적인 덕목이다.

팔형이란 여덟 가지의 형벌이다. 불효(不孝)·불목(不睦)·불인(不媧)·부제(不弟)·불임(不任)·불휼(不恤)·조언(造言, 가짜뉴스를 퍼뜨림)·난민(亂民, 난을 일으킴) 등 여덟 가지 죄를 지으면 교화의 목적으로 처벌한다. 이런 형벌은 검찰이나 법원에서 내리는 형벌을 뜻하는 것은 아니고, 교화의 목적으로 단속하고 지도 편달하는 의미의 형벌이다.

임기가 보장되어야 교화정책을 펼 수 있어

교화정책의 실행을 위한 제도적 문제의 하나로 다산은 목민관의 근무 연한에 대한 문제를 제기했다.

오늘날의 목민관은 오래 근무해야 3년이요, 짧으면 1년이니, 이것은 과객에 지나지 않는다. 한 세대가 지난 뒤에야 인(仁)이, 백 년 지난 뒤에야 예악(禮樂)이 일어나는 것인데, 교화정책은 지나는 손님이 할 수 있는 일이 아니다.

목민관이 안정적인 근무를 통해 교화정책을 실행해야 효과가 있다는 뜻이다. 오래 전 선조 때 율곡 이이도 수령의 잦은 교체에 대해 통렬한 비판을 가하면서 근무 연한을 보장해야 한다고 주장한 바가 있다.

원칙적으로는 그렇지만 현실이 따라 주지 않는다 하여 목민관이 교화정책을 포기할 수는 없다.

이미 목민관이 되었으니, 백성들이 오랑캐나 짐승의 지경으로 빠져 들어가는 것을 서서 보기만 하고 구할 생각을 않는다면 하루뿐이라도 그 자리에 있으면 하루의 책임을 다해야 한다는 뜻을 저버리는 것이다. 예속을 권장하여 실행케 하고 향약을 힘써 닦는 일을 어찌 그만 둘 수 있겠는가.

임무를 수행하는 동안 한순간이라도 교화정책에 힘써야 한다는 말이다. 당연한 말이다. 요즘 지방 목민관은 최소한 4년은 임기를 안정적으로 보장받고 있으니, 그 기간 동안 성심껏 임무를 수행해야 한다.

향약은 공동체의 자율적인 사회운동

국민 교화정책의 대표적인 제도는 조선시대의 향약이다. 향약은 본디 송나라의 여대균(呂大鈞)이 제정한 향약이 기원이다.

후일 여씨향약에 주자(朱子)가 덜고 보탠 내용이 후세 향약의 모범으로 자리잡게 되었다.

향약은 덕업상권(德業相勸), 과실상규(過失相規), 예속상교(禮俗相交), 환란상휼(患亂相恤)이라는 네 가지를 목표로 하는 백성들의 자율적인 사회운동이었다. 그러나 역사적으로 살펴보면 이 네 가지 실천 목표를 제대로 달성했던 적은 없는 것 같다. 오늘날에 보아도 향약의 뜻이나 목표는 매우 훌륭하므로 원칙은 수용하되 현대에도 실천 가능한 제도로 수정하고 보완할 필요가 있다.

다산도 향약의 완전한 실행에 대하여 회의적인 생각이 있었지만, 특히 선조 때의 율곡 이이는 나름대로 타당한 이유를 들어 향약 시행의 어려움을 주장하기도 했다.

"백성은 먹고사는 문제가 우선이고, 교화는 뒤에 할 일입니다. 민생이 초췌하기가 지금보다 더 심한 때가 없었으니, 시급하게 폐단을 구제하여 먼저 백성들의 심한 고통을 풀어 준 뒤에 향약을 시행하는 것이 옳습니다. 덕교(德敎)는 비유하면 좋은 쌀과 고기와 같습니다. 빈약한 비위(脾胃)가 극도로 상해서 미음도 내려가지 않으면 쌀밥과 고기가 아무리 좋다 한들 어떻게 먹겠습니까."

이러한 율곡의 주장에 미암 유희춘도 "율곡의 말이 옳습니다"라고 동의했다. 이런 주장에 반대하는 사람이 있자, 율곡은 또 말했다. "의식이 넉넉한 뒤에야 예의를 안다 하였으니, 굶주리고 추위에 떠는 백성에게 억지로 예(禮)를 시행할 수는 없습니다."

다산은 어느 정도 율곡의 주장에 동조했다. 율곡이 살던 시대, 다산이 살던 시대는 굶주림도 추위도 면하지 못하던 시절이라 덕교를 시행하기가 어려웠다. 오히려 오늘날이 향약 같은 제도가 절실한 때가 아닐까 하는 생각이 든다. 더 합리적이고 실천 가능한 내용으로 예절과 도덕을 가르쳐 더불어 사는 공동체 생활에 대한 도덕적 가치가 발현될 수 있다면 사회적 결속과 민심 순화에 큰 영향을 미칠 것이다. 오늘날 각 지방단체나 공공기관에서 인문학 강좌 등 다양한 강의가 개설되어 주민들이 수강하는 사례가 늘고 있다. 지자체가 이러한 활동을 활성화한다면 진정한 '교민'이라 할 수 있을 것이다.

현재 교민정책의 일환으로 서울 강북구에서 '다산아카데미'라는 시민강좌를 개설하여 다산의 공검(恭儉) 사상을 강의하고 있는데, 좋은 사례의 하나로 적극 권장하는 바이다. 주민들의 큰 호응으로 10년이 넘도록 지속되고 있으니 다른 지역에서도 눈여겨볼 일이다.

4 ─────────────── 흥학興學 : 교육 진흥

▌ 지식과 아울러 예와 악을 가르쳐야

교민(敎民)과 흥학은 나라를 맡은 군주나 지방을 맡은 목민관이
필수적으로 실천해야 하는 중요한 행정이다. 교민은 요즘으로
보면 사회교육이나 평생교육과 같은 제도로서 지역의 풍속을
순화하고 주민들의 교양을 높여 문화국민으로서의 자질을 향상
시키기 위한 제도이고, 흥학은 학교 교육을 통해 학문을 진작시
키는 제도이다.

옛날과 오늘의 제도는 많은 차이가 있기 때문에 『목민심서』
의 학교 교육을 오늘에 해당하는 내용으로 설명하기는 매우 어
렵다. 그러나 크게 보면 국가의 교육 문제이고 학문의 발전을
도모하는 일이기 때문에 국가나 지방의 공무로서는 그 비중이
비교할 바가 없이 막중함을 알아야 한다.

옛날의 학교는 예(禮)를 익히고 악(樂)을 익히는 곳이었다. 그러나 지금은 예도 무너지고 악도 무너져서 학교 교육이 독서에 그칠 따름이다.

다산은 세속의 타락과 함께 학교 교육이 붕괴되어 예악(禮樂)을 익혀야 할 교육 내용이 사라지고, 오직 책을 읽어 지식을 습득하는 것에 주력한다고 비판했다. 이미 공교육에 대한 위기의식을 느끼고 있었던 것이다.

오늘날에도 공교육의 붕괴니 교육이 방향을 잃었느니 하며 학교 교육의 문제점을 지적하는데, 이처럼 교육 문제는 어렵고 복잡한 정책이다. 그렇다고 오늘의 교육이 오직 예악을 가르치는 것으로 끝나서도 안 된다. 사회가 변하고 제도가 달라졌으니 200년 전의 교육제도를 답습할 필요는 없다.

그런데 예라는 도덕, 악이라는 예술 교육은 영원히 버릴 수 없는 중요한 가치이고, 그 외에 시대의 변화에 따라 더해야 할 교육 내용은 셀 수 없이 많아졌다. 인문학 공부 외에 전문 분야의 공부도 중요하고 기술 교육 또한 필수적이다. 다산의 시대에는 역시 인문학, 즉 사람 되는 공부에 치중하였으니 시대적 한계를 벗어나지 못했음을 인식해야 한다.

또 오늘의 교육제도는 일반 행정과 교육이 분리되어 전문 교육기관에서 학교 교육을 전담하고, 지방 행정기관은 교육기관을 돕고 조정하는 역할을 하고 있다. 그렇다면 전문 교육기관인 교육청이나 학교의 책임자가 목민관에 해당된다고 보아야 한다.

향교와 서원의 역할

다산은 학교 교육을 발전시키고 학문을 가르치는 일의 대원칙을 이렇게 밝혔다.

배움이란 스승에게 배우는 것으로, 스승이 있어야 배움이 있는 것이다. 학덕이 높은 사람을 초빙하여 사장으로 삼은 다음에야 교과를 논의할 수 있다. 學者, 學於師也, 有師而後有學. 招延宿德, 使爲師長, 然後學規, 乃可議也.

다산은 학문을 가르치는 스승이 가장 중요하다고 하였다. 스승이 없고서는 교육을 시작할 수도 없다. 스승의 양성을 위한 행정에 최선을 다해야 하는 것이 목민관의 의무이다. 목민관은 어질고 학덕이 높은 선비를 초빙하여 학생들을 가르치도록 온갖 노력을 기울여야 한다.

다산은 교육 시설을 제대로 갖추고 도서를 많이 마련하는 일에 힘쓸 것을 강조하였다.

학교 건물을 수선하고 학생들의 식량을 제대로 마련하고 널리 서적을 비치하는 것도 역시 현명한 목민관이 마음을 기울여야 할 일이다. 풍속이 몽매하고 학문이 보잘 것 없는 것은 서적이 없기 때문이다 다산이 꼽은 필독 도서는 『십삼경주소(十三經注疏)』·『이십삼대사(二十三代史)』·『삼국사기(三國史記)』·『고려사(高麗史)』·『국조보감(國朝寶鑑)』·『통전(通典)』·『통지(統志)』·『문헌통고(文獻通考)』·『문헌비고(文獻備考)』 등 우리나라와 중국의 대표적인 책이다.

당시 학교의 역할을 했던 향교(鄕校)와 서원(書院)은 민간 차원으로 운영되었지만 관에서 지원을 했다. 목민관은 향교나 서원의 책임자를 선정하는 일에 마음을 기울여 처신이 바른 사람을 뽑아 재장(齋長, 교장)으로 삼아서 예로써 대우해야 한다. 모두의 모범이 될 수 있는 인물을 골라 일을 맡기고, 그런 임무에 합당한 정도의 대우를 하여 긍지를 지니고 일을 처리하도록 하라는 뜻이다.

오늘날에도 향교와 서원이 있지만 교육기관이나 학문을 연마하는 곳은 아니다. 국가적으로 지정한 유물로 남아 있을 뿐이다. 지역별로 나름대로 인문학 강좌나 예절 교육 등을 하는 곳도 있지만 참으로 미미한 역할에 그치고 있다. 지방정부 차원에서 그 활용 방법에 대한 논의가 있어야 한다.

사람의 품성을 기르는 교육

홍학 분야에서 다산이 또 거론하는 것은 양로(養老)에 대한 문제다.

9월에 양로의 예를 행하여 노인을 노인으로 대접하는 도리를 가르치며, 10월에는 향음(鄕飮, 어른들에게 술을 대접하며 베푸는 잔치)의 예를 행하여 어른을 어른으로 대하는 도리를 가르친다. 2월에는 고아들을 위한 잔치를 베풀어 고아들을 돌보는 도리를 가르쳐야 한다.

노인을 모시고 고아를 돌보는 교육을 실시하도록 권장하는 것인데, 오늘날에도 충분히 적용할 만한 일이다. 노인이나 고아 등 소외 계층에 국가적인 혜택이 많이 돌아가는 정책을 더 강화해야 하는 한편 온 국민이 불우한 이웃을 돌아보는 성숙한 시민의식을 갖도록 하는 교육도 중요하다.

다산이 양로, 향음례와 더불어 꼽은 것이 활쏘기 대회인 향사례(鄕射禮)와 투호놀이 행사인 투호례(投壺禮)이다. 백성들과 더불어 여흥을 즐기며 소통을 해야 한다는 취지이다. 요즘으로 보면 주민체육대회나 문화제 같은 행사이다. 이러한 행사를 통해 지역 주민과 가까이할 수 있는 기회를 갖고, 지역민이 단합하는 계기도 되니 목민관이 고려해야 할 일이다.

다산은 주자(朱子)가 지역 주민을 가르치기 위해 힘썼던 일을 예로 들면서 교육의 방향성을 제시했다.

고을의 부형들에게 청하노니, 각 자제 중에서 배움에 뜻을 둔 자를 골라 보내면 입학시켜 국학(國學)에 보낼 때까지 강(講)을 듣게 하고 과제를 줄 것이다. 한편으로 본 목민관은 여러 방면으로 조치하여 학교의 재정을 늘릴 것이다. 공무의 틈을 타 때때로 학궁에 나아가 학관(學官)들과 더불어 경전(經傳)의 뜻을 강의하면서 여러 방향으로 유도하고 북돋아 준다면 아마도 재주 있고 뛰어난 인물이 때맞추어 배출될 것이니, 이는 임금이 인재를 키우고 길러 낸다는 뜻에 부응하는 것이다.

다산은 책을 통한 교육도 중요하지만 사람으로서 갖춰야 할 품성을 기르는 교육, 즉 전인적인 교육을 강조했다. 또한 목민관이 나서서 공교육을 적극 실천해야 한다고 하였다. 학교 교육에 대한 다산의 문제의식은 200년이 지난 지금도 여전히 유효하다.

5 ——————————— 변등辨等 : 신분 구별

예전의 다섯째 조항인 '변등'은 글자 그대로 등급을 구별한다
는 뜻이다.

신분 구별은 백성을 안정시키고 뜻을 움직이지 않게 하는 요체이
다. 등위(等威)가 명확하지 않아서 위계가 문란하면 백성들은 해
이해지고 기강이 없게 된다.

이 말은 계층의 구별이 분명했던 신분사회에서 사회 기강과
위계 질서의 확립을 위해 필요한 내용이다. 평등주의가 보편화
된 민주주의 사회에서는 거의 해당되지 않지만 직장 동료나 상
하 관계의 에티켓과 연결되는 측면은 있다. 군인이나 경찰관 등
계급에 따라 의복이나 휘장이 다르고 상명하복의 명령 계통이
있는 경우에는 사용하는 언어나 행동이 달라야 한다. 비록 신분

사회를 전제로 했지만 오늘날에도 완전히 배제하기는 어렵다.

집이나 수레, 의복, 기물(器物) 등이 사치스러워 기준에 어긋나는 것은 마땅히 엄금해야 한다.

위세를 자랑하기 위해 주택이나 기물의 과도한 치장은 피해야 한다는 것은 오늘날에도 해당된다. 아무리 사회적 지위가 높다고 해도 지나치게 사치스러우면 사회적 지탄을 받게 마련이다.

올바른 세상이 되기 위해 필요한 대의(大義)가 네 가지 있다. 첫째는 친친(親親), 즉 친족을 친애하며, 둘째는 존존(尊尊), 존귀한 사람을 존귀하게 대우하며, 셋째는 장장(長長), 어른을 어른으로 존경하며, 넷째는 현현(賢賢), 어진이를 어진이로 대우하는 것이다. 친친은 인(仁)에, 존존은 의(義)에, 장장은 예(禮)에, 현현은 지(知)에 해당된다.

인간관계에서 이 네 가지에 마음을 쓰면 큰 문제가 발생하지 않는다. 인의예지에 맞는 언어와 행동은 사회활동은 물론이요 일상생활을 영위하는 데에도 매우 중요한 덕목이다.

변등에서 다산은 노비법을 원상복구하여 철저하게 시행해야 한다고 했다. 노비 문제에 대한 보수적인 견해는 시대적 한계이자 다산 개인의 한계이다. 당시 사회의 위계질서 확립을 위해서라 하지만 시대적인 흐름으로는 맞지 않는 의견이었다.

공부하는 선비를 도우라

예전의 마지막 항목인 '과예' 역시 목민관의 임무 중 하나이다.
목민관은 자기가 맡은 고을에서 과거(科擧)에 급제하는 선비의
숫자가 많이 나오도록 선비들을 도와주고 격려해야 한다는 내
용이다. 사실 다산은 과거제도를 모순이 많고 학문을 위한 공부
도 아니라고 여겨 사람 되는 공부에서 과거제도의 폐해가 가장
크다고 강력히 비판해 왔다. 그러나 다산이 인재 등용의 가장
좋은 방법이라고 주장하는 공거제(貢擧制)나 추천제가 확립되
지 못한 시대에 세상에 나가 일하려면 과거에 급제하지 않고는
다른 길이 거의 없으므로 목민관은 과거에서 합격자가 많이 나
올 수 있도록 '과예'에 힘써야 한다고 한 것이다.

과예는 오늘날 관점으로 보면 지방 행정기관이나 기초자치단

체장이 교육공무원과 힘을 합해 지역 인재 양성을 위한 행정을
펴야 한다는 뜻으로 이해할 수 있다. 더불어 관할 지역에서 더
많은 취업자가 나오도록 힘을 쓰는 것과도 통한다. 요즘 지역별
로 서울에 기숙사를 세워서 해당 지역 출신 학생들에게 제공하
는 것도 그에 해당된다. 다산은 인재 배출은 목민관의 영광스러
운 일이라고 했다.

과예에 힘써서 과거 급제자가 잇달아 나와 문명(文明)의 고을이
되면 목민관으로서 지극한 영광이다.

흥학(興學)·권학(勸學)에 힘을 기울여 우수한 인재들이 자기
지역에서 많이 나오면 목민관의 영광이니, 목민관이라면 힘써
야 할 일의 하나임이 분명하다.

영재교육도 힘써야

다산은 영재교육에도 관심을 기울였다.

총명하고 기억력이 좋은 아동은 따로 가려 뽑아서 가르쳐야 한다.
童蒙之聰明强記者, 別行抄選, 敎之誨之.

또한 영재교육을 위한 선발 과정과 교육 방법까지 상세하게 거

론하였다.

"군이나 현에는 각 면마다 수십 개 마을이 있고, 네댓 마을에 하나 꼴로 서당이 있다. 그 서당마다 훈장이 있어 아동 수십 명을 거느리고 있다. 그중에서 열 살 안팎의 우수한 아동을 선발하되 하루에 3~4천 자의 글을 배워 열 번 남짓 읽고 돌아서서 외울 수 있는 아동은 상등(上等)이고, 하루에 2천 자의 글을 배워 스무 번 읽고 돌아앉아서 외우는 아동은 중등(中等)이며, 하루에 1천여 자의 글을 배워 서른 번 읽고 돌아앉아서 외우는 아동은 하등(下等)이다. 이 이하는 우수하다 말할 수 없다."

우수한 아동을 3등급으로 구별하여 최소 3등급 이상의 학생들에게 영재교육을 시키도록 한 것이다.

다산은 특별히 영특한 아동은 목민관이 고을살이를 마치고 서울로 돌아오는 날 데리고 와서 큰 그릇으로 키워 나라의 일꾼으로 삼아야 한다고 했다.

다산이 영재교육을 얼마나 중요하게 생각했는지 알 수 있는 대목이다. 요즘 다산의 시대와 같은 방법을 그대로 적용할 수는 없겠지만 각 지역에서 우수한 인재가 배출될 수 있도록 노력을 기울이는 문제는 목민관이라면 꼭 귀담아들어야 할 내용이다.

제8편

병전

兵典

1 ——————— 첨정簽丁 : 병역 의무자 선정

▎ 부패의 온상인 군정

병전의 업무는 요즘으로는 국방부와 그 산하 공무원이 담당하는 사무에 관한 조항이다. '첨정'이란 본래 병역 의무자를 군안(軍案, 입대 예비자 명부)에 올린다는 의미이다. 그러나 『목민심서』 병전의 '첨정'에서는 군적(軍籍), 즉 군안에 올리는 일과 함께 군포(軍布)에 관한 전반적인 문제를 다루고 있다. 그래서 조선시대에 악명을 떨친 이른바 3정(전정·환곡·군정)의 하나인 군정(軍政)을 포함해 설명하고 있다.

예나 지금이나 병역의 의무는 국민의 가장 큰 의무 중 하나이다. 군인이 전쟁에서 나라를 위해 죽음을 각오하고 싸우는 일은 신성한 의무이지만, 반면 대부분의 사람들은 위험을 무릅쓰는 군대에서 벗어나고 싶어 한다. 조선시대에도 부자나 권력자는 수단과 방법을 가리지 않고 병역 의무를 피하려 했다. 그래서 결국은 힘없고 가난한 일반 백성들이 군역을 담당해야 했다.

시대가 바뀌어 병역의 의무를 마치지 않고는 사회적으로 비난에서 벗어나지 못하는 세상이 되었지만, 오늘날에도 온갖 방법으로 병역 의무에서 벗어나기 위한 비리와 부정이 끊임없이 일어나고 있다. 특히 사회 지도층에서 종종 이러한 문제를 야기해 여론의 비난을 받기도 한다.

다산이 병전에서 주장하는 군정의 문제는 당시대에 비리와 부정의 소굴이라 할 만큼 부패가 심했다. 따라서 대대적인 개혁과 변화를 촉구하는 내용이 주를 이루는데, 그 가운데서도 첨정 조항은 군정을 바로잡아야 한다는 다산의 개혁 의지가 가장 철저하게 드러나는 대목이다. 다산의 첫 번째 문제 제기를 보자.

병역 의무자를 군안에 올려 군포를 거두는 법은 조선 중종 때 양연(梁淵)의 주장에서 시작되어 오늘에 이르렀는데, 그 폐단이 크고 넓어 백성들의 뼈를 깎는 병이 되었다. 이 법을 고치지 않으면 백성들은 모두 죽어갈 것이다.

중종 때 시작된 첨정으로 군포를 거두는 제도는 선조 때에도 시행되었는데 그때 이미 많은 폐단이 노출되었다. 선조 때 율곡 이이는 '군졸이 공포(貢布)를 상납하는 부담을 줄이려면 공포를 전결(田結)에 배정하는 쪽으로 옮겨야 한다'는 상소를 올려 군적의 개혁을 청하였다. 그러나 제도의 모순을 안은 채 다산 시대까지 오면서 폐단이 누적된 채로 시행되고 있었다.

나라를 망가뜨리는 뿌리 깊은 부패의 소굴이던 당시의 병역 제도로 인해 백성들은 뼈를 깎는 고통을 당했다. 다산은 우선 군포제도가 얼마나 불합리한가를 밝혔다.

군대에 가지 않는 사람은 재물을 내고, 군대에 가는 사람은 목숨을 바치는 것이 옛날의 도리였다. 앞으로 군대에 가서 목숨 바치기를 요구할 사람에게 먼저 재물을 요구하니 이러한 이치가 어찌 있을 수 있겠는가.

갓난아기와 강아지까지 군적에 올리는 세태

불합리한 군포제가 점점 더 나쁜 제도로 바뀌면서 있어서는 안 될 일들이 이어졌다. 이런 점을 다산은 숨김없이 폭로하면서 제도의 개혁을 강력히 요구했다.

음양(陰陽)의 이치는 하늘이 준 것으로, 남녀 관계가 없을 수 없고 관계를 하게 되면 아이를 낳는다. 아이를 낳으면 반드시 병적(兵籍)에 올려놓으니, 이 땅의 부모 된 사람으로 하여금 천지가 만물을 낳는 이치를 원망하게 만들어 집집마다 탄식하고 눈물을 흘린다. 나라의 법도가 없는 것이 어떻게 이런 지경에 이르렀단 말인가.

자녀를 낳은 기쁨이 아픔과 고통으로 바뀌는 기막힌 세상이다. 심한 경우에는 태중의 아이에게 멋대로 이름을 붙이고, 딸을 아들로 둔갑시켜 군안에 올렸다. 어린아이를 장정으로 만들고 죽은 사람을 산 사람으로 둔갑시켜 '황구첨정'이니 '백골징포'니 하는 별명이 생겨났다. 더 심한 경우는 강아지나 절구에까지 이름을 붙여서 군안에 올려 군포를 징수하는 기막힌 일이 자행되기도 했다.

1794년 경기 고을의 암행어사로 파견되어 나간 다산은 농촌과 농민의 실상을 「적성고을에서」라는 시에 담았다. 적성현은 경기도 북부에 있던 고을이었으나 지금은 파주시에 합병되어 적성면이 된 지역이다. 이 시는 18세기 말 조선의 농촌이 첨정 제도의 잘못으로 얼마나 피폐되었으며 농민들이 당하는 고통이 얼마나 극심했던가를 보여 주는 상징적인 사회시의 하나이다.

집안의 살림살이 쓸쓸하기 짝이 없어
모조리 팔아도 칠팔 푼이 안 되겠네.
개꼬리 같은 조 이삭 세 줄기와
닭 창자같이 비틀어진 고추 한 꿰미.
깨진 항아리 새는 곳은 헝겊으로 때웠으며
내려앉은 선반은 새끼줄로 얽었구나.
놋숟가락 이정(里正)에게 빼앗긴 지 오래인데
엊그제는 옆집 부자가 무쇠솥 앗아갔네.
쪽물 들인 무명이불 한 채뿐이라

부부유별 이 집엔 가당치 않네.
어린아이 적삼 해져서 어깨 드러나고
날 때부터 바지와 버선 알지 못하네.
큰아이 다섯 살에 기병으로 등록되고
세 살 난 작은놈도 군적에 올라 있네.
두 아들 군포가 한 해에 오백 푼
죽기를 소원하는 마당에 옷가지 바랄까.
지난봄에 환자쌀 닷 말 받았거늘
이 일이 금년에는 어떻게 될지.
나졸이 문 앞에 오는 것 겁나지만
동헌에 잡혀가 매 맞는 일 두려워 않네.
오호라! 이런 집이 천지에 가득한데
구중궁궐 깊고 멀어 어찌 다 살펴보랴.
폐단과 어지러움 많고 많아 손 못 대니
공수와 황패도 바로잡기 어려우리.

『목민심서』에는 긴 시 전체를 수록했으나 여기서는 군데군데
생략하고 일부만 언급했다. 이 시를 보면 당시의 농촌이 얼마나
가난하고 피폐했던가와 잘못된 첨정제도로 농민들이 얼마나 고
통을 당하고 사는가를 그림을 보듯 금방 알 수가 있다.

시에 나오는 공수와 황패는 한나라의 현명한 목민관으로 꼽
히는 사람들인데, 그들이 와도 바로잡기 어려울 정도로 군정이
썩었다는 뜻이다. 다산은 군정을 올바르게 바로잡고 첨정의 악

폐를 철저하게 뜯어고치자고 주장하였다.

█ 첨정의 폐단으로 피폐한 농촌

다산이 귀양살이하던 전라도 강진에 있을 때 첨정의 폐단으로 인한 농민들의 비참한 생활상을 읊은 장편시도 『목민심서』에 실려 있다. 1803년에 지은 시로 제목은 「애절양(哀絶陽)」이다. 양(陽)이란 남자의 생식기를 뜻하니 절양(絶陽)이란 생식기를 자른다는 의미이다. '애절양'은 생식기 자름을 슬퍼한다는 뜻이니 제목부터가 끔찍한 내용임을 암시한다.

갈밭 마을 젊은 아낙 울음소리 길도다
군청 문 향해 울부짖다 하늘에 호소하네.
군인 남편 못 돌아옴 있을 법도 하지만
예부터 남자 생식기 자른단 말 들어보지 못했네.
시아비 죽어 상복 입었고 아이 배냇물도 안 말랐는데
3대의 이름이 군적에 올라 있네.
달려가서 호소하나 군청 문 호랑이가 지키고
마을 이장 호통 치며 외양간 소 끌어갔네.
칼을 갈아 방에 들자 자리에 피가 가득
스스로 탄식하네, 아이 낳은 죄로다.

눈물 없이는 읽을 수 없는 시다. 조선 후기 군정의 문란과 첨정의 해악은 그렇게 농민을 괴롭히고 있었다. 애만 낳으면 군적에 올리고, 군포를 납부해야 하는데 납부하지 않으면 집안의 식기에서 소·돼지까지 모두 끌어가 버리니 견디다 못한 농부는 산아 제한의 방법이 없어 자신의 생식기를 식칼로 잘랐다. 그 아내는 잘린 생식기를 들고 군청에 찾아가 군수에게 하소연이라도 하려 했지만 문지기가 막아 하소연도 못하고 그냥 하늘만 쳐다보다 되돌아와야 했다. 아낙네의 사무친 서러움이 지금도 우리의 가슴을 울리는 듯하다.

옛날이나 지금이나 모순된 수취체제로 고통을 당하는 사람은 세금을 내야 하는 국민이다. 공정하고 균등하게 세금을 걷는 제도야말로 선진국으로 가는 지름길이다. 가옥세, 토지세, 상속세 등 오늘날의 세금이 합리적이고 공정한가를 늘 살펴야 한다. 징수 책임이 있는 목민관은 늘 서민의 편에 서서 그들의 부담을 덜어 주는 일에 마음을 기울여야 한다는 것을 잊어서는 안 된다.

2 ─────────── 연졸練卒 : 군사 훈련

▍ 잘 훈련받은 정병이 가장 큰 무기

'연졸' 조항은 군사 훈련에 대한 내용을 담고 있다. 군인으로 구성된 군대조직에서 훈련받지 않은 군인은 있을 수 없으며, 훈련받지 않은 군인은 군대조직에서 제 역할을 감당할 수 없다. 군인을 훈련시키지 않고 어떻게 정병(精兵)의 문제를 언급할 수 있겠는가. 언제 어느 때 전쟁이 일어날지 모르는 상황에서 훈련된 군사는 가장 중요한 무기이다.

다산이 연졸에서 강조한 것은 조연(操演)과 교기(敎旗)이다. 조연은 체력을 단련시켜 병사로서 싸울 수 있는 힘과 기량을 기르는 교육이다. 교기는 깃발의 명에 따라 행동할 신호를 배우는 교육이다. 군사는 깃발의 신호 체계를 알고, 그에 따라 행동해야 한다. 요즘처럼 무전기나 전화기 등의 통신시설이 전무하던 때에 깃발의 신호를 통해 행동반경을 정하는 일은 매우 중요했다. 다산은 병사를 훈련시키는 일이 왜 중요한지를 역설했다.

군사는 훈련을 받지 않으면 제대로 진(陣)을 칠 수 없고, 공격할 수 없고 수비를 할 수도 없다. 주둔할 막사를 칠 수 없고, 전투할 수 없고, 수전(水戰)과 화공(火攻)을 잘 해낼 수 없다. 군마가 있어도 달릴 수 없으니 군량을 허비할 뿐이다. 그래서 무비(武備)를 말할 경우 훈련을 가장 요긴한 일로 삼는다.

예전에 비하여 현대식 군대는 훈련 절차가 크게 개선되었다. 각 지역마다 신병훈련소가 마련되어 신입 병사는 소정의 기간 동안 철저하게 훈련을 받아 병사로서의 기량을 갖춘다. 더구나 병과마다 전문학교가 있어서 후반기 교육을 받도록 되어 있다. 또한 육·해·공 3군의 사관학교가 있어서 장교 교육을 받을 수 있고, 이외에 각급 군사학교가 있어 체계적인 교육을 받고 있다.

국방 업무는 국가통치의 매우 중요한 부분이다. 다산은 전문 교육을 위해서 중국의 척계광(戚繼光)이 지은 『기효신서(紀效新書)』를 소개하고, 그 책에서 요점만 모아 조선에서 간행한 『병학지남(兵學指南)』의 내용 일부를 소개했다. 두 책은 당시의 수준으로는 매우 우수한 병서였다. 지금이야 상상할 수 없을 정도로 군사 기술이 발전하여 원자무기, 화학무기, 로켓이나 전차, 총기류에 이르기까지 고도의 수준에 이르렀기 때문에 병기(兵器) 등에 대한 이야기는 생략한다. 하지만 다산의 원론적인 주장에는 지금도 역시 귀를 기울여야 할 대목이 많다.

나라를 다스리는 법은 식량과 병비(兵備)를 충족하게 하는 데 있다. 식량으로서 안으로 백성을 먹여 살리고, 군사로서 밖으로 외적을 막는 것이니 나라의 가장 큰 정사는 군사 훈련에 있다.

군사를 적재적소에 배치해야

군대 양성에서 절대 잊어서는 안 될 내용이 있다. 임진왜란 이전인 평화시대에 율곡 이이는 외침의 낌새를 미리 알아차리고 선조 임금에게 '십만양병설'을 주장하였다. 서울에 2만의 군대를 양성하고 8도에 각각 1만 명의 군대를 양성하여 외침을 막을 준비를 하라고 임금에게 권하였다. 그러나 반대파에 막혀 끝내 실행하지 못했다. 그때 율곡이 10년 안에 반드시 병화(兵禍)가 있을 것을 예견했음에도 그의 이야기를 듣지 않아 끝내 임진왜란이라는 엄청난 전란을 겪고 말았다.

유비무환, 국가는 어느 때든 자국을 지키는 국방력을 갖추고 있어야 한다. 그러나 동북아 정세에 관심을 기울이지 않은 조선은 조총 몇 자루에 군대가 맥없이 무너지고 말았다. 다산은 율곡의 십만양병설이 참으로 실용적인 정책이라고 믿었으며, 그러한 정책이 시행되지 못했음을 매우 안타깝게 생각했다. 연졸, 즉 군사 훈련은 그렇게 중요한 일이다. 외침을 막는 막중한 국가정책에 절대로 필요한 일이 병사를 훈련시키는 일이다.

다산은 육군 외에 수군(水軍)의 양성과 정비에 대해서도 많이 언급했다. 순찰사(巡察使)를 지낸 이정암(李廷馣, 1541~1600)의 장계(狀啓)를 인용하여 수군을 산골 마을에 배치하는 비합리적인 제도를 지적하기도 했다.

"이정암이 장계에 올리기를 '수군은 마땅히 바다와 인접한 지방에 배정되어야 하는데 산골에 많이 배정되어 있다. 이들에게 공문으로 독촉하여 신포(身布)를 함부로 거두는 바람에 이들은 다른 지방으로 가서 떠돌아다닌다. 그러면 친족이나 이웃 사람에게 강제로 군포를 걷는 침해가 발생한다'라고 하였다."

바닷가 주민으로 배를 다룰 수 있는 사람을 수군으로 일하게 하고, 산골 마을의 주민은 육지에서 일하는 군대에서 복무하게 하면 수군과 육군 모두 정병으로 육성시킬 수 있다. 하지만 지방 관리들은 부당한 세금을 징수하려고 비합리적으로 군대를 배치했다. 이 문제는 그 동안 조정에서 여러 차례 거론되어 왔다. 이정암뿐만 아니라 선거이, 이순신, 송시열, 민암 등도 수군이 일반 고을에 배치되어 있는 모순을 지적했지만 임진왜란을 겪은 이후에도 바뀌지 않아 다산이 전거를 들어 강력히 주장한 것이다.

3 ———————— 수병修兵 : 병기 수선

무기를 바로 사용할 수 있도록 준비하라

병전의 세 번째 항목은 '수병'이다. 수병의 뜻은 병기를 수선하고 손보아 언제라도 제 기능을 발휘할 수 있도록 예비해 놓는 것이다. 군인들을 제대로 훈련시키고 나면 필요한 것은 무기이다.

병(兵)이란 병기(兵器)를 뜻한다. 병기는 100년 동안 쓰지 않는다 해도 하루라도 갖추어 두지 않을 수 없다. 병기를 닦는 일은 목민관의 직무이다.

다산은 병기가 제 기능을 발휘할 수 있도록 늘 닦아야 한다고 했다. 군복무를 했던 사람이라면 '병기 수입'이라고 해 틈만 나면 총기를 손질하고 닦던 일을 기억하면 금방 이해할 수 있다.

전쟁이 항상 있는 것은 아니지만 평화 시에도 언제 일어날지 모르는 전쟁을 위해 무기를 손질하고 닦는 일을 게을리하면 안 된다는 주장은 백번 옳은 말이다.

조선시대의 병기는 참으로 초라했다. 활이나 화살이 대부분이고 빈약한 화포(火砲) 정도가 구비되어 있었다. 원론적인 측면에서 유사시에 대비해 병기를 손보고 수리하는 일이 중요하다는 점은 예나 지금이나 큰 차이 없이 군인이라면 지켜야 할 기본적인 업무이다.

군사 업무나 군대 제도는 예전과 지금은 너무나 큰 차이가 있다. 군대를 훈련시키는 연졸(練卒)이나 병기를 손질하고 닦는 수병(修兵)은 사실 오늘날의 목민관과는 큰 관련이 없다. 다만 국방 업무를 관장하는 공무원들은 군사 문제에 대한 원론적인 이론이 실린 『목민심서』의 「병전」 내용을 꼭 읽어 보기 바란다.

4 ——————————— 권무權武 : 무예 권장

▎ 문무를 두루 갖춘 인재 양성

'권무'란 무예(武藝)를 권장한다는 뜻이다. 조선은 중국의 유학을 가장 훌륭한 학문으로 여겨 그 사상에 따라 문무(文武)를 함께 익혔지만 언제부터인가 숭문(崇文) 사상에 젖어들어 무(武)를 얕잡아보고 문치(文治)에 몰두하는 세상으로 바뀌고 말았다. 강인한 무인은 적고 부드러운 문인이 주를 이루는 세상이 되고 말았다. 다산은 그러한 현상을 사회적인 병폐라 여기고 문과 무를 동시에 연마하는 제도를 수립하자는 논의를 폈다.

우리나라의 풍속은 부드럽고 신중하여 무예를 좋아하지 않는다. 연습하는 것은 오직 활쏘기뿐인데 요즘은 그것도 힘쓰지 않는다. 무예를 권장하는 것이 오늘날의 급선무이다.

조선 사람들은 창과 방패가 무엇인지 잘 모르고 활과 화살만 무기로 여겼다. 그런데 그 활조차 제대로 만들지 못하여 제구실을 하기가 어려운 지경에 이르렀다. 다산은 관청 창고에 보관된 화살도 만에 하나 사용할 정도라고 비판했다. 난리가 나도 손에 잡을 무기가 없다는 뜻이다.

　　권무 조항에서 다산이 역점을 두고 거론한 것은 무인을 양성하는 제도이다. 그 당시 무인을 선발하는 무과(武科)라는 시험이 있었다. 문과(文科)처럼 일정한 숫자의 합격자를 배출하지만 시험이 불공정하게 치러져 향시에 응하는 사람이 적어 합격자 수효를 채울 수 없었다.

　　시골 출신으로 활쏘기에서 높은 점수를 얻은 사람이 시험장에 들어가면 7명의 시험관이 서로 눈짓하며 흠을 잡아 기어코 낙방을 시킨다. 경술년(1790년)에 내가 감시관으로 들어가 직접 본 사실이다. 어떤 사람은 활쏘기 점수와 잡기(雜技)의 점수가 150~160점이나 되고 또 병서도 잘 외어 열 가지 무예와 한 가지 강에 하나의 착오도 없었는데 억울하게 낙방하여 피를 토하며 돌아갔다. 비단옷 입은 연약한 사람들이 모두 일등으로 급제하여 풍악을 울리며 준마를 타고 시험장을 나오니 천하에 원통함으로 화기를 상하게 하는 일이 이보다 더 심한 것이 어디 있겠는가. 낙방한 사람은 집으로 돌아가서 활을 꺾으며 자손들에게 무예를 익히지 말라고 훈계한다.

무예를 익힌 진짜 무인은 낙방하고 세력가 자제가 무과에 합격하는 부정이 만연한 세태를 고발하는 대목이다. 이처럼 불공정한 시험제도는 무인 양성에 큰 걸림돌이었다. 그러나 목민관은 과거제도가 문란하다 하여 무예를 등한시하면 안 된다. 교육과 훈련을 통해 인재를 기르고, 공평한 선발제도를 통해 훌륭한 무인을 선발해야 한다. 오늘날 기업이나 공공기관 등에서 인재를 선발할 때도 반드시 새겨들어야 할 내용이다.

유언비어에 흔들리지 말라

'응변'이란 변란에 대응한다는 뜻이다. 변란의 가장 큰 사건은 내란이니, 주로 내란에 대한 대응 방법을 논하고 있다. 병전편이 추구하는 목표는 강한 군대 양성을 통해 외침을 막고 내란을 평정하는 것이다.

목민관은 병권(兵權)을 쥐고 있는 관원이다. 기밀에 속한 일 중에는 예측할 수 없는 변고가 많으므로 대응하는 방법을 미리 강구해야 한다.

응변이라는 군사작전에 있어서 작전의 기술이나 능력보다는 지휘관의 인격과 아량을 먼저 거론하고 있는 점에 관심을 기울여야 한다. "인품의 크고 작음은 국량에 달렸는데 국량이 얕고 좁은 사람은 조그마한 일에도 낙담하고 또 허튼 소문에 마음이 동요되기도 하여 뭇사람의 마음을 소요시키기도 하고 혹은 뭇사람의 비웃음을 한 몸에 받기도 한다. 반면 국량이 큰 사람이 일을 당하면 담소하면서 대처할 것이다"라는 내용을 보면 변란이 일어났을 때 국량이 큰 사람과 작은 사람의 대처 방법이 다르다고 말하여 국량이 넓은 인격자가 되는 것이 중요하다는 말을 강조하고 있다. 그렇다. 무략이나 용병의 기능에 앞서 넓은 국량과 아량으로 일의 선후와 완급을 제대로 구별하여 시의적절하게 대처하는 것이 무엇보다 우선한다는 이야기는 깊이 새겨들어야 할 내용이다.

변란이 일어나면 그에 앞서 어김없이 유언비어가 난무하는데, 유언비어에 어떻게 대처하는지의 문제도 중요하다.

유언비어는 근거 없이 생기기도 하고 혹은 무슨 기미가 있어서 생기기도 한다. 목민관은 상황에 따라 조용히 진정시키기도 하고 묵묵히 관찰하기도 해야 한다. 근래에 부세가 무겁고 관리가 탐학하여 백성들이 편안히 살 수 없어서 모두 난리가 나기를 바라고 있다. 요망스러운 말들이 동쪽에서 부르짖고 서쪽에서 화답하는데 이들을 법에 따라 다 죽인다면 살아남을 백성이 하나도 없을 것이다.

특히 조선 후기에는 3정의 문란으로 농민들의 소요가 잦았다. 참으로 어려운 시대 상황을 다산은 예리한 눈으로 분석해 유언비어가 나올 수 있는 근거부터 파악해야지, 그저 처벌만으로는 해결할 수 없다고 강조한 것이다.

"무릇 괘서(掛書)와 투서는 불살라 없애 버리거나 혹은 조용히 살펴볼 일이다"라는 대목 또한 주의를 기울여야 할 사항이다. 근거 없는 유언비어가 유포되지 않도록 조치해야 한다는 뜻이다. 다산은 『대명률』과 『경국대전』을 인용하여 유언비어의 날조자를 처벌하는 문제도 언급했다.

『대명률』에 참위서(讖緯書)·요서(妖書)·요언(妖言)을 만들거나 그것을 퍼뜨려 군중을 현혹시키는 사람은 참형에 처한다는 규정이 있다. 또한 『경국대전』에도 이름을 밝히지 않은 문서는 비록 나라 일에 관계되더라도 부자간에도 전할 수 없다고 하였다. 말을 옮기거나 오래 가지고 있거나 불태워 버리지 않은 사람은 모두 법률에 따라 논죄한다고 규정되어 있다.

난이 일어나는 원인을 규명해야

다산은 왜 변란이 일어나고 유언비어나 괘서·요서·요언 등이 발생하는지 그 원인 규명에 먼저 신경을 써야 한다고 했다. 한 예로 자신이 목민관으로 재직할 때 일어난 변란의 처리를 제시했다.

다산이 곡산 도호부사로 발령을 받고 임지에 도착하자 전임

도호부사 시절에 민란의 주모자로 지목되었던 이계심(李啓心)이 자수를 했다. 그는 200냥의 세금을 900냥으로 받는 전임 목민관을 추방해야 한다는 명분을 내세워 농민 1,000여 명을 이끌고 관아로 쳐들어왔다. 관군이 농민들을 제압해 해산시키자 이계심은 도망가 숨어 있다가 정약용이 목민관으로 부임했다는 소식을 듣고 자수를 한 것이다. 그는 민원 12개 조항을 담은 서류를 제출했다. 심문한 결과 이계심의 주장이 옳으며, 전임 목민관의 탐학이 심했다는 판결이 났다. 다산은 이계심을 무죄석방하고 민란의 처리를 마무리하였다.

그러나 그로부터 십여 년이 지난 후 또 민란이 일어나 백성들이 도호부사를 쫓아내는 변고가 발생했다. 조정에서는 안핵사를 파견해 사태 수습을 맡겼다. 이때 이대성, 한극일 등 40여 명의 목을 베었으며, 이리저리 유배 보낸 사람이 수백 명이나 되었다. 다산은 목민관이 기미를 살피는 데 밝지 못해서 일어난 일이라고 하며, 민정을 안정시키는 데 힘써야지 사람 죽이는 것을 위주로 해서는 안 된다고 개탄했다.

영조 4년(1728) 이인좌의 난이 일어나기 전 2년여 동안 유언비어가 크게 일어났지만 목민관은 전혀 신경을 쓰지 않았다. 순조 12년(1812) 홍경래 등이 변란을 일으켰을 때도 여러 가지 정황이 난을 예고했지만 목민관이 제대로 살피지 못해 크게 번졌다. 일이 벌어진 뒤 수습하는 것도 중요하지만 목민관은 기미를 잘 살펴서 화란의 싹을 없애고 화근을 끊어야만 그 임무를 잘 감당했다고 할 수 있다.

다산은 끝으로 변란이 일어났을 때 대처하는 현명한 방법을 제시하였다.

목민관은 자신의 정치가 탐학하고 법을 어겨서 민란이 일어날 만했다고 생각되면 바로 눈치 채고 떠남으로써 더 큰 욕을 면해야 한다. 만약 아전을 단속하여 포흠을 징수하고 강한 사람을 눌러 부세를 균등하게 매기다가 일어난 경우라면 동요되지 말고 단호하게 범법자들을 용서하지 말아야 한다.

자신의 잘못으로 일어난 변란이라면 자신이 책임을 지고 물러나 민란을 평정하고, 잘못이 없는 경우라면 법대로 하는 것이 옳다는 것이다.

'응변' 조항에서 배워야 할 가장 큰 덕목은 민란이나 변란의 원인 규명이다. 원인을 밝혀 민란의 소지를 없애는 일처럼 알맞은 응변은 없다. 오늘날의 대중시위에 대처하는 방법도 원인 규명 외에 다른 어떤 방법이 있겠는가.

6 ─────────── 어구 禦寇 : 외침 대비

▍목민관은 지역을 수호하는 사령관

앞의 조항인 '응변'이 국내에서 일어난 내란에 대처하는 군사작
전이라면 '어구'는 외침(外侵)에 대비하는 국방정책이다. 어구
는 글자의 뜻대로 적의 침입을 막는다는 의미이다. 다산은 이
조항에서 국방·군비·전략 등을 다루고 있지만 병사(兵事)야말
로 매우 복잡한 분야라서 전체를 설명하기는 어렵고, 목민관이
지역 방위를 위해 해야 할 부분만 간략하게 설명한다고 하였다.

외침의 환난을 당하면 지방을 맡은 신하는 의당 관할 구역을 지켜
야 한다. 방어의 책임은 군대를 지휘하는 장수와 마찬가지이다.

이러한 원칙 아래 행정관인 목민관도 전시에는 장신(將臣)의

역할로 돌아가야 한다는 것이다. 훌륭한 목민관은 학식도 높아야 하지만, 그와 함께 활쏘기와 말타기 등 무략(武略)에도 밝아야 한다. 다산은 여러 곳에서 문약(文弱)에서 벗어나 일이 벌어지면 무장(武將)으로 변하여 군대를 이끌고 전투에 임해야 한다고 강조했다.

다산은 전시(戰時)에 뛰어난 전략으로 외적을 물리친 목민관의 업적과 아울러 부족한 전력으로 처참하게 패한 목민관의 이야기를 열거하였다. 천하의 전략가였던 제갈공명이 강한 군대를 맞아 패한 이야기부터 시작했다. 아무리 뛰어난 장수도 때로는 패전의 장수가 된다는 본보기를 먼저 설명하려는 의도이다.

고려시대의 목민관인 송문주, 이지중, 박서, 김경손, 김훤, 김응덕, 윤가관 등은 외침에 맞서 뛰어난 전략전술로 승리를 거두었다.

조선 선조 때 부령 부사 장의현은 쇠잔한 병졸들을 고무해서 적은 병력으로 두만강변의 기세등등한 여진족을 물리쳤다. 용천 부사 이희건은 정묘호란 때 적진을 뚫고 옹골산으로 들어가서 군사를 모아 굳게 지켰다.

이윤경(李潤慶, 1498~1562)은 조선의 명재상으로 크게 이름을 날린 동고 이준경(李浚慶, 1499~1572)의 친형으로, 함께 조정에서 벼슬했다. 이윤경이 전주 부윤이라는 목민관 직에 있을 때 을묘사변(명종 10년, 1555)이 일어났다. 왜구가 전선 60여 척을 이끌고 전라도 남쪽 해안에 침입하여 약탈을 일삼으며 영암성을 포위한 사건이다. 이때 이윤경은 영암의 성을 지키는 수성장(守城將)으로 발령을 받았다.

이윤경은 방어사 김경석을 보내 왜구를 막도록 하였다. 이 전투에서 관군이 크게 이겨 적의 머리 200여 수를 얻었다. 연이어 승전보를 올리던 중 이윤경의 아우 이준경이 도순찰사(都巡察使)가 되어 형의 전투 상황을 살피게 되었다. 아우가 형의 일을 감찰하는 일이 도리에 맞지 않아 조정에서는 이윤경의 직책을 바꾸어 소환하려 했다.

군사들은 이윤경이 떠난다는 소식을 듣자 동요하고 두려워하면서 "우리들은 사또를 믿고 이 성을 지켰으니 우리들 역시 흩어질 수밖에 없다"라고 공공연하게 이야기하였다. 방어사 및 여러 군관들 역시 당황하여 어찌할 바를 몰랐다.

이윤경은 아우에게 편지를 보내 자신의 뜻을 밝혔다. "이곳 군대의 사세를 보건대 모두 나를 믿고 흔들리지 않는데 만약 내가 움직이면 짐작 못할 일이 생길까 걱정된다. 우리는 대대로 국은(國恩)을 입고 벼슬하여 여기에 이르렀으니 지금이 바로 내가 몸을 돌보지 않고 나라를 위해 죽을 날이다. 나는 이곳을 떠날 수가 없다."

이준경도 편지를 보내 영암성에서 나오라고 재촉했으나 형의 뜻이 공고함을 보고 부득이 성을 지키도록 허락하였다. 이윤경은 성에 궁수(弓手)를 매복시켜 놓고 짐짓 광대놀이를 벌여 적의 관심을 돌린 뒤 불의에 공격하여 큰 승리를 거두었다.

현지의 사정을 모르는 조치를 취하려던 정부 방침에 군사들이 반대하였고, 도순찰사가 현명한 판단을 하여 승리를 거두었다는 이야기이다. 뛰어난 지휘관인 이윤경의 능력이 돋보인다. 나라가 위급할 때 목숨을 바칠 각오가 되어 있다면 전쟁은 이기게 되어 있다.

▌목민관은 행정뿐 아니라 병법에도 능해야

병법에 "허(虛)하면 실(實)한 것처럼 보이게 하고, 실하면 허한 것처럼 보이게 한다"라고 했는데, 이 말은 방어하는 사람으로서 마땅히 알아두어야 한다.

다산은 이 오묘한 허허실실 병법에 밝았던 목민관의 예로 한(漢)나라의 염범(廉范)을 들었다. 염범이 운중 태수(雲中太守)로 있을 때 흉노가 쳐들어왔다. 그가 앞장서 전투태세를 갖추자 아전들은 군사가 적으니 이웃 고을에 편지를 보내 구원병을 청하자고 하였다. 그러나 염범은 허락하지 않았다. 날이 저물자 군사들을 시켜 각자 홰 두 개씩을 묶어서 세 군데에 불을 붙이게 하니 군영 안이 하늘에 별이 늘어선 듯 휘황했다. 흉노군은 구원군이 도착했다고 판단하여 새벽이 오기를 기다려 퇴각하려 했다. 낌새를 알아챈 염범은 군사들에게 일찍 밥을 먹이고 새벽에 추격을 해서 적의 머리 수백 급(級)을 베었다. 저희들끼리 밟히고 깔려 죽은 자도 천여 명이나 되었다. 이후로 흉노는 감히 운중 지방을 엿보지 못했다.

목민관은 수토지신(守土之臣), 즉 자신이 맡은 지역을 지키는 신하이다. 지금처럼 군사 업무와 행정 업무가 분리되어 있지 않았던 옛날 체제에서 지역을 지키는 목민관이라면 당연히 전쟁 시 병법에 밝은 장수로 변해야 한다. 지키기만 하고 공격하지 않아 적군을 자신의 경내를 지나가도록 내버려두는 것은 나라를 저버리는 일이다. 목숨을 두려워하지 말고 적군을 추격하여 더 이상 발을 붙이지 못하도록 해야 한다.

조선 명종 때 제주 목사를 지낸 김수문(金秀文)은 영암으로 침입했던 왜구가 패배하여 제주도로 쫓겨오자 힘껏 싸워 적을 물리쳤다. 보고를 받은 임금이 글을 내렸다.

"왜적이 제주 땅에 침입했다는 소식을 듣고 멀리 떨어진 고도(孤島)에 병력도 얼마 안 되어 마음에 걸려서 잠도 편히 자지 못했노라. 경의 승전 보고를 보니, 경이 나라에 바친 충의가 아니었다면 어떻게 소수로 다수의 적군을 무찔러 이 대첩(大捷)을 이루었겠는가. 특별히 관등을 한 등급 높이고 비단옷 한 벌을 내리노라."

이에 따라 김수문은 한성 판윤이라는 높은 벼슬에 올랐다.

무인 출신으로 안주 목사(安州牧師) 자리에 있던 정충신(鄭忠信, 1576~1636)은 인조 때 이괄(李适)의 난이 일어나자 도원수 장만에게 달려갔다. 정충신은 병법에 밝은 사람이라 이괄이 어떤 작전을 쓸지 미리 꿰뚫고 있었다. 선봉장이 된 그는 서울까지 쳐들어온 반란군을 안현 전투에서 무찔러 난을 평정했다.

▌ 국가의 위기 앞에서 목숨을 도적질하지 말라

다산은 전투에서는 이기는 것이 가장 중요하지만 사세가 불리하여 승리할 수 없는 처지라면 죽음으로써 군신의 의리를 지키는 것 또한 목민관으로서 지켜야 할 의리라고 하였다.

목숨을 바쳐 나라를 지켰던 대표적인 사례로 임진왜란 때 진주성 싸움에서 목숨을 바친 김천일·최경회·황진·고종후 등을 거론했다. 그들은 모두 호남 출신으로 경상도의 진주성을 지키다가 성이 무너지자 남강에 몸을 던져 순국한 의인들이다. 이들의 충절을 담은 비장한 시가 천추에 전하고 있다.

촉석루 아래 세 장사
술잔 들고 웃으며 강물을 가리킨다.
강물은 유구한 세월 도도히 흐르니
물결 마르지 않듯 혼도 죽지 않으리.
矗石樓下三壯士, 一杯笑指長江水.
長江萬古流滔滔, 波不竭兮魂不死.

적군의 침입으로 나라가 위태로울 때에는 병법에 관한 지혜를 발휘하여 싸움에서 이겨야 하지만, 세궁역진(勢窮力盡)하여 어찌할 수 없을 때에는 목숨을 바쳐야 한다는 다산의 주장은 그의 신념이기도 했다. 다산은 유배지에 있을 때 아들에게 이런 편지를 보냈다.

272

"나라에 큰 난리가 났을 때에는 쉽거나 어렵거나 꺼려 말고 죽음을 무릅쓰고 절개를 지켜야 한다.(或値國家大事, 不憚夷險, 效死盡節.「示學淵家誡」)"

국가가 위기에 처했을 때 나라의 녹을 먹는 벼슬아치라면 당연히 목숨으로 절개를 지켜야 하고, 더구나 목민관이라면 더더욱 마음을 기울여 목숨을 도적질하는 일이 없어야 한다.

한편 전란의 화가 미치지 않는 지역에서는 목민관이 백성을 잘 보살펴 물자를 비축하고 농사를 권장해서 군수물자를 넉넉하게 비축해야 한다. 그 또한 나라를 지키는 중요한 일이다.

제9편

형전

刑典

▎ 공정성이 판결의 핵심

『목민심서』 12편 가운데 아홉 번째 편인 '형전'에는 대단한 내
용이 담겨 있다. 공정한 재판과 공정한 수사에 대한 다산의 간
절한 바람이 담겨 있고, 수사와 재판의 책임을 지닌 목민관이
사건의 진실을 밝혀내기 위해 어떤 마음을 지니고 어떤 능력과
어떤 지혜를 발휘해야 하느냐에 대한 상세한 설명이 담겨 있다.
　죄를 짓거나 잘못을 저지른 사람 중에는 사회적 약자가 많다.
피의자나 피고인은 물론 죄인에게도 긍휼의 마음을 지녀야 한
다. 그들도 개과천선하면 일반인과 같은 사람이기 때문에 비난
하고 미워하는 데서 벗어나 동정심을 지녀야 한다.
　다산은 '죄는 미워하지만 사람은 미워해서 안 된다'는 원칙에
입각해 법이 허용하는 범위에서는 관용을 베푸는 수사와 재판

을 해야 한다는 철저한 인도주의적 법률관을 강조했다. 특별한 경우를 제외하고 대체로 범죄자는 가난하고 권력에서 소외되어 범죄를 저지르는 경우가 많다. 교양이 부족하고 사리 판단이 미숙해 범죄에 빠지는 경우도 있다.

다산은 범죄자가 반성하고 뉘우쳐 일반인으로 돌아갈 수 있는 길을 열어 주는 것이 형벌의 목적이라는 교육적 처벌론에 충실했다. 오늘날 수사와 재판에 종사하는 사람이 『목민심서』의 형전을 반드시 읽어야 하는 이유이다.

형전의 첫 번째 조항은 '청송'이다. 이 단어는 공자의 『논어』 '청송장(聽訟章)'에서 유래한다. 소송 당사자의 이야기를 듣고 죄의 유무를 판단하고 형량을 정하는 일이니, 오늘로 보면 소송사건을 심리하는 일이다. 유교주의 사회에서는 목민관의 업무 중에서도 매우 중요한 일의 하나로, 이른바 '수령7사(守令七事)'에도 '사송간(詞訟簡)'이라는 조항이 들어 있다. 목민관은 선정을 베풀어 관할 구역 내에서 송사사건이 일어나지 않게 하여 수사와 재판 업무에 시달리지 않아야 한다는 뜻이다. '청송'은 목민관의 고과 평가에 중요한 항목이었다.

다산은 소송사건 심리에서 수사관이자 재판관인 목민관이 인격과 교양을 갖춰야 함을 최우선으로 꼽았다.

소송사건을 심리하는 근본은 성의에 있고, 성의의 근본은 신독에 있다. 聽訟之本, 在於誠意, 誠意之本, 在於愼獨.

인간의 자유를 박탈하고 생명을 담보하는 소송사건에서 목민관은 기본적으로 정성을 다해야 한다. 정성을 다하는 마음이 우러나오려면 신독, 즉 홀로 있을 때도 삼가는 마음을 지녀야 한다. 유교 경전인 『대학(大學)』·『중용(中庸)』의 핵심사항인 성의와 신독을 통해 공평하고 정직하며 균형감각을 지닌 인격자가 될 때 제대로 청송할 수 있다.

쟁송을 줄여야 훌륭한 목민관

다산은 좋은 정치를 통해 "쟁송이 결코 일어나지 않도록 할 것이다(必也使無訟乎)"라는 공자의 말에 방점을 두고, 목민관의 높은 도덕성과 인격을 통해 교화를 받은 일반인이 사건을 일으키지 않을 방법을 강구하였다. 그래서 "성인(聖人)은 언제나 신독과 성의를 간직하여 몸을 닦는 생각만 하므로 백성들은 그분 앞에서 우러러보고 두려워하여 감히 사실이 아닌 것을 진술하지 못하게 한다. 이는 백성을 교화하는 지극한 효험이다"라고 말해 높은 수준의 인격과 도덕성 앞에서는 쟁송 자체가 일어나기 어렵다고 했다. 오늘의 수사관이나 법관이 얼마나 인격을 수양하고 높은 도덕성을 지녀야 하는가를 잘 보여 주는 말이다.

쟁송이 사라지게 해야 한다는 다산의 주장은 계속된다. "다음은 율신(律身, 자신의 몸가짐을 철저히 규율함)이다. 훈계하고 가르치고 억울함을 풀어 주면 또한 쟁송이 없어질 것이다"라고 하여 사건의 실체적 진실을 찾아내 소송 당사자 누구도 억울함이 없어야만 소송사건이 끝나게 되고, 이런 올바른 재판과 수사가 이어지면 소송사건은 자연히 줄어들 수 있다는 것이다.

또한 목민관이 백성들과 원활하게 소통하면 소송사건이 줄어든다고 했다. "가로막혀 통하지 못하면 백성들은 답답해할 것이다. 호소하고 싶은 백성들이 자기 부모의 집에 오는 것과 같이 한다면 훌륭한 수령이라 할 수 있다."

다음은 졸속한 수사와 재판을 경계했다.

소송사건을 줄이고자 하면 심리(審理)를 세밀하게 해야 해서 늦어지기 마련이다. 그러면 판결이 내려진 뒤 그런 소송이 다시는 제기되지 않는다.

사건을 판결하는 시기를 조정하는 것도 쟁송을 줄이는 중요한 요건이니, 급하게 달려와 송사를 제출하는 자가 있더라도 그의 말만 믿지 말고 느긋하게 대응하며 실상을 살피라고 하였다.

명나라의 학자 정선(鄭瑄)도 이렇게 말했다.

"소송을 해결하는 시기는 되도록 늦춰 잡는 것이 좋다. 어떤 사람이 한때의 분이 북받쳐 소장을 제출하려 하다가도 날짜가 조금 지나면 노여움이 풀리고 사건도 가라앉아 서로 화해하여 관청에 오지 않는 경우가 있다. 이 또한 송사를 처리하는 중요한 방법 가운데 하나이다."

이유 없이 소송을 지연시키고 재판과 수사를 미루는 일은 경계해야 하지만, 사안에 따라 완급을 조절하는 것은 필요하다.

골육 간의 송사는 인륜과 천륜의 문제

다산은 천도(天道)와 관계되는 인륜, 골육 간에 벌이는 송사는 더 세심한 주의를 기울이고 원칙을 지켜야 한다고 했다. 인륜을 중시하는 유교주의 국가에서 이러한 송사는 아주 예민한 문제이다.

인륜에 관한 소송은 천륜에 관계되니 제대로 판결하여 명확하게 밝혀야 한다. 골육끼리의 쟁송으로 의(義)를 저버리고 재물에 목숨을 거는 사람은 마땅히 엄하게 징치해야 한다.

다산은 중국에서 일어난 솔로몬의 재판 같은 사건을 소개하였다. 한(漢)나라의 유명한 목민관 황패(黃覇)가 영천 태수로 있을 때 일어난 사건이다.

어떤 부잣집에 형과 아우가 함께 살았다. 맏동서와 아랫동서가 같은 시기에 임신을 하였다. 맏동서가 중간에 유산을 했지만 이 사실을 숨기고 지냈다. 얼마 후 아랫동서가 출산을 했는데 아들이었다. 맏동서는 그 아이가 자기가 낳은 아들이라고 우겼다. 3년에 걸쳐 소송이 이어졌지만 누구의 아들인지 판별하기가 쉽지 않았다. 지금이라면 유전자 감식도 있고, 과학적으로 증명

할 길이 있지만, 당시로서는 쉽게 해결할 수 없는 일이었다.

판결을 내려야 할 날짜가 되어 먼저 아이를 관청으로 데려왔다. 황패는 두 여인을 불러 아이를 데려가라고 했다. 말이 떨어지자마자 맏동서는 악착같이 아이를 붙잡고 끌어당겼으나 아랫동서는 혹시나 다칠까 싶어 제대로 아이를 당기지 못했다. 그 광경을 지켜보던 황패가 맏동서를 엄히 꾸짖었다.

"너는 집안의 재산을 탐내 이 아이를 차지하려는 것이니 어찌 다칠까 걱정하겠느냐."

황패의 지혜가 진짜 어머니를 가려냈다. 아들의 어머니가 되어 부유한 집안의 재산을 상속받으려는 마음뿐인 맏동서와 재산과 관계없이 아들의 몸이 상할 것을 염려한 친어머니의 입장을 재판관이 제대로 읽은 것이다.

오늘날 재산을 두고 골육 간의 쟁송이 얼마나 많이 일어나고 있는가. 재벌가의 왕자의 난이나 형제간의 싸움이 얼마나 흔한 일인가. 재물에 눈이 멀어 효와 의를 저버리는 사람은 엄히 처벌하여 인륜의 기강을 세워야 한다. 재벌이나 세력가의 재판은 언제나 불공정한 재판이라는 말이 유행할 정도이니, 사회정의는 언제쯤 바르게 세워질 것인가.

▍약자의 입장을 고려해야

당시에는 비과학적인 풍수지리설이 매우 성행해서 묘지(墓地)

에 관한 송사가 줄을 이었다. 요즘에는 묘지에 관한 송사가 많
지는 않다. 그러나 이 항목에서 언급하는 묘지에 관한 송사는
묘지에 국한되는 것이 아니라 간혹 마을 전체와 연관되어 지금
으로 보면 재개발 같은 복잡하고 규모가 큰 사업이었다. 이해관
계가 복잡하게 얽힌 일이라 목민관의 대처가 중요했다.

　다산은 "남의 분묘를 파내는 변(變)을 스스로 효도하는 일이
라 생각하니 송사의 판결을 분명하게 하지 않을 수 없다"라고
하면서, 묘지의 송사가 폐습으로 굳어 싸우고 구타하는 살상 사
건이 이로 말미암아 일어난다고 하였다.

　남의 묘를 파헤쳐 몰래 자신의 선조 묘를 쓰거나, 가옥을 없
애고 묘지로 만드는 문제 등은 쉽게 판결할 수 없는 경우가 많
다. 다산은 자신이 직접 목격한 권엄(權襴, 1729~1801)의 예를
들어 뛰어난 목민관의 업적을 제시하였다.

　판서 권엄이 한성 판윤(오늘의 서울시장)으로 있을 때의 일이
다. 당시 임금의 주치의인 강명길(康命吉)이 왕의 은총을 믿고
마음대로 설쳐 조정이나 민간에서 모두 눈살을 찌푸렸다. 강명
길은 서대문 밖 교외에 땅을 사들여 자기 부모를 이장하였다.
그 산 아래에는 민가 수십 호가 있었다. 그는 마을 땅 전체를 사
들여 10월 추수 뒤에는 집을 비우기로 약속을 받았다. 그런데
그해 가을에 흉년이 들어 백성들이 약속을 지키지 못하게 되었
다. 강명길은 종을 시켜 한성부에 고소하였으나 권엄이 백성들
몰아내는 것을 허락하지 않았다.

　하루는 정조 임금이 승지 이익운(李益運, 1748~1817)을 불러,

가만히 한성 판윤을 설득해서 다음 고소 때 아전을 풀어 백성들을 몰아내도록 하라고 하였다. 그 다음날 강명길이 다시 고소하였으나 권엄은 다만 종전의 판결대로 할 뿐 조금도 태도가 달라지지 않았다. 이날 임금이 이익운을 불러들여 책망하였는데, 우레 같은 임금의 노여움에 듣는 사람들 모두 목을 움츠렸다. 이익운이 찾아가 그 사실을 전하자 권엄은 단호하게 말했다.

"백성들이 지금 굶주림과 추위가 뼈가 사무치는 판이거늘 몰아내 버리면 길바닥에서 다 죽을 것입니다. 차라리 내가 죄를 입을지언정 차마 이렇게 해서 백성들로 하여금 나라를 원망하게 할 수 없습니다."

그 다음날 강명길이 또 고소하였으나 종전의 판결을 따를 뿐 조금도 고치지 않으니 듣는 사람 모두가 권엄을 위태롭게 여겼다. 여러 날이 지난 뒤 임금이 이익운에게 일렀다.

"내가 조용히 생각해 보니 판윤의 처사가 참으로 옳았다. 판윤 같은 사람은 만만치 않은 사람이다. 경은 아마 그렇게 못할 것이다."

우리는 이른바 '용산 참사'를 기억하고 있다. 무허가 입주자들이 철거에 반대하여 농성을 하다가 경찰의 무자비한 진압에 끝내는 주민 몇 명이 불에 타 목숨을 잃고 경찰관까지 사망한 사건이다. 혹한에 오갈 곳 없는 불쌍한 입주자를 강제로 몰아내려다가 그렇게 되었다. 법으로 탓할 수는 없다 해도 그렇게 처리하는 것이 올바른 행정은 아니다. 권엄 같은 목민관이 그 일을 맡았다면 그렇게 끔찍한 불상사가 일어났겠는가. 서울시장이나 서울경찰청장이 국민을 위한 행정을 했다면 윗사람의 명령이 있다 해도 그런 방법을 택하지는 않았을 것이다.

요즘에도 강제 철거와 강압적인 행정 집행으로 수없이 많은 사고가 일어난다. 권엄이 권력의 실세가 고소한 사건이라고 법대로만 처리했다면 어떻게 되었겠는가. 오늘의 목민관이 마음에 새겨야 할 교훈이다.

고리대금과 위조문서 근절

송사를 둘러싼 갈등의 주체는 다양하다. 사족(士族)과 사족 사이는 물론이고, 토족(土族, 사족과 농민의 중간 신분)과 하호(下戶, 가난한 백성) 간에도 송사가 발생한다. 대등한 권력자 사이의 송사도 어렵지만 상하위 계층 사이의 송사는 더 복잡한 양상을 띤다. 이런 경우 한쪽으로 기울어짐 없이 공정하게 판결을 내리는 것이 중요하다. 재벌이나 권력자는 가벼운 형벌을 받고, 약자나 가난한 사람은 무거운 형벌을 받는 일이 조선시대에도 있었지만 '유전무죄 무전유죄'라는 개념은 오늘날에도 사라지지 않은 불공정의 표본이다. 다산은 법의 근본 취지에 어긋나지 않으면서 힘없고 약한 사람의 편을 드는 관대한 판결을 해야 한다는 주장을 펼쳤다.

다산은 여러 면에서 미래를 내다보는 선각적인 사상을 지닌 학자지만 흠결이 하나 있다면 노비 문제에서는 전혀 선각적이지 않았다는 점이다. 노비에 관한 송사는 법조문에 구애받지 말고 인정을 참작하여 너그러운 판결을 해야 한다고 했으나, 끝내 노비제도 폐지에 대한 주장은 하지 않았다.

그 시대에는 곡식이나 돈을 빌리고 갚는 채대(債貸)에 대한 소송이 끊이지 않아 큰 사회 문제가 되었다.

채대에 대한 송사는 마땅히 융통성이 있어야 한다. 때로는 엄중하게 빚을 독촉하기도 하고 때로는 은혜롭게 빚을 덜어 주기도 해야지, 군이 원칙만 고집해서는 안 된다.

다산은 사채 이자를 지나치게 많이 받는 사람은 『경국대전』에 따라 곤장 80대로 처벌해야 한다고 주장했다. 조선왕조 초기에는 돈을 사용하지 않아 사채의 폐단이 심하지 않았고 법규가 느슨했다. 하지만 숙종 이후로 돈이 크게 유통되자 사채의 폐단이 날로 증가해 일반 백성의 몰락이 거의 사채로 인해 생겼다. 고리대금으로 인한 약자의 파탄을 막아야 하니 그에 대한 판결이 무엇보다 공정해야 함은 두말할 나위가 없다.

파락호나 건달이 남의 재산을 편취하는 문제에도 마음을 기울여야 한다고 했다. 마조강패(馬弔江牌, 마작 등의 노름)로 재산을 다 탕진하고 없는데 어떻게 처리해야 하느냐의 예도 들었다. "그의 집이 지극히 가난하여 쥐어짜도 나올 것이 없을 경우에는 마땅히 본인을 잡아다가 함께 도박한 무리와 도박판을 벌인 주인을 찾아내어 내기에 걸었다가 잃은 돈과 음식, 등촉(燈燭) 등의 비용으로 받은 돈을 모두 토해 내게 하여 원래의 금액을 채워서 돈을 편취했던 원주인에게 돌려주어야 한다."

돈을 빌려 노름으로 탕진해 채권자에게 갚지 못하는 경우의 해결책을 제시한 것이다.

소송사건 심리에 대해 다산은 명확한 입장을 밝혔다.

송사를 판결하는 근본은 오로지 권계(券契)에 있으니, 명석한 목민관이라면 그 깊은 간계를 들춰내고 숨겨진 비위 사실을 밝혀내야 한다.

공문서인 질제(質劑)는 위조하기가 쉽지 않다. 그러나 사문서인 권계는 얼마든지 위조하거나 변형할 수 있다. 그걸 밝혀내는 일이 송사 판결의 핵심이라는 것이 다산의 주장이다. 과학적인 수사가 발전한 오늘날에도 위조한 문서가 끊임없이 나오고 있으니 구시대야 말해서 무엇하겠는가. 위조문서와 더불어 가짜 뉴스가 판치는 오늘날, 그 진위를 제대로 밝히는 일 또한 중요하다.

밝게 살피고 신중하게 생각하라

형전의 두 번째 조항인 '단옥(斷獄)'에는 사법 개혁에 관련된 내용이 담겨 있다. 단옥이란 옥에 갇힌 죄수에 대해 죄의 유무와 경중을 판단한다는 뜻이다. 요즘으로 보면 판결을 내리는 일이다.

다산은 형벌에 관한 기본적인 법의식과 살인죄에 대해서는 『흠흠신서』에 상세히 거론했기 때문에 이 조항에서는 그에 대한 내용을 생략한다고 하였다. 『흠흠신서』는 『경세유표』, 『목민심서』와 함께 다산의 3대 저서로 꼽히는 책이다.

다산은 재판의 대원칙을 이렇게 밝혔다.

옥사(獄事)를 판결하는 요체는 밝게 살피고 신중하게 생각하는 데 있다. 한 사람의 생사가 나 한 사람의 살핌에 달려 있으니 밝게 살펴야 하며, 사람의 생사가 나 한 사람의 생각에 달려 있으니 신중하게 처리해야 한다.

이 원칙은 다산 자신의 생각에서 나온 것이 아니다. 『주역(周易)』의 "밝게 살피고 신중하게 생각해서 형벌을 집행하되 죄수를 오래도록 옥에 가둬서는 안 된다(明愼用刑, 而不留獄)"라는 성현의 말씀에 의거한다.

밝게 살피기만 하고 신중하게 생각하지 않으면 뜻밖의 판결에 억울함이 많을 것이요, 신중하게 생각하기만 하고 밝게 살피지 못하면 일이 지체되어 결단하기 어렵다. 다산은 제갈공명(諸葛孔明)의 『편의십육책』에 실린 재판에 대한 지혜를 소개했다.

"옥사를 결단하고 형벌을 내릴 때에는 공평하지 않을까를 걱정하라. 그대는 옥사를 다룰 때, 그 사람의 들어오고 물러가는 동작을 유심히 살피고, 말소리와 시선을 잘 살펴야 한다. 얼굴에 두려움이 있고 말소리가 애달프며 들어오는 걸음은 빠르고 나가는 걸음은 더디며 뒤돌아보고 한숨을 짓는 것은 원망하고 괴로워하는 태도이니 그런 사람은 불쌍히 여겨야 한다. 고개를 숙이고 훔쳐보거나 곁눈질하고 뒷걸음을 치거나 숨을 헐떡거리고 몰래 엿듣는 것 같거나 말을 더듬거리고 속마음으로 계산하거나 말이 조리를 잃거나 들어올 때는 더디고 나갈 때는 빠르거나 감히 뒤돌아보지 못하는 태도는 죄를 지은 사람이 빠져나가고자 하는 것이다."

요약하면, 죄를 짓지 않은 사람의 말씨나 얼굴 모습, 행동거지는 죄를 지은 사람과는 여러 면에서 차이가 나기 때문에 재판관은 그런 피의자의 말씨와 행동거지 등을 면밀히 살펴야 한다는 내용이다. 눈의 시선, 얼굴 모습, 두려워하는 태도 등을 면밀히 살피면 반드시 죄의 유무를 판단하는 실마리를 찾을 수 있다는 것이다. 관찰력이 뛰어나고 사리 판단에 밝은 사람이 재판 업무에 관여해야 한다는 뜻도 담겨 있다. 그래서 명수사관, 명재판관이 있기 마련이다.

▌죄인을 긍휼히 여기라

재판에 대한 다산의 지혜는 치밀하고 넓다. 반드시 형벌을 내리겠다는 목적으로 개인의 사생활을 꼬치꼬치 살피는 일은 허용하지 않는다. 남의 목숨과 인격을 말살해서라도 재판관 자신의 명예를 유지하기 위한 재판도 곤란하다. 재산의 정도에 따라 죄의 유무를 가리는 이른바 '무전유죄 유전무죄(無錢有罪有錢無罪)'의 판결을 하면 천벌을 받는다고 했다. 한결같이 공정하고 공평한 재판을 요구한 것이다. 그래서 유능하고 현명한 재판관의 위대함이 어떤 것인가도 설명했다.

"지극히 원통한 일을 당하여 하늘에 호소해도 응답이 없으며, 땅에 호소해도 응답이 없으며, 부모에게 호소해도 역시 응답이 없는데, 홀연히 한 재판관이 나타나 옥안(獄案, 재판 기록)을 조사하고 그 뿌리를 밝혀내어 죄 없는 보통 사람으로 풀어 준 뒤라야 형관(刑官, 판사·검사)의 위대함을 알게 된다."

다산은 특히 현명한 재판관은 대형 옥사가 일어나 많은 사람이 연루되었을 때 죄 없는 사람이 억울한 옥살이를 하지 않도록 최선의 노력을 기울여야 한다고 했다.

큰 옥사가 만연하면 억울한 사람이 열에 아홉은 될 것이니, 자기 힘이 미치는 범위 내에서 가만히 구해 주고 석방해 줄 것이다. '덕을 심고 복을 맞이하는(種德徼福)' 일로 이보다 더 큰 것이 없다.

다산은 명재판관, 명수사관이란 칭호를 받으려는 욕심으로 인해 가혹한 수사와 판결이 내려지는 것을 경계했다. 당나라의 시인 피일휴(皮日休)는 『녹문은서(鹿門隱書)』에서 이렇게 말했다. "옛날의 재판은 그 죄인의 진상을 파악하고 슬퍼했는데, 오늘날의 재판은 죄인의 진상을 파악하면 기뻐한다. 슬퍼하는 것은 교화가 행해지지 못함을 슬퍼하는 것이요, 기뻐하는 것은 훌륭한 재판관이라고 포상이 내릴 것을 기뻐하는 것이다." 세상을 걱정하고 백성을 긍휼히 여기는 정신에서 벗어나, 공로를 인정받을 것만 생각하는 재판관의 공명심을 비판한 내용이다.

난이 일어났을 때 그 수괴(首魁)는 처형할 것이지만 연좌된 사람은 관대히 처리해야 억울한 사람이 없을 것이다.

우리 현대사의 독재정권 시절에는 집단 항의나 조직적 항쟁의 경우 샅샅이 구속시켜 모두에게 벌을 주던 폭압적인 정치를 자행했다. 가혹한 독재에 항거하다가 얼마나 많은 시위 가담자가 가혹한 처벌을 받았던가. 수괴라고 지목된 사람의 죄도 불분명한데 가담한 모두를 엄벌했던 것은 아직도 시대의 아픔으로 남아 있다.

증거가 불분명하고 뚜렷한 증인이 없어 결론을 내리기 어려운 의심스러운 옥사의 경우는 어떻게 할 것인가?

의심스러운 옥사는 밝히기가 어려우니, 평번(平反, 증거나 증인이 불확실한 경우 가벼운 쪽으로 처리함)에 힘쓰는 것은 세상에서 가장 착한 일이요, 덕의 바탕이다. 疑獄難明, 平反爲務, 天下之善事也, 德之基也.

다산은 덕이 높은 재판관이라면 죄를 명백히 밝히지 못하는 경우 선처하는 쪽으로 결론을 내려야 한다고 했다. 만일 판결을 내리지 못해 오래도록 감옥에 가둔 경우에는 빚을 면제해 주어야 한다. 재판을 끌면서 감옥에 가둬 두는 것도 죄악이다. 또한 끝까지 범죄 행위를 밝혀낼 수 없다면 풀어 주는 것이 당연하다.

"명백한 판단으로 즉석에서 판결하여 막히고 걸리는 것이 없으면 음산한 날씨에 벼락 치듯 맑은 바람으로 씻어 버린 듯할 것이다"라는 다산의 말은 인권을 중시하는 법의식의 발로이다.

재판 지연과 고문 금지

현대의 재판에서도 재판을 지연하고 사건을 계속 미루는 일은 인권보호 차원에서 참으로 후진적이라 할 수 있다. 민사사건에서도 재판의 지연은 문제이지만 인신이 구속된 상태의 형사재판은 참으로 큰 문제이다. 특히 형사사건에서 신속한 재판을 강조한 다산의 뜻은 참으로 선진적인 법의식이었다.

"죄수를 옥에 계류시키지 않는다(不留獄)"라는 『주역』의 지혜는 형전(刑典)의 대원칙임을 새삼스럽게 인식해야 한다. "판사는 미루면서 죄수들을 괴롭힌다"라는 '교도소 문자'에 내포된 모순을 다산은 명확하게 인식하고 있었다. 공평하고 공정하면서도 신속한 재판을 요구했던 다산의 뜻이 오늘에도 제대로 시행되지 못함을 느끼면서 그의 지혜를 본받을 것을 염원해 본다.

인간의 목숨을 죽이기도 하고 살리기도 하는 것이 재판관이라는 인간이 하는 일이다. 그런데 사람을 죽이고 살리는 일이야말로 하늘의 권한이지 절대로 인간의 권한이 아니다. 하늘만이 할 수 있는 권한을 인간이 대행하는 이유는 무엇일까. 이 점에 대하여 다산은 그의 유명한 저서 『흠흠신서』 서문에서 하늘의 뜻을 법관이 대행한다는 의미라고 하였다.

"오직 하늘만이 사람을 살리기도 하고 또 죽이기도 하니, 사람의 생명은 하늘에 매여 있다. 그런데 목민관(법관)이 그 중간에서 선량한 사람은 편안히 살게 해 주고, 죄지은 사람은 잡아다 죽이기도 하고 벌을 주기도 한다. 이는 하늘의 권한을 드러내 보일 뿐이다."

하늘의 권한을 사람이 대행하면서 잘못된 판단으로 오판을 한다면 어떻게 해야 하는가?

다른 일이야 잘못을 그대로 두어도 다만 자기 한 사람의 허물이 될 뿐이지만 옥사는 잘못을 그대로 두면 남의 생명을 해치는 것이다. 반드시 하늘의 재앙이 있을 것이니 이런 일은 마땅히 특별히 살펴야 한다.

착각하여 그릇된 판결을 하였다가 그 잘못을 깨달으면 과실을 얼버무리지 않는 것이 군자다운 행실이다. 하늘의 재앙을 면하기 위해서라도 과실을 바로잡는 일에 소홀해서는 안 된다.

처벌 수위에 대한 내용도 자세하다. "법에 허용되지 않는 경우에는 마땅히 의(義)로써 결단해야 한다. 악을 보고도 미워할 줄 모르는 것은 이 또한 사나이의 인(仁)이 아니다"라고 하여 죄는 죄대로 처벌하고 죗값을 치르도록 해야지, 음덕을 베푼다는 명분으로 죄 있는 사람을 쉽게 풀어 주면 안 된다고 하였다. 다만 죄인을 불쌍히 여기는 마음을 지녀 가혹한 처벌을 능사로 여기지 말라고 하였다.

혹독한 관리로 참혹하고 각박하게 해서 오로지 법조문만을 따지고 자신의 위엄과 밝음을 드러내고자 하는 사람은 대부분 그 뒤끝이 좋지 않다.

범죄자의 정상도 참작하고 재판관의 재량권도 활용하여 관대한 조치를 취하는 쪽이 좋다는 뜻이다. 그러려면 기본적으로 법률 지식이 풍부해야 한다. 율서(律書, 법률서적)와 형명학(刑名學, 형법이나 형사소송법)에 어두우면 올바른 재판을 할 수 없다. 목민관은 크든 작든 옥사를 다룰 임무가 있으므로 시부(詩賦)뿐만 아니라 율서나 형명학에 대한 전문적인 지식을 지녀야 한다. 특히 인명에 관한 옥사는 더욱 전문적인 수사와 재판이 필요하기 때문에 자신이 『흠흠신서』를 저작했다고 했다.

수사와 재판 과정에서 일어나는 가장 큰 문제의 하나는 고문제도이다. 다산은 비인도적이고 가혹한 고문은 원칙적으로 반대한다는 입장이었다.

옥사는 체통이 극히 중대한 일이다. 검장(檢場)에서 공초를 받을 때에는 본래 고문을 가하는 법이 없는데, 오늘날 재판관은 법례(法例)에 통달하지 못하여 고문을 남용하고 있으니 크게 잘못된 일이다.

요즘의 실정을 보면 목민관은 행정에 익숙하지 못하고 아전은 무식하여 검장에서 공초를 받을 때 엄하게 매질과 곤장질을 하고 몽둥이로 갈빗대를 내리친다. 고통이 극심한데 누가 감히 참아 내겠는가. 없는 것을 있다고 하고 허위를 얽어 사실로 만들어 억울한 옥사를 이루니 이것이 이른바 단련성옥(鍛鍊成獄, 고문으로 옥사를 성립시킴)이다. 나라의 법전에도 위배될 뿐만 아니라 반드시 귀신의 화를 입을 것이니 절대로 그렇게 하면 안 된다.

다산은 법에 없는 고문제도가 시행되는 잘못을 지적하며 고문으로 가짜 범죄자를 조작하는 악폐를 강력히 금지해야 한다고 했다. 200년 전에도 다산은 고문의 악습을 소리 높여 비판했는데 최근까지도 고문으로 간첩을 조작하는 사건이 있었으니, 얼마나 통탄스러운 일인가.

다산은 합리적이고 순리적인 수사 방법에 대해 이렇게 말했다. "애매한 사건이 일어난 경우에는 순리로 따져 물어서 이치에 어긋나는 말을 잡아 반복해서 힐난하면 혹 말이 막히고 사리에 맞지 않아 진정(眞情)을 토로하지 않을 수 없을 것이니, 왜 실정을 파악하지 못할까 걱정하겠는가."

또 『무원록(無冤錄)』이라는 법률서적을 인용하여 "신문할 때 고문하거나 위협해서는 안 된다는 것이 국가의 규정된 법령으로 지극히 엄격하게 되어 있는데, 근래에 고문과 위협을 함부로 행하는 경우가 많으니 심히 법의 본의에 어긋난다. 모름지기 순리로 생각하고 궁리해서 그 실정과 허위를 판단할 일이요, 절대로 곤장질이나 형신(刑訊, 매나 몽둥이로 때리면서 신문함) 및 장당(杖撞, 신문하면서 막대로 찌르는 고문) 등의 고문을 해서는 안 된다"라고 하였다.

무고(誣告)하는 악습도 철저히 조사하여 엄하게 처벌하고 반좌율(反坐律, 되갚아 주는 법)에 의거하여 처벌해야 한다고 했다. 『대명률』에 따르면, 무고한 사람은 각각 무고한 내용의 죄에 2등 혹은 3등을 더하여 사형에까지 이른다. 무고당한 사람이 이미 처형된 경우에는 반좌율에 따라 사형시키고, 미결인 경우에는

100대의 장(杖), 3000리 유형(流刑)에 역(役) 3년을 추가한다.

또한 "고발하겠다, 하지 않겠다 하면서 사사로이 공갈하여 뇌물을 토색하는 경우를 도뢰(圖賴)라고 하는데 그 처벌 규정이 조금 가볍고, 관에 고발하여 곧바로 옥사를 꾸미려고 하는 경우는 반좌율을 적용하니, 옥사를 담당하는 사람은 마땅히 두 가지를 세밀히 고찰하여 법대로 하도록 하라"고 하였다. 잘못 판단하면 가벼운 처벌을 받을 수 있으니, 세밀하게 관찰하라는 뜻이다.

수사와 재판에는 반드시 정해진 기일이 있다. 특별한 이유 없이 수사 기일을 어기고 재판 기일을 어기는 일은 인권에 절대적인 영향을 미친다. 이 점에 대해서도 분명한 원칙을 제시하였다. "크고 작은 옥사의 판결은 모두 일정한 시한이 있는데 세월을 끌어 죄인을 늙어죽도록 버려두는 것은 법이 아니다."

다산은 『경국대전』의 규정을 인용해 재판 기한을 밝혔다.

"무릇 옥사를 판결함에 있어 대사(大事, 사형죄)는 기한이 30일, 중사(中事, 도형과 유배의 죄)는 20일, 소사(小事, 태형과 장형)는 10일을 기한으로 한다. 사증(辭證, 소송 당사자가 제출한 증거)이 다른 지방에 있는데 사안이 필히 참고하고 추궁해야 할 경우는 그곳의 멀고 가까움에 따라 가고 오는 날짜를 제하고서 역시 그 기한 내에 판결을 마쳐야 한다."

법이 본래 이런데도 인명을 무작정 구속해 두어서 예사로 10년을 넘기는 경우도 있다고 하였다.

수사와 재판의 기일을 어기는 문제는 예전의 일만이 아니다.

현대에도 적정 기일 안에 수사와 재판을 끝내는 일은 인권 문제와 매우 큰 관계가 있다. 특히 재판에서 기일을 계속 연장하는 문제는 반드시 검토해야 할 일이다.

단옥의 마지막 문제는 보고(保辜) 기한이다. 보고란 상해당한 사람의 생사가 판명될 때까지 가해자로 하여금 돌보게 하면서 처벌을 보류하는 것이다. 이후에 치료가 끝나거나 결과가 나온 뒤 가해자를 처벌하게 된다. 보고의 기한은 범죄에 따라 같지 않으므로 정확하게 판단하여 불공평한 재판이 없어야 한다고 했다.

결론적으로 불공정한 수사와 재판이 없어야 하고, 억울한 피해자가 없어야 한다는 것이 '단옥'에 대한 다산의 기본 원칙이었다. 특히 살인죄나 형사사건에서 '기기무원왕(冀其無冤枉)', 즉 억울한 사람이 없기를 바라서 『흠흠신서』를 저작한다는 다산의 뜻은 『목민심서』의 단옥 조항에 그대로 반영되어 있다.

오늘날의 수사관이나 재판관, 다른 것은 지나치더라도 다산의 『목민심서』 '단옥' 조항만은 반드시 읽기를 권장해 마지않는다. 이제는 고문이라도 완전히 폐지되어야 하지 않겠는가. 하늘이 무서운 줄 알라는 뜻이 거기에 담겨 있다.

3 ─────── 신형愼刑 : 신중한 형벌

▌ 형벌은 하늘의 권한이다

사람에게 형벌을 내리는 일은 재판관의 권한이 아니라 하늘의
권한이라는 것이 다산의 뜻이다. 재판관은 하늘의 권한을 대행
하므로 신형(愼刑), 즉 형벌을 신중하게 다루어야 한다. 이 조항
에서는 이러한 원칙에 따라 재판관이 갖추어야 할 자세와 형벌
의 제반 문제에 대해 언급하였다.

『목민심서』를 저작하기 전 귀양살이하던 강진에서 있었던 일
이다. 다산은 이웃 고을인 영암의 군수로 있는 젊은 목민관 이
종영(李鍾英)에게 형벌은 신중하게 내려야 한다는 내용의 글을
보냈다.

목민관이 형벌을 내릴 때는 마땅히 세 등급으로 나누어야 한다.

대체로 민사(民事)에는 상형(上刑)을, 공사(公事)에는 중형(中刑)을, 관사(官事)에는 하형(下刑)을 쓴다. 사사(私事)에는 형벌을 쓰지 않는 것이 좋다.

이후에 『목민심서』를 쓰면서 이 말을 '신형' 조항의 첫머리에도 옮겨 놓았으니, 다산이 형벌을 얼마나 중요하게 생각했는가를 알 수 있다.

민사란 전정(田政), 부역(賦役), 군정(軍政), 곡부(穀簿), 송옥(訟獄) 등 백성과 관계 있는 일이다. 관리나 향갑(鄕甲, 지방의 책임자)이 혹 속여먹으며 농간질하고 침학하여 백성에게 해를 끼치는 일이 민사에 해당된다. 백성을 괴롭히고 손해를 입힌 관리에게는 가장 무거운 형벌인 상형을 내리라는 말이다.

공사란 조운(漕運), 납세, 공물, 물선(物膳, 진상품이나 토산품을 바치는 일), 경사(京司, 중앙 관서)와 상사(上司, 상부 관청)에 수납하는 물건과 공문 기한 등 일체의 공무집행에 관한 일이다. 관원이나 고을 책임자가 포흠을 져서 결손이 많아지고, 일이 지연되어 기일을 어기는 등의 일이 이에 속한다.

관사는 제사, 빈객, 전수(典守, 법과 관례를 지키는 일), 책응(策應, 정책을 건의하는 일), 조알(朝謁, 관속들이 목민관에게 인사하는 일)의 예절, 공봉(供奉, 목민관을 대접하는 일) 등 일체의 고을 사무이다. 관부(官府)를 유지하는 일에 관아의 벼슬아치나 이속들이 삼가지 않고 부지런하지 않아 법령을 어기는 경우가 이에 해당된다. 즉, 관청을 유지하는 업무가 바로 관사이다.

지금으로 보면 징계권을 지닌 목민관이 아랫사람의 잘못에 어떤 형벌을 내려 징계할 것인가에 대한 내용이다. 이런 내용이야말로 다산의 선구적인 인권 의식과 백성을 주인으로 모셔야 한다는 공직윤리의 대표적인 사례의 하나가 아닐 수 없다. 백성들의 이해(利害)에 관계되는 잘못에는 가장 무거운 징계를 내리고, 공사·관사는 아래 등급에 해당하는 형벌을 내리라는 주장이 얼마나 탁월한 민권 의식인가.

더구나 목민관의 가정일이나 개인 일에 해당하는 사사(私事)에 잘못을 저지르는 공직자에게는 일체의 형벌을 내려서는 안 된다는 다산의 공직윤리가 더욱 돋보인다. 사사란 목민관의 가정 일이나 부모, 형제, 처자식 등에 관계되는 일이다. 이러한 일에 관원들이 잘못을 저질렀다 해도 절대로 징계하면 안 된다고 했으니, 공(公)과 사(私)를 명확히 구별해야 한다는 다산의 정신은 역시 본받지 않을 수 없다.

이처럼 세 등급으로 나눠 형벌을 내리고 징계할 때 목민관의 직무가 어떤 깃인가에 주안점을 두고, 백성을 괴롭히거나 백성에게 손해를 끼치는 사안에는 반드시 중벌을 내려야 한다는 다산의 생각을 깊이 이해할 필요가 있다.

앞으로 거론할 '금포(禁暴)' 조항에서 다시 언급하겠지만, 다산은 "토호들의 무단적인 행위는 연약한 백성들에게는 승냥이나 호랑이와 같다. 승냥이와 호랑이의 피해를 제거하여 양 같은 백성들이 편안히 살아갈 수 있도록 해주는 것이 목민관이다(土豪武斷, 小民之豺虎也. 去害存羊, 斯謂之牧)"라고 했는데, 이 '신형' 조항에서도 "하물며 목민관의 직책이 시랑을 물리치고 양들이 편하게 살도록 하는 일에 있음에랴(況牧之爲職, 在乎去狼以牧羊)"라고 다시 한 번 강조하였다. 이에 따라 관리가 백성을 괴롭히고 해(害)를 끼치면 가혹한 형벌을 내리라고 한 것이다.

목민관은 남형을 경계해야

죄의 경중에 따라 형벌도 경중이 있지만, 목민관이 집행할 수 있는 형벌에는 반드시 등급이 있다. 허용된 범위 이상의 형벌을 가하면 남형(濫刑)이 된다. 남형의 잘못을 저지르지 않기 위해서도 형벌을 신중하게 하라는 '신형'의 의미를 잊어서는 안 된다.

형벌에는 오형(五刑)이 있다. 묵(墨, 이마에 먹물로 글자를 새김), 의(劓, 코를 베는 것)·비(剕, 발뒤꿈치를 베는 것), 궁(宮, 거세함), 살(殺, 사형)은 옛날의 오형이다. 다산 당시에는 태(笞)·장(杖)·도(徒)·유(流)·살(殺)을 오형이라 했다.

각각의 형벌은 법률에 따라 정확히 집행하는 것이 중요하다. 목민관이 시행하는 형벌은 태 50대 이내에서 스스로 결정해야 한다. 군무에 관련된 일 외에 곤장을 사용하면 남형률에 위배된다. 그런데 관습이 흐려져서 지방관이 곤장을 쓰는 경우가 많아졌다. 이는 죄인의 고통을 도외시하는 비인간적인 처사라고 다산은 강하게 비판했다.

이제 다산의 형벌에 대한 철학을 알아볼 순서이다.

『서경』의 여형(呂刑)편에 '형기무형(刑期無刑)', 즉 '형벌이 없어지기를 바라서 형벌을 내린다'는 철학이 있다. 다산 또한 그런 철학을 견지했다.

형벌은 백성을 바르게 인도하는 최후의 방법이다. 목민관이 자신을 제대로 다스려 법을 지키고 엄정하게 임하면 백성이 죄를 짓지 않게 된다. 이렇게 되면 형벌을 폐지해도 좋다. 刑罰之於以正民末也. 律己奉法, 臨之以莊, 則民不犯. 刑罰雖廢之可也.

목민관 자신이 솔선수범하고 법을 제대로 지키면 일반 백성은 목민관을 따라 하느라 벌 받을 일을 하지 않으니, 형벌은 없어질 수밖에 없다는 것이 다산의 뜻이었다. 다산은 『중용』을 인용하여 이 부분을 더 강조했다.

"성색(聲色, 큰 호령과 무서운 얼굴 표정)으로 백성을 교화하는 것은 말단의 방법이며, 형벌로 바르게 하는 것도 말단의 방법이다. 목민관 자신이 바르면 백성이 바르게 되지 않을 수 없고, 목민관 자신이 바르지 않으면 비록 형벌을 가하더라도 바르게 되지 않는다. 천지가 생긴 이래로 이 이치는 항상 그랬다."

솔선수범의 원칙만이 세상을 교화시키는 근본이라는 뜻을 분명히 하였다. 앞에서 이미 거론했던 「율기(律己)」, 「속리(束吏)」 등에서 제 몸을 바르게 처신해야 남을 승복시킬 수 있다는 주장과 궤를 같이하는 내용들이다.

어진 목민관의 예를 들어 완형(緩刑, 너그럽고 느슨한 형벌)을 권장하는 일도 언급하였다.

유관(劉寬)은 세 고을의 원님을 지냈는데 온화하고 인자하여 용서하는 일이 많았다. 그는 "백성을 형벌로 다스리면 법에 걸리지 않으려고만 하지 부끄러운 마음은 갖지 않는다"라고 하면서 아전이나 백성이 잘못을 저지르면 가벼운 매로 벌하여 욕을 보이는 정도로 끝냈다.

큰 죄를 짓지 않았는데 한때의 분한 마음을 참지 못해 함부로 형장을 사용하는 것은 큰 죄악이다. 자신의 감정 때문에 가혹한 처벌을 하는 일은 없어야 한다. 다산은 가혹한 형벌을 피하고 너그러운 형벌을 내려야 역사에 기록되어 꽃다운 향기를 후세에 전한다고 하였다.

다산은 이 조항에서 인도주의적인 법률 적용을 추구했다. 당시 사회적 약자인 여성에게는 큰 죄가 아니면 형벌을 내리지 않는 것이 마땅하며, 늙은이와 어린아이는 법적으로 고문을 할 수 없다.

도적에게 적용하는 악형(惡刑)을 일반인에게 가하면 안 된다. 악형에는 발가락을 뽑아 버리는 '난장(亂杖)'과 두 나무를 정강이 사이에 얽어 끼우는 '주뢰(周牢)' 두 가지가 있는데, 이런 혹독한 형벌을 일반 백성에게 사용한다면 그것이 어떻게 인간이 인간에게 주는 벌이라고 하겠는가. 흉악범이 아닌 일반인의 범죄에는 정황을 잘 살펴 너그러운 쪽으로 판결을 해야 한다.

인명을 존중하는 인도주의적 법의식에 뛰어났던 다산의 형벌관은 오늘에도 본받을 점이 많다.

4 ─────── 휼수恤囚 : 죄수를 불쌍히 여김

감옥은 이승의 지옥이다

『목민심서』12편 모두 중요하지 않은 편이 없으나 특별히 『형전』에는 현대인에게도 적용되는 내용이 많아 그 귀중함이 더 돋보인다. 『형전』 네 번째 조항인 '휼수'에는 다산의 인도주의적인 형벌관이 반영된 내용이 많이 들어 있다. 약자에 대한 배려, 감옥이라는 고통스러운 장소에서 신음하는 죄수에 대한 연민은 누구나 실천으로 옮겨야 할 인간 사랑의 정신이다.

휼수란 감옥에 갇힌 죄수를 긍휼히 여기라는 뜻인데, 다산은 감옥이 어떤 곳인가부터 설명을 시작했다.

감옥이란 이승의 지옥이다. 어진 사람이라면 반드시 감옥에 갇힌 죄수들의 고통을 살펴야 한다. 獄者, 陽界之鬼府也. 獄囚之苦,

仁人之所宜察也.

우리가 알고 있는 지옥이란 사람이 죄를 짓고 살다가 죽으면 가는 곳이다. 다산은 감옥이란 땅 위, 즉 이승의 지옥이어서 살아서 죄를 지은 사람이 가는 곳이라고 풀이했다. 감옥이 왜 지옥인가. 감옥에 갇히면 다섯 가지의 고통을 겪게 되기 때문이다.

그래서 감옥이 지옥이 아니라 잘못을 뉘우치고 반성하여 다시는 범죄를 저지르지 않는 곳이 되기 위해서는 최소한 다섯 가지의 고통을 덜어 주는 형사정책을 세워야 한다는 것이 다산의 뜻이었다.

다섯 가지 고통의 첫 번째는 형틀의 고통이다. 사람이라면 형틀에 묶여 있는 고통을 견디기 어렵다. 칼을 목에 씌우는 형벌은 옛날에는 없었고, 뒷세상에 생긴 일이니 없애야 한다.

두 번째는 토색질당하는 고통이다. 간수가 죄수를 협박하여 재물을 빼앗아 가는 고통이다. 감옥 안에서 당하는 토색질은 동이가 엎어져 햇빛이 들어가지 못하는 것처럼 어쩔 수 없이 당하는 억울한 일이다. 절대 못 하도록 철저한 감시와 조치가 필요하다. 지금이야 많이 개선되었다고는 하지만 얼마 전까지만 해도 감방의 토색질은 참으로 수인을 괴롭히던 악행이었다.

세 번째는 질병에 시달리는 고통이다. 가정에서 편안하게 지낼 때도 병이 들면 고통이 심한데, 감옥에서 질병을 앓는다면 그 고통이 어떠하겠는가.

"실제로 병이 있어도 간수가 보고하지 않는 경우가 있고, 병

이 아닌데도 간수가 거짓으로 보고하는 경우도 있다. 대개 간수
는 죄수 보기를 개·돼지같이 하며 별로 마음에 두지 않는다. 처
음 조금 아플 때는 살펴보지 않다가 위독하게 되어서야 목민관
에게 알리고 심지어는 죽은 뒤에야 보고한다. 간수는 재물이 있
는 죄수에게 꾀병을 앓도록 만들고 교묘하게 말을 꾸며 석방되
도록 꾀한다. 목민관이 점검할 때에는 친히 자세히 살펴야 하고,
의원을 불러 치료할 때에도 병세의 차도를 보고토록 한다. 병세
가 심한 경우에는 친속의 책임 아래 보석하여 데려가도록 한다."

다산은 환자에 대한 배려가 매우 중요하다고 강조하며 부자
와 가난한 죄수의 병을 달리 취급하는 문제까지 세세하게 짚었
다. 오늘날 재벌이 구속되는 경우와 서민이 구속되는 경우에 일
어나는 일을 생각해 보면 충분히 이해가 가는 내용이다. 감옥의
부패는 예전과는 다르지만 지금에도 근절되지 않았음을 염두에
두어야 한다.

네 번째는 춥고 배고픈 고통이다.

감옥은 이웃 없는 집과 같고 죄수는 걸어 다니지 못하는 사람과
같으니, 한번 추위와 굶주림이 있게 되면 죽음이 있을 뿐이다.

오늘날 춥고 배고픈 고통은 개선된 것이 사실이나 혹한이나
혹서 때 관리자는 고통을 덜어 주는 배려를 아끼지 않아야 한
다. 1960년대나 70년대까지도 감옥은 정말 춥고 배고픈 곳이
었다.

죄수의 절박함을 공감해야

다섯 번째는 수사나 재판 지연으로 오래 갇혀 있는 고통이다. 사건에 따라 다르겠지만, 가능한 신속한 수사와 재판을 통해 오랜 구속 상태에서 벗어나는 조치를 취해야 한다. 『흠흠신서』를 보면, 미결 상태로 오랜 세월 감옥에 갇힌 사례가 매우 많았음을 알 수 있다.

옥에 갇힌 죄수가 출옥하기를 기다리는 것은 긴 밤에 새벽을 기다리는 것과 같다. 다섯 가지 고통 중에 판결이 지연되는 게 가장 괴롭다.

석방할 죄수까지 처리가 늦어져 오랫동안 감옥에 갇혀 고통에서 벗어나지 못하는 불행을 막기 위해 신속한 처리가 필요하다.

목민관은 죄수 개개인의 절박한 처지에도 마음을 써야 한다. 명절을 당하면 죄수들에게 귀휴(歸休) 조치를 취하는 것도 좋은 방법이다. 명절날 죄수가 자기 집에 돌아가는 것을 허락하면 은혜와 신의에 젖어들어 도망하는 사람이 없을 것이다.

오랫동안 감옥에 갇혀 가정을 떠나 생리(生理, 부부생활로 자녀 낳는 일)가 끊어지게 된 사람은 그 정상과 소원을 받아들여 자비와 은혜를 베풀어 주어야 한다.

자손을 남기지 못하고 죽어야 하는 죄인에게 본인이나 가족이 원하는 경우라면, 동숙의 기회를 주어 자녀를 낳도록 해야 한다는 것이다. 이런 주장은 다산이 얼마나 인도주의적인 학자였는가를 잘 보여 준다. 법학자들의 의견에 따르면 서양의 어떤 나라 법률에도 그런 조치가 있는 법은 보지 못했다고 한다. 근래 우리나라에 이러한 조치를 하는 교도소가 있다고 한다.

다산은 이 다섯 가지가 줄기가 되어 천만 가지의 고통이 여기에서 파생된다고 했다. 사형수는 점차 죽음에 나아갈 것인데 먼저 이런 고통을 당해야 하니 그 정상이 불쌍하고, 죄가 가벼운 죄수도 똑같이 이 고통을 당해야 하니 역시 불쌍하고, 억울한 죄수는 엉뚱하게 모함에 걸려 이 고통을 당해야 하니 불쌍하다. 그러니 목민관은 수인의 고통을 줄이는 일에 대해 깊이 생각해야 한다고 했다.

귀양살이 하는 사람도 돌보아야 한다

끝으로, 목민관은 자기 구역으로 유배를 온 사람에 대한 배려를 잊어서는 안 된다고 했다. 귀양살이 역시 울타리 없는 감옥살이를 하는 것이다.

"유배 온 사람은 집을 떠나 멀리 귀양살이를 하고 있으니 그 정상이 안타깝고 측은하다. 집과 곡식을 주어 편히 정착하게 하는 것이 목민관의 임무이다.

곤궁할 때 받은 감동은 골수에 새겨지고, 곤궁할 때의 원망 또한 골수에 새겨지는 것이다. 덕을 품고 죽으면 반드시 저승에서의 보답이 있을 것이요, 원한을 품으면 반드시 저승에서의 보복이 있을 것이다. 천지가 변화하고 추위와 더위가 교대로 옮겨지듯 부귀한 사람이 반드시 항상 즐거움을 누리는 것이 아니요, 곤궁하고 고통 받는 사람도 역시 하늘의 보살핌을 받을 수 있을 것이니, 군자라면 이에 마땅히 조심조심 마음을 다해야 한다."

다산 본인이 유배지에 살던 시절에 쓴 글이니 얼마나 마음에 사무치는 내용인지 짐작해 볼 수 있다. 사람의 처지는 언제든 바뀔 수 있으니 원한을 사지 말아야 한다는 내용은 유배를 겪어 본 사람의 뼈아픈 경험에서 우러난 충고일 것이다. 다산은 곡산 도호부사 시절인 1797년(정조 21) 겸제원(兼濟院) 제도를 만들어 유배 온 사람이나 그를 돌보는 사람 모두 불편 없이 구제받을 수 있는 조치를 취했다.

다산은 노약자나 부녀자가 감옥에 갇힌 경우에는 일반 죄인보다 더 마음을 기울여 불편을 줄여 주는 것이 바람직하다고 했다. 이러한 사회적 약자나 범죄인에 대한 배려는 오히려 오늘의 세상에 더 필요한 것이 아닌가 생각해 본다.

5 ─────────── 금포禁暴 : 폭력 금지

▎권력자 측근의 횡포를 막아야

조선시대에는 목민관에게 형벌권이 부여되었다. 요즘으로 보면 경찰이나 검찰에서 해야 할 일도 목민관이 하도록 되어 있었다. 형전에서 '금포' 조항은 백성들의 일상생활에 해를 끼치는 짓을 금하는 내용이다. 권력을 믿고 백성의 삶을 침해하는 무리, 불량배, 도박꾼, 무당, 광대 등의 불법 부당한 횡포를 막는 일이다.

횡포와 난동을 금지하는 것은 백성을 편안하게 하는 일이다. 지방의 유력자를 억누르고 권세가와 가까운 자들을 꺼리지 않는 태도 또한 수령이 지켜야 할 바이다.

목민관은 백성을 괴롭히는 사람은 그게 누구든 꺼리지 말고 의법조치해서 횡포를 막아야 한다. 일반 백성에게는 두려운 존재이지만, 목민관이라면 두려움 없이 귀척(왕의 친척이나 외척), 권문(權門, 권세가), 금군(禁軍, 임금의 경호원), 내신(內臣, 내시나 환관), 토호(지방의 세력가), 간리(奸吏, 간악한 아전), 유협(游俠, 깡패 무리) 등 일곱 종류의 족속을 단속해 억눌린 백성의 평안을 도모해야 한다. 사람들이 유력자를 두려워하지 않게 된 후에라야 홀아비나 과부 같은 힘없는 사람도 업신여기지 않는다. 횡포를 금하는 것이야말로 어진 행정이다.

다산은 왕가나 권문세가의 종이 세력을 믿고 악행을 저지르는 경우가 많은데 올바른 목민관이라면 법대로 조치하여 행패를 막아야 한다고 힘주어 강조했다. 정당한 형 집행에는 아무리 권세가 높은 사람도 승복할 수밖에 없다며 몇 가지 사례를 들었다.

정승 오윤겸(吳允謙, 1559~1636)이 경성 판관으로 있을 당시 선조의 아들인 왕자 임해군이 불법을 저질러 백성들에게 많은 피해를 입혔다. 또 임해군의 종이 경성에 와서 어느 과부를 때려 상해를 입혔다. 오윤겸은 즉시 그 종을 잡아들여 곤장을 쳐 죽였다.

유정원(柳正源)이 춘천 부사로 있을 때의 일이다. 정승 집의 종이 남의 관재(棺材) 수십 구를 빼앗고 사람을 때려 상해를 입혔다. 부사는 이졸을 풀어 잡아 다스리고 관재 값을 받아내 주인에게 돌려주었다. 정승이 이 일을 전해 듣고 말했다.

"내 집 종이 진실로 죄가 있다. 유 부사가 아니고는 이와 같이

하지 못할 것이다."

금군(禁軍)은 요즘으로는 대통령 경호실 근무자이고, 내관은 청와대 비서이다. 이들이 높은 사람을 등에 업고 부리는 횡포를 제지할 수 있어야 금포 조항을 제대로 이행하는 참다운 목민관이다.

▌토호세력의 무법 활동 제재

오늘날에도 예외가 아닌데, 지방관으로 있으면서 그 지역 토호(土豪)의 무법적인 활동을 제재하는 것은 매우 중요한 일이다.

토호의 무단적인 행위는 일반 백성에게 승냥이나 호랑이같이 무섭다. 폐해를 제거하여 양같이 순한 백성들이 편히 살아갈 수 있게 해야 목민관이라 할 수 있다. 土豪武斷, 小民之豺虎也. 去害存羊, 斯謂之牧.

목민관의 임무는 백성을 강자로부터 보호하여 두려움 없이 살도록 하는 것이다. 목(牧)이라는 글자는 통치하고 다스린다는 의미가 아니라 보살피고 보호하고 양육한다는 뜻이다.

특히 검찰이나 경찰관이 지역에서 근무하며 그 지방의 토호와 결탁하여 일반 백성을 괴롭히고 억눌러도 제대로 처벌하지 못하는 경우는 조선시대나 지금이나 큰 차이가 없다. 강자와 결탁한 권력의 횡포를 누가 막을 수 있는가. 바로 목민관이다. 권세와 재력에 눌리지 않고 오직 정의롭고 바르게 처신하여 불법적인 토호를 단호히 처벌할 수 있어야 한다. 승냥이와 호랑이의 폐해를 막아야 할 보호자가 오히려 한 패거리가 되어 백성을 괴롭히는 일에 가세한다면 살아남을 백성이 몇이나 되겠는가.

송나라의 목민관 이호(李浩)가 태주(台州)를 다스릴 때 토호 정헌(鄭憲)이 중앙 권력자들에게 재물을 바치고 섬기면서 고을에 해독을 끼쳤다. 이호가 그의 간악함을 밝혀 옥에 가두어 죽이고 그의 재산을 몰수했다. 권력자가 정헌의 가족을 시켜 그 억울함을 호소하게 하는 한편 또 다른 일로 이호를 고소하도록 했다. 이때 벼슬이 높은 유공(劉珙)이 나서서 아뢰었다.

"이호가 호민에게 반감을 사서 무고를 당한 것입니다."

임금은 이렇게 대답했다.

"목민관으로서 강포한 놈을 두려워 않고 호민을 잡아 죽이기까지 했으니 어찌 쉽게 얻을 인물이겠는가."

얼마나 못된 짓을 해서 죽음을 당하기까지 했는지는 알 수 없으나, 또 사람을 죽이는 일은 매우 엄중하지만, 강한 세력에게 두려움 없이 형벌을 내린 점을 임금도 칭찬했듯이 우리도 칭찬하지 않을 수 없다. 강자를 누르는 일은 역시 어려운 일이기 때문이다.

오늘날에도 호강(豪强)의 횡포는 사라지지 않고 있다. 다산은 백성의 안위를 위해 폭력배, 무뢰배 근절에 마음을 기울였다. 목민관은 협잡과 음란을 일삼아 기생을 데리고 놀며 창녀들과 어울려 지내는 사람을 처벌해야 하며, 그런 난잡한 행위가 일어날 수 있는 환경을 개선하는 일에도 적극 나서야 한다고 했다. 장터에서 술주정하며 상인들의 물품을 약탈하거나 거리에서 술주정하며 어른들에게 욕하는 자 역시 엄히 다스려야 한다.

생업을 포기하고 도박으로 업을 삼아 판을 벌이고 무리를 지어 지내는 일도 금해야 한다. 오늘날에도 도박죄는 형법에 엄존한다. 지금이야 공인된 도박도 있지만, 사사로운 도박은 엄금하고 있다. 사람의 마음을 망가뜨리고 재산을 탕진하며, 부모와 종족의 걱정거리가 되는 마조(馬弔) 따위의 도박을 엄금하라고 다산은 말했다.

배우의 놀이, 꼭두각시의 재주부림, 잡귀를 쫓는다는 무당놀이, 고상한 감언이설로 돈을 후리는 일, 허가 없이 소나 말을 도살하는 행위, 사사로이 벌금을 물리는 일도 금지해야 한다고 했다.

인신(印信) 즉 도장을 위조하거나 족보를 위조하는 행위는 예전에는 흔히 일어나던 범행이었다. 지금이야 그런 일이 쉽지도 않고 또 실익이 없는 일이지만, 예전의 인신 위조나 족보 위조는 지방관을 괴롭히는 일 중에 하나였다. 족보 문제는 호적과 연관되고 군정에도 직결된다. 이를 위조하는 것은 세금정책과 군사정책을 어지럽히는 큰 범죄이다. 이처럼 중요한 문제라 금포 조항에서 거듭 언급한 것이다.

금포는 글자 그대로 폭력배를 엄금하는 것이다. 개인의 범죄라면 폭력범으로 처벌하면 되지만, 집단을 이루었다면 조직폭력배이다. 문명국가냐 야만국가냐를 가리는 기준이 있다면 조폭이 있느냐 없느냐로 구별할 수 있다. 지금도 보도를 보면 조직폭력배에 대한 기사가 가끔 나온다. 단속할 책임이 있는 검경과 결탁한 폭력배가 있다는 사실도 보도된 적이 있다. 목민관의 목(牧)이라는 글자를 다산은 양로(養老), 즉 노인을 봉양한다는 양(養) 자로 해석했다. 양민(養民)이 곧 목민이라는 것이다. 보호하고 보살펴서 백성을 승냥이나 호랑이의 폐해로부터 자유롭게 해 주는 목민관은 '금포'의 임무에 철저해야 한다.

오늘 우리가 살아가는 세상에서도 호강(豪强)의 횡포가 사라지지 않고 있다. 특히 조직폭력배가 선량하고 힘없는 국민을 괴롭히고 있지만 그 실태를 정확하게 파악조차 못하고 있다. 경찰·검찰은 이 문제를 급선무로 삼아 해결해야 한다.

감사는 큰 도둑 수령은 작은 도둑

형전의 마지막 항목은 '제해'이다. 제해란 도둑이나 미신, 맹수 따위로부터 백성이 당하는 피해를 제거한다는 의미이다. 요즘이야 국민의 생명과 재산을 보호하는 일이 국가의 의무이지만, 군현에 목민관을 배치하여 백성들의 생명과 재산을 보호하고 돌보도록 되어 있던 옛날의 제도에서 '형전'은 바로 그런 역할을 하기 위한 법전이다. 또한 '금포'나 '제해'야말로 바로 그런 일에 충실하기 위한 목민관의 업무를 나열해 놓은 조항이다.

백성을 위하여 해독을 제거하는 일이 목민관의 임무이니, 첫째는 도적, 둘째는 귀신붙이, 셋째는 호랑이다. 이 세 가지가 사라져야 백성의 걱정이 없어질 것이다.

다산은 이러한 원칙을 세워 놓고, 어떻게 해야 그 세 가지 해독으로부터 백성의 근심과 걱정을 덜어 줄 수 있는가를 설명하였다. 호랑이의 피해나 귀신붙이의 해독은 요즘 크게 문제가 되지 않는다. 호랑이는 희귀동물로 찾아보기도 어렵고, 귀신붙이야 잡스러운 당집과 요사스러운 무당을 말하는데 현대에는 거기에 현혹되는 사람이 드물다.

그러나 미신이 판을 치던 옛날에는 귀신붙이가 백성들에게 큰 해독을 끼쳤다. 귀신붙이가 일으키는 변괴는 무당을 단속해야 가능하다. 귀신에 가탁하여 요사스러운 말로 민중을 현혹시키는 자를 제거하는 일도 제해에 해당한다. 요즘으로 보면 사교(邪教)나 사이비 종교를 빙자하여 국민을 갈취하는 행위도 도둑과 같이 제거할 대상이다.

예나 지금이나 도적을 근절시키는 일은 중대한 목민관의 임무이다. 다산은 도적이 나오는 세 가지 이유를 열거하고, 그런 원인을 제거해야만 도적 무리를 제거할 수 있다고 했다.

도적이 생겨나는 이유는 세 가지가 있다. 위에서 위의를 바르게 가지지 못하고, 중간에서 명령을 제대로 받들지 않으며, 밑에서 법을 두려워하지 않는 것이다. 이것이 고쳐지지 않으면 아무리 도적을 없애려고 해도 없어지지 않는다.

"개에게 메주를 지키게 한다"는 속담처럼 단속하고 잡아들여야 할 실무 관리가 오히려 도적과 결탁하고 뇌물을 받는 풍조는 옛날이나 지금이나 크게 변하지 않았다. 검찰이나 경찰 실무자가 제대로 임무를 수행하고, 법령에 위반되지 않게 업무를 수행한다면 도적의 피해를 왜 제거하지 못하겠는가.

이런 문제에 대한 다산의 풀이는 참으로 적절하다.

"위에서 위의를 바르게 가지지 않는다는 것은 관찰사나 목민관이 탐욕과 불법을 자행한다는 말이다. 그래서 일산 밑(관찰사·병사)을 가리켜 큰 도둑이라고 한다. 위의가 바르지 못하니 그림자가 어떻게 곧을 수 있겠는가. 도둑들조차도 몰래 수군거리며 말한다. '지위가 저렇게 높고 기대 받는 바가 저렇게 무거우며, 나라의 은혜를 저렇게 받으면서도 오히려 도둑질을 하는데, 우리 따위 소인들이야 아침에 저녁 일이 어떻게 될지도 모르는 판국에 그 누가 쓸쓸히 메마르게 지낸단 말인가' 하며 도둑질을 하지 않을 수 없다고 말한다."

다산은 「감사론(監司論)」이라는 논문에서 '감사는 큰 도둑이고 수령은 작은 도둑'이라고 했다. 지위가 높을수록 뇌물을 더 많이 받고, 지위가 낮을수록 뇌물 액수가 적다면서, 고관대작이 가장 큰 도둑이라는 논리를 폈다. 국가 재산을 도둑질하는 고관대작의 절도행위가 그치지 않는데, 어떻게 좀도둑의 절도행위를 막을 수 있겠느냐는 주장이었다.

다산이 인용한 '갈의거사(葛衣居士)'에 대한 일화 한 토막을 보자.

갈의거사는 남쪽 지방의 호걸이다. 어느 날 장터를 지나다가 군관이 좀도둑을 포박하여 끌고 가는 것을 목격했다. 갈의거사가 도둑의 팔을 잡고 눈물을 흘렸다.

"원통하다 그대여! 어쩌다가 이런 욕을 당하는가."

장터 사람들이 몰려와 구경을 하자 군관이 갈의거사도 결박해 끌고 가려 했다. 갈의거사는 군관을 향해 큰 소리로 꾸짖었다.

"네가 나를 결박하는 것은 무엇 때문이냐. 내 말을 들어 보라. 지금은 온갖 도둑이 세상에 가득하다. 토지에서는 재결(災結)을 도둑질하고, 호구(戶口)에서는 부세를 도둑질하고, 기민(飢民) 구제에서는 양곡을 도둑질하고, 환자(還上) 창고에서는 이익을 도둑질하고, 소송사건에서는 뇌물을 도적질하고, 도둑에게서는 장물을 도둑질한다. 그런데 감사·수사·병사 들은 도둑질하는 사람들과 한 패거리가 되어 숨겨 주고 공개하지 않는다. 지위가 높을수록 도둑질의 힘은 더욱 강해지고, 녹봉이 후할수록 도둑 질의 욕심은 더욱 커진다. 그러면서 행차할 때는 깃발을 세우고 머무를 적에는 장막을 드리우며, 푸른 도포에 붉은 실띠의 치장 도 선명하게 하여 종신토록 향락하여도 누가 감히 무어라고 말 하지 못한다. 그런데 유독 이 굶고 또 굶은 끝에 좀도둑질 조금 한 사람이 이런 큰 곤욕을 당하게 되니 어찌 슬프지 아니한가. 그래서 내가 통곡한다."

이 말을 들은 군관은 선생의 말씀이 다 옳다며 오히려 술을 대접하고 보냈다.

소설이나 우화 같은 이야기이지만, 도둑을 잡아야 할 사람이 썩고 부패하여 스스로 큰 도둑이 되었는데 어떻게 좀도둑을 잡 을 명분이 있겠느냐는 주장을 담았다.

다산은 높은 지위에 있는 사람이 도둑질을 멈출 때 비로소 하급 관리가 명령에 따르고 제대로 법령을 지켜 도둑 근절에 앞장설 수 있다면서, 하급 관리가 도둑과 결탁하지 않으면 잡지 못하는 도둑은 없다고 했다.

은덕을 베풀어 뉘우치게 하라

그렇다면 실제 도둑은 어떻게 교화시켜야 하는가에 대한 다산의 의견도 대단하다.

은덕을 베풀려는 임금의 뜻을 펴서 죄를 용서해 주어 그들이 이전의 나쁜 마음을 버리고 스스로 새롭게 되어 각기 본업으로 돌아가게 하는 것이 상책이다.

은혜에 감동받아 그릇된 마음을 버리고 온전한 백성으로 돌아가게 해야만 도둑의 문제가 해결된다는 것이다. 용서하고 관용을 베풀면 스스로 개과천선한다는 많은 예를 들었는데, 그 가운데 한 가지 본보기를 들어보자.

위(衛)나라의 전예(田豫)가 남양 태수로 부임하기 바로 전에 고을 사람 후음(侯音)이 반란을 일으켜 그의 무리 수천 명이 산중에 숨어 지내며 도적떼를 이루어 고을의 큰 우환이 되었다. 전임 태수는 그 무리 500여 명을 모두 잡아 죽여야 한다고 조정에 아뢰었다. 그러나 전예는 부임하자마자 수감되어 있던 죄수들을 타이르고 석방해 새사람이 되는 길을 열어 주었다. 그들이 모두 머리를 조아리며 도적을 없애는 데 협조하기를 자원하자 도적떼가 하루아침에 다 흩어졌다.

이렇게 관대한 행정을 펴면 어떤 결과가 나타나는가.

송나라의 증공량(曾公亮)이 정주를 맡아 다스리기 전에는 그 고을에 도둑이 많았다. 그가 부임하자 모두 다른 지경으로 도망가 버려 길에 남이 흘린 물건도 주워가는 사람이 없었다. 마을 사람들이 문을 열어 놓아도 도둑이 없자 그를 '증개문(曾開門, 문을 열어 놓은 증씨)'라고 불렀다. 훌륭한 목민관의 다스림에는 도둑이 있을 수 없다는 말이다.

다산은 도둑을 없애는 방책으로 "간민(奸民)·호민(豪民)들이 모여 악을 자행하며 고치지 않을 때 과단성 있는 위력으로 그들을 쳐서 평민을 편안하게 해 주면 도둑이 없어진다"라고 하여 목민관이 토호 세력을 견제해야 함을 강조했다.

다산은 도둑 잡는 문제에서 특히 목민관이 경계해야 할 내용까지 언급했다.

평민을 잘못 잡아다가 억지로 두드려 맞추어 도둑으로 만드는 경우가 있으니, 능히 그 억울함을 살펴서 누명을 벗기고 양민으로 만들어 주면 그야말로 현명한 수령이라 할 것이다.

다산은 200년 전에 이미 강압과 위력과 고문으로 가짜 범인을 만드는 일을 엄단하라고 했다. 하지만 개명한 현대에도 가짜 도둑, 가짜 범인, 가짜 간첩이 만들어지고 있다. 억울한 도둑, 억울한 죄인이 없어지지 않는 세상을 생각하면 역시 다산은 위대한 인권 옹호자였음을 깨닫게 된다.

제10편

공전

工典

1 ━━━━━━━ 산림山林 : 산림 보호

▌ 산림은 나라의 보화를 품은 곳

치산치수(治山治水)는 옛날이나 지금이나 나라를 경영하고 국민의 살림을 책임져야 할 정부나 지방자치단체의 필수적인 행정이다. 요순시대 이래로 산과 물을 관리하는 문제가 얼마나 중요한가를 모르는 사람은 없다. 산불과 같은 큰 재해는 일반 백성의 삶에 치명적인 영향을 끼친다.

다산은 목민관이 해당 지역의 치산치수를 책임져야 한다고 강조하면서 공전편에서 '산림'을 첫 번째 조항으로 다루었다.

산림은 나라에 공납(貢納)할 물건이 나오는 곳이니 옛날의 성왕은 산림에 대한 행정을 소중하게 여겼다. 『주례』에 "산은 세 가지 등급이 있으니 대산·중산·소산이다. 숲은 세 가지 등급이 있으니 대록(大麓)·중록(中麓)·소록(小麓)이다. 각각 12명의 관리를 두어 산림을 지키고 보호한다.

조직적으로 산림을 보호해야 함을 강조한 내용이다. 특히 다산은 봉산(封山)에 대한 보호를 많이 언급했다. 봉산이란 벌채를 금지한 산이다. 궁중에서 쓰는 재목을 생산하는 곳이므로 다른 산보다 더 엄중히 지켜 산림을 보호했다. 당시야 당연한 일이지만 지금으로서는 별다르게 거론할 가치가 없다. 청와대에서 사용할 수목이라고 특별히 지정된 곳도 없고, 또 그래서도 안 된다. 다만 봉산 때문에 발생하는 민폐에 대한 해결책을 강구한 점은 관심을 기울일 필요가 있다.

당시 연일 현감 정만석(鄭晩錫, 1758~1834)이 올린 상소를 보면 봉산을 보호하느라 일반 백성이 얼마나 큰 고통을 당했는지를 알 수 있다.

"바다 연변에 모두 봉산이 있는데 감영과 고을에서 징발하고 요구하는 것이 매우 많습니다. 잣, 송진, 송이, 송판 등 한번 실어다 바칠 때마다 그 비용이 많이 듭니다. 그래도 이는 오직 산 아래 사는 주민들만이 받는 고통입니다. 그런데 온 고을 전체의 우환이 되는 것은 백성들이 솔가지 하나 송판 하나라도 쓸라치면 아전과 군교가 봉산에서 가져온 것이라 협박하여 재물을 갈취하는 것입니다. 집을 지으려 해도 재목 가져오기가 겁나고 장례를 치르려 해도 관 만드는 것을 두려워합니다. 새로 등록시킨 봉산을 해제하여 백성에게 경작과 개간을 허락하면 공용에도 도움이 되니 어찌 무익한 봉산에 비교하겠습니까."

황장목(黃腸木)의 문제도 다산은 자세하게 거론하였다. 황장목은 궁중의 관을 만드는 데 사용하는 품질이 좋은 소나무인데, 이것을 둘러싼 민폐 또한 간단하지 않았기 때문에, 거기서 발생하는 문제점도 해결해야 한다는 것이 다산의 주장이었다.

이 부분에서 다산은 자신의 형인 흑산도의 정약전이 저술한 『송정사의(松政私議)』에 대해서 많이 언급하고 있다. 뒷날 『송정사의』로 책의 이름이 확정되었지만 처음에는 『현산필담(玆山筆談)』이나 『손암사의(巽庵私議)』라는 이름으로 인용하였다. 정약전의 소나무 정책에 대한 중요한 내용을 살펴보자.

"옛사람의 말을 인용하여 다음과 같이 화전(火田) 경작의 피해를 들었다. 첫째, 산골짜기에 나무가 없으면 산사태를 막을 수 없다. 둘째, 산사태가 나면 논밭을 덮어 버리니 국가 재원이 날로 줄어든다. 셋째, 산림이 벌거숭이가 되면 보화(寶貨)가 나오지 않는다. 넷째, 새와 짐승이 번식하지 못해서 사대교린(事大交隣)하는 데 짐승 가죽 등의 폐백을 이어 대기가 어렵다. 다섯째, 호랑이와 표범의 자취가 멀어지니 사냥하는 사람이 조그마한 병기도 지니지 않게 되어 나라의 풍속이 날로 나약하게 된다. 여섯째, 재목이 없어져서 백성들이 이용하는 자재가 날로 군색하게 된다. 때문에 비록 온전히 금지할 수 없다고 하더라도 산 허리로부터 위쪽은 마땅히 경작하지 못하게 해야 한다."

화전은 피할 수 없는 경작 방법이지만 그 폐해가 너무 크기 때문에 금해야 한다는 취지이다. 이 점 또한 화전이 없어졌으니 논의할 일이 아니지만, 산림 보호로 얻어 낼 이익이 무엇인가를 설명해 주는 내용은 참작할 만하다.

▌인삼과 광산은 국가의 정책사업

농토는 없고 가난을 면할 방법이 없어 짐승의 가죽으로 생계를 유지하는 백성의 형편을 헤아리는 배려도 경청할 내용이다.

> 서북 지방(평안도와 함경도)의 인삼과 초피(貂皮)에 대한 세금은 마땅히 너그럽게 해야 한다. 혹 금령을 범하더라도 마땅히 관대하게 처리해야 한다.

다음으로 인삼정책의 문제점도 자세히 거론했다. 산에서 나는 산삼 때문에 경작하는 인삼도 산림 조항에서 거론하였다.

> 동남 지방에서 공납하는 인삼의 폐단이 해마다 더해지고 달마다 늘어나니 성의를 다하여 살피고 과중하게 거두어들이지 않도록 해야 한다.

인삼 때문에 당하는 백성들의 폐해를 조목조목 지적했다. 모양이 좋지 못한 삼을 인공으로 다듬은 것을 부삼(附蔘)이라 하고, 수삼(水蔘)을 가공하여 홍삼이나 백삼으로 만든 것을 조삼

(造蔘)이라 하는데, 자연 상태로 두지 않고 인공을 더하거나 가공하는 삼은 일체 막아야 한다고 했다. 국가에 바치는 일에 농간이 개재되는 일은 반드시 막아서 백성들에게 불편이나 피해가 없도록 해야 한다는 것이다.

다산은 산림 조항에서 광물, 즉 채광의 문제도 다루었다.

전부터 있던 금은동철 광산은 간악한 무리가 개입해 있는가를 살피고, 새로 생긴 광산에서는 제련(製鍊)하는 일을 금해야 한다.

상인들이 함부로 광물을 채취하는 일은 절대로 금해야 한다고 했다. 광물을 캐내고 제련하는 일은 국가의 큰 임무인데 이익 추구를 위해 사적으로 채광하는 일은 금해야 한다. 『속대전(續大典)』에 "각도의 은을 생산하는 곳에서는 세금을 거두고, 사사로이 은을 캐는 사람은 종신토록 섬으로 귀양 보낸다"라는 규정이 있다. 소금과 철광에 대한 권리는 국가에 속한 재화이니 허락 없이 일반 백성이 마음대로 점유하면 안 된다는 것이다.

시대가 흐르면서 조선에서도 관채(官採)와 민채(民採)를 병행하는 제도가 시행되었다. 백성에게 채굴을 허가해 주고 일정한 세금을 거두는 설점수세(設店收稅)가 가능하게 되었으니, 목민관은 세금 징수에 철저해야 한다. 또한 염전이나 광산은 바닷가와 깊은 산속에 있어 죄지은 사람들이 몸을 숨기는 장소로 활용하는 경우가 많았다. 그래서 다산은 목민관이 정밀하게 관찰하여 도망친 죄인이 숨을 수 없는 조치를 취해야 한다고 강조했다.

다산은 또 채광, 채굴 등의 일로 백성에게 손해를 끼치면 안 된다고 했다. 금을 산출하는 장소가 간혹 논이나 밭과 연결되면 반드시 값을 보상해 주어야 한다. 또한 농사철을 피해 입동에 공사를 시작해 춘분 전에 끝내도록 기일을 정해야 한다. 규모에 따라 인원수도 엄격히 제한하여 무뢰배가 넘보지 못하도록 잘 감시해야 한다.

지방에서 산출되는 특이한 보물 때문에 백성들이 괴로움을 겪는 사례도 있다. 경주의 수정(水晶), 성천의 황옥(黃玉), 면천의 오옥(烏玉), 장기의 뇌록(磊綠), 남포의 벼룻돌, 해남의 양지석(羊脂石), 흑산도 바다에서 나는 석웅황(石雄黃) 등은 모두 귀중한 보물로 지정되어 있었다. 이것을 나라에 공납하느라 그 지방 백성들은 뼈를 깎는 폐단을 겪고 있으니 목민관은 이런 것을 알아서 보물을 요구하는 윗사람이 있더라도 절대로 응하지 말아야 한다. 혹여 보물이 있다고 신고하는 사람이 있더라도 채굴하지 말아야 하며, 임무를 마치고 돌아가는 날에는 한 조각의 보물도 짐 속에 넣어 가지 말아야 한다고 엄하게 경고했다.

다산은 『목민심서』 해관(解官)편에서 다시 한 번 이 점을 강조하는데, 모두 백성들의 고통을 덜어 주기 위한 조치였다.

▌수리 사업은 농사의 근본

천택이란 목민관이 수리(水利)에 힘써 농업 진흥에 이바지하도록 하천이나 저수지를 관리하고 보살피는 일을 말한다. 다산은 천택의 문제가 중요하고 큰 정사(政事)라고 하였다.

천택은 농사의 근본이 되므로 천택에 관한 행정은 고대의 성왕(聖王, 요·순·우 등의 성군)들도 중요하게 여겼다.

조선과 같은 농업국가에서 천택은 매우 중요했다. 현재 끊임없이 이슈가 되고 있는 우리나라 4대강 문제를 보면 하천이나 저수지를 관리하는 정책이 얼마나 중요한가를 알 수 있다. 엄청난 국가 예산을 들여 보와 댐을 만들었지만 환경 파괴에 대한 문제가 야기되면서 다시 보를 터야 하느냐, 그대로 두어야 하느냐를 놓고 극한적인 대립이 이어지고 있다. 이 문제는 심각하게 다시 검토해야 할 문제이다.

다산은 물을 끌어오는 방법을 열거하며 논에 물이 제대로 흘러들어갈 수 있도록 해야 한다고 했다. "저(瀦, 못)는 안에 있는 물을 가두어 밖으로 새지 못하게 하는 것이며, 방(防, 둑)은 밖의 물을 막아서 안으로 침입하지 못하게 하는 것이다. 구(溝)는 거(渠, 도랑)이니, 저와 방은 다 같이 물을 흐르게 하는 것이다. 열(列)은 보통 열(𨁴)자로 쓰는데 이것은 우리말로 논배미이다."

다산은 중국 하나라의 시조이자 농업을 일으킨 우임금과 주나라의 시조인 후직(后稷)이 수리에 탁월한 업적을 남겨 대대로 칭송을 받았다며 임금의 일을 대행하는 목민관의 직무 중에 농사를 권장하는 일보다 더 급한 것이 없으며, 농사에 힘쓰는 일의 근본은 물을 다스리는 일보다 더 급한 것이 없다고 강조했다. 지난 역사를 두루 살펴보니, 훌륭한 관리의 업적은 거의가 수리 사업에 있었다고 하였다.

냇물이 고을을 지나가면 수로를 파서 물을 끌어들여 논에 대고, 더불어 공전(公田)을 일구어 백성의 요역을 덜어 주는 것이야말로 정사를 잘하는 것이다.

물관리가 얼마나 중요한 정치인가를 밝히며 성호 이익의 말을 인용했다. "천하에 가장 아까운 것은 유용한 것을 무용한 것으로 돌려 버리는 것이다. 사방의 들판이 마르고 곡식이 시드는데, 강물을 바다로 흘려보내니 어찌 애석하지 않은가."

흐르는 물이 논으로 들어갈 수 있도록 제방의 높이나 하천의 깊이를 잘 관리해야 한다는 뜻이다. 그러면서 하천 관리에 뛰어난 옛날의 목민관이 지역의 농업 진흥을 위해 물 관리를 잘 해서 주민들의 삶이 풍족해지도록 노력한 사례를 열거했으니 한번쯤 참고할 필요가 있다.

박대하(朴大夏, 1577~1623)가 선천 부사로 있을 때 산을 뚫어 수로를 내고, 황무지에 물을 대 기름진 농지로 만들자 백성들이 그것을 '박공보(朴公洑)'라고 불렀다.

1427년(세종 9) 허만석(許晩石)이 연기 현감으로 있을 때 고을 북쪽에 큰 제방을 만들고 수로를 뚫어 논에 물을 대게 하였다. 이 제방이 청주 경계에 있었는데 그 지역 사람들이 떼를 지어 몰려와 공사를 방해하고 허만석에게 불손한 행동을 했다. 허만석이 활을 당겨 그들을 쫓아 버리고 마침내 제방을 완성하였다. 그러자 청주 쪽 사람들도 제방의 덕을 보아 도리어 지금까지 허만석을 칭송한다.

다산은 참으로 자세하게 물 관리의 예를 거론했다.

작은 물은 지소(池沼), 큰 물은 호택(湖澤)이라 하며, 물을 막는 둑을 피(陂), 또는 제(堤)라고 한다. 이것으로 물을 조절하는 것이다. 그래서 못 위에 물이 있는 것(저수지)을 절(節)이라고 한다.

둑을 제대로 막아 물을 조절할 수 있어야만 물을 효과적으로 이용할 수 있다고 하였다. 우리나라의 지난 정권에서 벌인 4대 강 사업으로 과연 환경 파괴에 버금가는 농용수의 이용이 가능한가는 전문가가 아닌 우리로서는 알 수 없지만, 요즘 나타나는 녹조현상이나 농용수 사용이 큰 이익이 없다는 점으로 보면, 그 많은 국고 손실에 비교하여 충분한 이익을 얻지 못했음을 알 수 있다.

자기가 살아가던 시대의 물 관리 실태를 정확하게 파악하고 있던 다산은 반계 유형원의 말을 인용해 정확하게 문제를 짚었다.

"김제의 벽골제, 고부의 눌제, 익산과 전주 사이의 황등제는 큰 저수지로서 그 지방에 큰 이득이 되었다. 옛날에 온 나라의 힘을 다하여 축조한 것인데, 오늘날 둑이 황폐하고 무너져 있다. 무너진 곳은 불과 몇 길에 지나지 않는데, 그것을 수축할 일을 계산해 보면 1천 명의 사람에 열흘간의 노동이 소요될 뿐이다. 이것은 처음 축조할 때에 비하면 단지 1만 분의 1에 지나지 않는데, 이를 건의하는 사람이 아무도 없으니 매우 안타깝고 애석하다. 만약 이 세 못이 1천 경을 댈 수 있는 저수지가 된다면 노령산 이북(전라북도 지역)은 영원히 흉년이 없을 것이다."

다산은 이어서 "우리나라의 큰 저수지로는 함창의 공골제, 제천의 의림지, 덕산의 합덕지, 광주의 경양지, 연안의 남대지가 있다. 이곳 역시 모두가 흙이 쌓여 막혀 버렸으니 이것은 수령의 책임이다"라고 하였다.

필자 역시 국회의원 시절에 전국의 저수지나 하천이 토사로 가득 차 준설을 하지 않으면 물의 저수량이 너무 적기 때문에 제 역할을 못한다고 주장하고, 예산을 확보해서 전국의 저수지를 준설했던 경험이 있다. 돌이켜보니 다산이나 반계의 주장을 충실히 따른 셈이다.

수리를 한 것으로 끝나는 것이 아니다. 다산은 목민관은 주의를 기울여 토호나 권세가 가문에서 수리 사업을 독점하여 자기 농지에만 물을 대는 일을 막아야 한다고 했다. 『대전통편』이나 『속대전』에도 궁방이나 관청이 제방과 수로를 함부로 쌓거나 독점할 수 없다는 조항이 있다.

최시설(崔時卨)이 영유 현령으로 있을 때의 일이다. 그곳에 덕지라는 둘레 40리가 되는 못이 있었다. 백성들이 그곳 물을 농사에 사용한 지 오래되었다. 그런데 수어사(守禦使)가 최시설의 반대를 물리치고 방죽을 헐고 둔전을 만들어 버렸다. 그해 가을에 온 고을에 흉년이 들어 최시설의 보고를 받은 감사는 결국 둔전을 폐지하였다.

다산은 바닷물이 인간의 삶에 피해를 주는 것을 막는 방지책도 언급하였다. 바닷가에 조수(潮水)를 방지하는 제방을 쌓아서 농지를 보호해야 한다고 역설한 것이다. 오늘날에는 바다의 일부를 막아 광대한 농토를 확보할 만한 기술이 충분히 발달되어 있지만, 그런 기술이 턱 없이 부족하던 시대에도 다산은 조수의 문제에 큰 관심을 기울였던 것을 기억할 필요가 있다.

여기서 한 가지 언급해야 할 기술 문제가 있다. 조수를 막아 제방을 쌓는 경우 반드시 한대(捍臺)라는 삼각형 모양을 사용하여 조수의 물머리를 감쇄시켜야 한다는 놀라운 공법을 다산이 이해하고 있었다는 점이다. 요즘으로 보면 테트라포드(T.T.P, Tetrapod)가 파도의 힘을 약화시키는 원리를 다산은 그때 이미 알고 있었다는 것이다. 어떤 연구자가 그 점을 지적하면서 다산의 뛰어난 과학적 사고를 칭찬한 내용의 논문이 있다.

다산은 조운(漕運)이 통하는 곳과 상인이 모여드는 곳에 물의 범람을 소통시키고 그 제방을 견고하게 하는 것 역시 중요한 일이라고 했다. 조그마한 포구 등에 배가 마음대로 정박할 수 있고, 그 주변에서 장사하는 사람들이 편하게 물건을 사고팔 수 있도록 시설을 안전하고 편리하게 정비해야 한다는 뜻이었다.

하천과 못 관리에서 신경을 쓸 일이 또 있다. 바로 못이나 늪에서 생산되는 물고기·자라·연(蓮)·마름·부들 등속의 생산물에 대한 착취를 근절하는 문제이다. 이런 종류의 생산품은 인근 농민의 이익으로 돌아가게 해야지 목민관이나 아전이 사복을 채우는 데 사용해서는 안 된다는 것이 다산의 주장이다. 옛날의 고경(古經)을 인용하여, 고대의 성인 임금들도 그런 이익은 절대로 취하지 않았는데, 항차 목민관이 그런 이익을 취해서는 안 된다고 했다. 약자를 보호하는 다산의 마음은 이런 곳에서도 잘 나타나 있다.

다산은 세종 때의 명신으로 꼽히는 연안 부사 기건(奇虔)과 아산 현감 이지함(李之菡, 1517~1578)의 청백한 목민관 생활을 소개하여, 연못에서 나는 붕어 때문에 당하던 백성들의 고통에 대해 언급하였다. 기건은 연못에서 나오는 붕어를 먹지 않는 것

으로 민폐를 방지했고, 이지함은 문제의 그 연못을 메워 착취의
근원을 막아 버렸다고 기록하였다.

옛날 청백리의 뛰어난 정신을 귀감 삼아 오늘의 관리도 백성
에게 해가 되는 일은 그 근본부터 막아야 한다.

3 ─────────── 선해繕廨 : 관청 수리

▌관청 수리를 왜 꺼리는가

공전의 세 번째 조항인 '선해'라는 용어는 글자의 의미대로 공공
건물인 관청을 관리하고 수선하는 일이다. 관청 건물을 관아(官
廨)라고도 일컫는데, 공무를 집행하는 집무실이 있는 건물을 뜻
한다.

다산은 관아의 건물이 기울어지거나 무너져 위로는 비가 새
고 옆으로 바람이 들이치는데, 보수나 수리를 하지 않고 방치해
둔다면 이는 수령의 큰 허물이라고 하였다. 공직자가 집무하는
관청을 방치하면 비판받아 마땅하다는 것이다.

목민관 가운데 어질지 못한 사람은 그의 뜻이 돈을 버는 데 있고
그 궁리가 벼슬자리를 유지하는 데 있다. 이는 위로 임금을 사랑

하지 않고 아래로 백성을 사랑하지 않는 것이다. 그래서 백 가지가 무너지고 헐어도 바로잡을 생각을 안 한다. 이것이 관아의 건물이 무너져도 고치지 않는 까닭이다.

낡은 관청을 헐고 새 관청을 짓거나 오래된 관청을 수선하고 보수하는 일은 공사비나 인력 동원 등의 문제로 종종 뒤탈이 생겨 옛날이나 지금이나 꺼리는 일 가운데 하나이다.

이처럼 '선해'라는 일이 범죄에 빠지는 수렁처럼 되어 아무리 청렴하고 유능한 목민관이라 하더라도 조심하고 두려워하여 조용히 있는 것을 오히려 더 좋아한다. 그러나 범죄의 소굴이 될 수 있다는 핑계를 대며 무너지는 관청을 그대로 두고 넘어가는 건물을 그대로 둔다면, 목민관은 어디서 공무를 집행하고 사신은 어디서 접대할 것인가.

사실 부패와 부정의 온상이라는 이유로 조선왕조 초기에는 사사로이 관아의 건물을 수리하는 것을 나라에서 엄격하게 금지하기도 했다. 대개 탐욕스러운 목민관이 비용의 나머지를 가로채기 때문에 그러한 법령을 둔 것이다.

그러나 청렴하고 유능한 목민관은 영선(營繕)하는 일에 게으르지 않았다. 노역과 재정 지출에 기준과 정도를 지켜 일은 적게 하고, 공(功)은 배가 되게 하였다. 부역과 경비가 많지 않아야 백성들이 마음으로 기뻐하고 의심하거나 비방하지 않는다.

근래에 군청, 시청, 구청, 도청 등 관공서를 새로 짓거나 보수 내지 리모델링하면서 얼마나 많은 비리와 부정이 노출되었는가. 호화스러운 관청이나 과도한 건물을 세우면서 얼마나 많은 비난과 비방을 받았는가를 생각해 보면 다산의 걱정은 그때의 걱정만이 아니라 바로 오늘의 목민관이 직면하고 있는 문제라 할 수 있다. 백성을 위하고 공익을 위한 선해가 아니라 선해를 통한 목민관의 사익 추구에 뜻이 있다면 해서는 안 될 일이기 때문이다.

공익을 위한 건축

다산은 관공서 건물을 짓거나 보수하면서 사심없이 공익을 위해 일했던 몇몇 훌륭한 목민관의 사례를 들었다.

당송 8대가의 한 사람인 증공(曾鞏)이 제주(齊州)를 맡았을 때의 일이다. 애초에 객관(客館)이 없어 사신과 빈객이 오면 항상 백성을 동원하고 목재를 조달하여 가건물을 만들었다가 떠나면 곧 철거해 버리니, 비용은 비용대로 들고 누추하기도 했다. 증공이 관아의 버려진 건물을 옮겨 낙수 가에 두 채의 집을 지어 빈객을 묵게 하였다. 하나는 역산당(歷山堂)이고, 하나는 낙원당(濼源堂)이다. 요긴한 건물을 짓자 백성도 편하게 여기고 재화도 절약되어 누구나 이 일을 칭송하였다.

조선 초기에 김유선(金有銑)이 성주 목사로 부임하여 정당(政堂)을 중건하였는데, 신숙주(申叔舟)가 기문을 지었다.

"근년 이래 법은 엄하고 백성은 사나워 무릇 고을의 목민관이 모두 영조(營造)하는 것을 꺼려하여 공청(公廳)이 낡고 무너지는 것을 앉아서 보고만 있다. 돌 하나 기왓장 하나라도 써서 수리하여 바로잡지 않고 그저 팔짱만 끼고 직책이 교체되기만 기다릴 뿐이다. 김유선 군이 부임해 탄식하기를 '법이 엄하더라도 법을 범하지 않는다면 어찌 법을 두려워할 것인가. 백성이 사납더라도 백성을 괴롭히지 않는다면 어찌 백성을 꺼릴 것인가'라고 하였다. 이에 재목을 모으고 장인(匠人)에게 명하여 몇 개월이 안 되어 공사를 마쳤다."

그렇다. 공익을 위하고 백성의 편의를 위하는 '선해'를 누가 반대할 것인가.

김춘경(金春卿)이 나주 목사로 있을 때 벽오헌을 중수하였는데 서거정(徐居正)이 기문을 썼다.

"어떤 사또가 '나는 나라의 엄한 금령을 두려워하며 백성들의 비방이 일어날까 염려한다'라고 하며 관아의 건물이 비바람에 쓰러지고 깎이는 일이 있어도 나무 하나 받쳐 놓거나 돌 하나 옮겨 놓아 금이 가고 비가 새는 곳을 때우는 일이 없었다. 마치 여관처럼 하찮게 보아 앉아서 무너지기를 기다릴 뿐이었다. 무너지면 또 개축하게 되니 백성을 골병 들게 하는 것을 어찌 말로 다 할 수 있겠는가? 지금 사또는 백성을 정도(正道)로 부려 백성의 재물을 축내지 않으며 농사 때를 어기지 않고 이득을 올리려 하지 않는다. 이미 백성들에게 덕을 끼쳤으니 또 무엇이 법에 저촉된단 말인가?"

이처럼 올바른 방법으로 건물을 짓거나 고치는 것은 목민관으로서 마땅히 해야 할 일이다.

요즘으로 보면 주민들의 휴식 공간인 공원이나 누각, 정자도 짓고 보수해야 한다. 지금 전국의 유명한 누각이나 정자 등은 정직하고 능력 있는 목민관들이 적극적인 '선해'를 했기 때문에 문화재로 존재하고 있는 것이다. 진주의 촉석루, 안동의 영호루, 밀양의 영남루, 전주의 풍남루 등의 국보급 문화재는 모두 당시 목민관의 적극적인 '선해'를 통해 존재하게 된 명승이다.

관청을 보수하고 새로 건축하는 일에서 특별히 배려해야 할 일에 대한 주의 사항도 다산은 잊지 않았다. "재목을 모으고 공장(工匠)을 모집하는 일은 전체적으로 헤아림이 있어야 하니, 폐단이 생길 소지를 미리 막고 노력과 비용을 절약할 방법을 생각하지 않을 수 없다"라고 하여 인력 동원이나 기술자 모집에 무리를 해서 백성을 괴롭히면 안 된다고 하였다. 다만 인력 동원에서 아전·군교·관노 등과 중을 모아 공사를 돕게 한다는 내용은 다산 역시 당시의 관행에서 벗어나지 못하고 하층민에게 공사를 돕게 한다는 생각을 버리지 못한 것이니 시대적 한계라 할 수 있다.

다산은 자신이 목민관으로 있던 황해도 곡산도호부에서 정당(政堂)을 새로 개축한 공사에 대해 얼마나 철저한 계획을 세워 진행했는지 자세히 설명해 놓았다. 다산이 공개한 「상산부의 정당을 재건축하는 일정(象山府政堂改建日曆)」은 바로 관공서를 고쳐 지을 때의 계획서이다. 그 내용을 요약하면 다음과 같다.

1. 읍내의 퇴직한 아전이나 노련한 도감 중에서 적임자를 골

라 일을 주관하게 하고, 성실하게 일하는지 살핀다.

2. 마땅한 사람을 뽑아 철물, 목재, 흙 등의 일을 분야별로 나누어 맡긴다.

3. 장인(匠人)을 신중하게 고른다. 큰 현장에서 국수(國手)로 손꼽히는 사람을 도편수로 삼는다.

4. 감사와 상의하여 비용을 투명하게 염출한다.

5. 목민관이 먼저 설계도를 치밀하게 분석하여 수량에 맞추어 재목을 가능한 가까운 곳에서 실어 온다. 벌목은 한겨울에 해야 한다.

6. 공사장 근처에서 흙을 파서 쓰고, 파낸 구덩이에는 물을 채워 화재에 대비한다.

7. 우물이나 개천이 먼 곳에 있으면 공사하는 곳에 웅덩이를 파서 물을 끌어온다.

8. 가까운 산에서 석재를 취해 기중기를 써서 들어올린다.

9. 춘분에 가마를 설치하여 기와를 굽는다.

10. 철물(鐵物)에서 농간이 가장 심하니 반드시 무게를 확인한다.

11. 아전과 군노가 주로 일하고 민간인은 거드는 역할을 한다.

12. 장부를 치밀하게 기록하여 후일 말썽이 없도록 한다.

결론적으로 공공건물이나 청사를 짓고 보수하는 일은 공익을 위한 일이니 폐단이 생길 소지를 미리 막고, 철저한 계획을 세워 노력과 비용을 절약해야 한다는 것이다. 관청의 공사로 사익

이나 취하는 못된 목민관은 절대로 용납할 수 없다는 다산의 뜻
은 오늘날에 더욱 새롭게 다가온다.

관아의 건물을 잘 개축하거나 수리하고 나서는 꽃을 가꾸고 나무
를 심는 것도 맑은 선비의 자취이다.

빼놓지 않고 조경의 중요성을 강조한 것도 멋을 아는 다산답
다. 다산은 어느 곳에 살든 일평생 부지런히 집 주변을 가꾸어
아름다운 풍경을 즐겼다.

4 ——————— 수성修城 : 성곽 보수

▌ 성을 쌓아 국방을 튼튼히

공전의 네 번째 조항은 '수성'이다. 조선시대 국방 업무에서 성
(城)을 쌓고 보수하는 일은 매우 중요했다. 토목공사에서 축성
은 매우 큰 비중을 차지했다.

성을 수축하고 호를 파서 국방을 튼튼히 하고 백성을 보호하는
일 또한 목민관의 직분이다. 修城浚濠, 固國保民, 亦守土者之
職分也.

국방을 튼튼하게 하려면 성과 호를 쌓고 파야 한다. 초가을에
는 무너진 담장을 막고 성곽을 보수하며, 중추에는 성곽을 쌓고
곡식 창고를 수리하며, 초겨울에는 허물어진 성곽을 막고 마을

어귀를 지켜야 한다고 당부했다.

다산은 당시로서는 비교적 높은 수준의 축성 기술을 담은 명나라의 학자 윤경(尹耕)의 『보약(堡約)』을 참고하도록 권했다. 또 모원의(茅元儀)의 『무비지(武備志)』에 나오는 수성과 축성의 방법을 소개했다.

조선시대를 통틀어 가장 견고하고 아름다운 성 중의 하나는 수원의 '화성(華城)'으로, 다산이 설계하고 정조의 노력으로 축성한 성이다.

정조가 수원성을 쌓을 때, 처음에는 다른 산의 돌을 구해 오려 했으나 임금의 뛰어난 감각으로 앵봉(鸎峯)을 깎아 보니 온 산이 모두 돌이었다. 이 돌로 성을 쌓으니 넉넉히 여유가 있었다. 부득이하여 먼 곳에서 구해 올 경우에는 기중소가(起重小架)를 만들어서 돌을 들어 올리면 편리하다. 또 유형소거(游衡小車)를 만들어서 돌을 실어 나르면 편리하다.

다산이 기계와 기구를 동원하여 성 쌓기를 권장한 것은 당시로서는 매우 선진적인 생각이었다. 다산은 자신의 지혜를 총동원해 만든 화성의 축성 과정과 기술을 총정리한 『화성의궤(華城儀軌)』를 기록으로 남겼다.

5 ——————————— 도로 道路

도로는 사회의 근간 시설

공전의 다섯 번째 내용은 '도로'이다. 지금도 국토교통부에서는 도로 사업이 큰 비중을 차지한다.

도로를 잘 닦아서 행인이 그 도로로 다니기를 원하게 만드는 것도 훌륭한 목민관의 정사이다.

도로를 개설하고 보수하는 일은, 다니는 사람의 편의를 위하는 것만이 아니라, 사회의 근간이 되는 시설을 구축하는 작업이다. 도로가 잘 닦여 있어야 물건의 교역이 이루어진다.
이 조항에서 다산은 교량의 건설과 보수에 대한 이야기도 빠트리지 않았고, 길에 이정표를 세울 것을 강조했다. 다산의 시대에야 오늘날과 같은 섬과 섬을 이어 주는 교량이나 섬과 육지를 연결하는 연륙교를 상상할 수도 없었겠지만 다산이 토목공사에서 교량의 문제를 언급한 것은 분명히 선진적인 발상이었다.

　다산은 또 역(驛), 원(院) 등에 대해서도 언급했는데, 지금으로서는 거론할 필요가 없다. 버스, 기차, 승용차, 비행기 등이 물건을 운반하고 여객을 수송하고 있는 오늘, 당시 말 타고 걸어 다닐 때의 역이나 원은 옛날이야기가 되었다. 더구나 오늘날처럼 터널을 뚫어서 고속도로를 만드는 것으로 보면 그 시대의 도로정책은 현재로서는 토론의 대상이 아니다.

6 ──────────────── 장작匠作:기물 제작

| 노동을 덜어 주는 기계 발명

공전(工典)의 여섯 번째 조항은 '장작'이다. 장작은 장인(匠人)
을 시켜 물품을 제조하는 일이다. 다산은 목민관은 청렴해야 하
는 절대적인 의무가 있기 때문에 물품을 제작하는 공작(工作)은
삼가야 한다고 강조했다. 공작품이나 예술품을 만들어 목민관
의 사복을 채우는 경우가 많았기 때문에 그러한 일을 하지 않아
야 청렴하다고 여겼다. 가구나 기물을 고급스럽게 제작하고자
장인을 괴롭히는 일은 하지 말아야 한다.

  그러나 절대로 필요한 경우가 있으니, 바로 농기구를 만드는
일이었다.

  "농기구를 만들어 백성의 농사를 권장하고, 직기(織器, 베틀)
를 만들어 부녀자의 길쌈을 권장하는 것은 목민관의 직무이다.

348
──
제10편 공전

목민관은 시간이 나면 사물의 법칙을 연구하고 생각을 운용하여 농기와 직기를 만들고 백성을 가르쳐 백성의 노력을 줄여 주어야 한다. 정덕(正德)·이용(利用)·후생(厚生)은 하늘과 땅 사이의 큰일인데, 성인들은 그 요체를 알았다. 농용수를 끌어올리는 데 관개용구를 사용하면 가뭄에도 두레박질하는 수고를 덜수 있고, 맷돌을 굴리고 물레방아를 돌리는 방법을 쓰면 밀을 갈고 쌀을 찧느라 온 집안이 헐떡이는 노고가 없어진다. 바람으로 돌리고 바퀴로 치솟게 하는 방법이 강구되면 물을 나르고 퍼올리는 것이 어렵지 않다. 풍구와 씨아의 제도가 강구되면 티끌을 제거하고 목화씨를 제거하는 일이 어렵지 않다."

다산은 이러한 제도가 중국의 기술서적인 『의상지(儀象志)』·『무비지(武備志)』·『기기도설(奇器圖說)』 등에 실려 있다고 소개했다. 기술 개발과 기계화에 대한 다산의 선진적인 생각은 역시 훌륭하다. 오늘의 목민관 또한 이 문제를 중요시해야 한다. 노동의 고통을 덜어 주는 기계 발명은 예나 이제나 중요하기 짝이 없는 일이다.

벽돌 굽는 법을 강구하고 기와도 구워서 읍성 안을 모두 기와집으로 만드는 것 또한 좋은 정치이다.

벽돌과 기와의 제작을 권장하여 초가집이나 띳집을 벽돌이나 기와를 사용한 집으로 바꾸자는 것은 얼마나 선진적인 생각인가. 모든 마을과 성 안의 가옥이 거의 초가집이던 때에 기와와

벽돌을 사용하자는 주장은 시대를 내다본 생각이었다. 현대적인 관점에서 보면 주거환경 개선 사업이라 할 수 있다.

▍ 도량형을 통일해야 부정을 막는다

공전에서 다산의 마지막 주장은 정밀한 도량형기를 제작하여 무게와 길이를 재는 일에 부정과 비리가 없도록 하자는 내용이다.

도량형이 집집마다 다른 것은 고칠 수 없더라도 여러 창고와 시장에서는 같게 만들어야 한다.

잘못된 도량형 때문에 일어나는 조선 후기 환곡제도의 문제를 해결하기 위한 다산의 주장 또한 탁월하다. 다산은 오래전에 「도량형의(度量衡議)」라는 논문을 써서 국가 통치에 도량형이 차지하는 비중이 얼마나 큰가를 지적했다.

"도량형을 귀하게 여기는 의의는 어디에 있는가. 이는 똑같이 함에 있을 뿐이다. 가령 한 치를 두 치의 길이와 같게 하더라도 온 나라의 자가 모두 그러하다면 이것이 자이다. 가령 두 되가 한 되와 같게 되더라도 온 나라의 되가 모두 그러하다면 이것이 되이다. 가령 한 냥의 무게가 두 냥이나 석 냥의 무게와 같더라도 온 나라의 저울이 모두 그러하다면 이것이 저울이다."

때와 장소에 따라 길이·무게·양을 헤아리는 도량형이 일정하지 않다면 거기서 발생하는 비리와 부정을 막을 길이 없다. 『대명률』에 보면 창고를 맡은 관리가 관에서 지급한 도량형구를 조작하면 장100대라는 엄한 벌을 받는다고 되어 있다. 도량형 문제는 그 시대에는 매우 엄중한 사안이었다.

요즘이야 대부분의 도량형 기구가 전자식으로 만들어져 특별하게 문제 될 것이 없으나 다산 당시의 그런 문제는 간단한 사안이 아니었다. 공정하고 공평한 세상, 평등하고 차별이 없는 세상을 그리워했던 다산의 마음은 이런 곳에서 여실하게 드러난다.

제11편

진황

賑荒

▎ 흉년에 대비해 곡식을 비축해야

『목민심서』 12편 가운데 원론 격인 부임·율기·봉공·애민 4편
과 각론 격인 이전·호전·예전·병전·형전·공전 6편을 합해 모
두 10편의 내용을 보았다. 이제 부록 격인 진황(賑荒)과 해관(解
官) 두 편이 남았다.

　제11편 진황은 특별한 경우, 즉 일상적인 목민관의 업무와 다
르게 천재지변이나 가뭄, 홍수 등의 기후 때문에 극심한 흉년이
들어 특별한 조처를 하지 않으면 백성들을 구제할 수 없는 경우
를 대비해서 취해야 할 조치를 말하고 있다.

　진황의 첫 번째 조항은 '비자(備資)'이다. 흉년에 빈민을 구제
하기 위해 곡식이나 돈, 기타 물자를 미리 준비해 두는 것을 말
한다. 조선시대에는 전염병의 피해도 컸고, 가뭄이나 홍수 등의

천재지변으로 인한 흉년의 피해도 컸다.

흉년에 백성을 구휼하는 정사는 선왕이 마음을 쏟았던 일이다. 목민하는 능력을 여기서 볼 수 있다. 이 일이 잘 되어야 목민관의 임무가 끝나는 것이다.

이처럼 어려운 일이 닥쳤을 때를 대비해 물자를 비축했다가 백성을 구휼하는 수령이야말로 능력 있는 목민관이다. 다산은 흉년에 목민관이 시행해야 할 정책으로 『주례(周禮)』 「대사도(大司徒)」 편에 나오는 12가지를 소개하였다.

첫째, 산리(散利)이다. 재해로 빈민이 된 백성에게 곡식 종자와 양식을 대여하는 것이다.

둘째, 박정(薄征)이다. 이재민의 세금을 가볍게 해 주는 것이다.

셋째, 완형(緩刑)이다. 형벌을 관대하게 하는 것이다.

넷째, 이력(弛力)이다. 요역을 면제해 주는 것이다.

다섯째, 사금(舍禁)이다. 산이나 냇가의 금령(禁令)을 풀어서 백성들이 산이나 내에서 나는 나물이나 생선을 취할 수 있게 하는 것이다.

여섯째, 거기(去幾)이다. 시장 등에서 검문을 폐지하는 것이다.

일곱째, 생례(眚禮)이다. 잔치를 간략하게 하는 것이다.

여덟째, 쇄애(殺哀)이다. 초상을 간단하게 치르는 것이다.

아홉째, 번악(蕃樂)이다. 악기를 모두 치우는 것이다.

열째, 다혼(多昏)이다. 혼례를 간단하게 하여 많이 치르게 하는 것이다.

열한째, 색귀신(索鬼神)이다. 폐지했던 제사를 다시 지내는 것이다.

열두째, 제도적(除盜賊)이다. 도적을 단속하는 것이다.

고대의 대처 방법이지만, 열한 번째를 빼고는 오늘날에도 그대로 적용되는 사항이다. 이러한 정책을 펴는 한편 목민관은 몸가짐을 삼가야 한다.

명나라의 학자 구준(丘濬)은 이렇게 말했다.

"옛날 임금은 흉년을 만나면 모든 일을 줄였다. 이는 단지 백성의 시름을 걱정해서만이 아니고 하늘의 재앙을 두려워했기 때문이다. 그러므로 『주례』에서는 큰 기근에 거(擧)하지 않고 전염병이 크게 번지면 거하지 않는다고 했다. 거란 소를 잡아 음식을 성대하게 차리는 일이다. 또한 옷, 수레 등 기물을 만들거나 공사를 일으키는 일은 모두 중지했다."

흉년에는 음식을 간소하게 하고, 그 외 옷, 수레 등도 평소보다 검소하고 소박하게 하라는 뜻이다.

흉년을 극복하는 정치로는 미리 준비하는 것 만한 것이 없으니, 예비하지 못하면 구차스럽다.

다산이 말하는 유비무환(有備無患)의 기본적인 원칙이다. 재난이나 환란은 미리 준비하고 대비할 때에만 극복할 수 있다. 흉년이 들고 기근이 심해질 것을 예측하여 평상시에 곡식을 비축해 두기 위해서는 풍년이 들었을 때 곡식을 사들이고, 빌려주고 미처 받지 못한 곡식을 정확하게 징수해야 한다.

▍ 예비하지 않는 나라는 정치가 없는 나라

춘추전국시대는 지금으로부터 수천 년 전이다. 그때 흉년에 대비하고 인민을 구제하기 위해 위정자가 어떤 자세로 임했는가를 살펴보면 오늘의 목민관도 정신이 번쩍 날 것이다.

쌀·보리·콩·조·기장 등 오곡이 모두 여물지 않으면 큰 흉년이다. 그중 한 가지 곡식이 여물지 않으면 겸(嗛, 부족함)이라 하고, 두 가지 곡식이 여물지 않으면 기(饑)라 하고, 세 가지 곡식이 여물지 않으면 근(饉)이라 하고, 네 가지 곡식이 여물지 않으면 강(康, 편안함이 없어짐)이라 한다. 다섯 가지 곡식이 여물지 않으면 대기(大饑), 대침(大侵)이다. 대침의 경우 임금은 맛있는 음식을 먹지 않고 건물을 도색하지 않으며 활쏘기도 그만둔다. 행차에 벽제하지 않고 모든 벼슬아치는 무명옷을 입는다.

흉년이 들어 많은 백성이 굶주림에 시달리는데, 위정자가 절제된 행동 없이 평상시처럼 화려한 행사를 치르고 안락하게 지내서는 안 된다는 뜻이다.

맹자(孟子)가 말했다.

"개나 돼지가 사람의 양식을 먹는데도 단속할 줄 모르고, 길에 굶어 죽은 시체가 널렸는데도 창고를 열 줄 모른다. 풍년에 흉년을 대비하지 않고 흉년에 가난한 백성을 돕지 않는 것은 그 죄가 칼로 찔러 사람을 죽인 것과 다름이 없다. '예비'는 모든 나라에서 힘써야 할 일이니, 예비하지 않는 나라는 정치가 없는 나라이다."

"예비하지 않는 나라는 정치가 없는 나라이다(不預備者, 無政之國也)"라는 말에 '유비무환'의 중요한 의미가 그대로 담겨 있다. 나라가 예비하지 않으면 나라가 아니듯이, 지방자치단체도 예비가 없다면 지방자치단체일 수 없다. 그러면 나라에 정치가 없어지고, 지방에도 정치가 없어져 나라 전체가 혼란에 빠지게 된다. 옛날이나 오늘이나 목민관은 책임을 지고 재난이나 흉년에 대비할 물자를 준비해서 적절하게 백성을 구휼해야 한다.

흉년에 대처하는 목민관의 임무도 중요하지만, 흉년은 대체로 전국적인 경우가 많기 때문에 정부에서 조치해야 할 문제도 많았다. 어떤 지역에 재난이 일어나면 나라에서 감독관인 암행어사를 파견하여 구제책을 마련하는데, 다산은 이에 대해서도 의미 있는 주장을 폈다.

흉년에 진휼을 감독하는 데에는 의당 정승을 보내야 한다. 조선 초기에 상당부원군 한명회(韓明澮)가 삼도구황사(三道救荒使)가 된 것은 만백성을 살리고 한 지방을 보전하는 것이 나라의 큰일이기 때문이다.

거물급 정치인이 파견되어 중대한 기근 해결책을 강구해야지, 신진 관리를 파견하면 일을 제대로 처리할 수 없다. 요즘에도 대형 재난이나 사고가 나면 장관이나 국무총리 혹은 대통령이 직접 방문하여 이재민을 위로하고 사건을 처리한다. 그래야 효과가 빨리 나타나고 국민을 안심시키기 때문이다.

비자의 마지막 내용은 지역 간의 연대이다. 한 지역에 흉년이 들었을 때 자체의 능력이 부족하면 이웃 고을과 연대하여 해결해야 한다. 너무나 당연한 이야기다. 목민관은 평소 이웃 지방의 목민관들과 깊은 유대를 맺고 일이 생기면 서로 돕고 서로 보살펴야 한다. 세계화가 된 오늘날에는 국내뿐 아니라 다른 나라에 지진, 해일, 전염병 등 어려움이 닥쳤을 때 함께 극복하는 의지를 발휘해야 한다.

| 재난 구제에 앞장선 사람은 반드시 포상

진황편의 두 번째 조항은 '권분'이다. 글자의 의미대로 나누며 살아가기를 권장하는 내용이다. 흉년이 들었을 때 부유한 사람에게 양식이 없는 농민을 구제하기 위한 곡식이나 재물을 내놓거나 직접 나누어 주도록 권장하는 일이다.

다산은 권분의 유래부터 설명했다.

권분하는 법은 멀리 주(周)나라 때로부터 시작되었다. 그러나 뒷세상으로 내려오면서 정치가 타락하여 본래의 의도와 실제가 같지 않게 되었다. 오늘날의 권분은 옛날의 권분이 아니다.

당시 권분이라는 전통적인 빈민 구제정책이 본뜻을 잃고 잘못된 방향으로 바뀌었음을 비판한 것이다. 본디 권분이란 있는 사람과 없는 사람이 서로 돕는 일이라는 대원칙이 있었다. 옛날의 법은 있는 사람이 없는 사람에게 나누어 주는 것이지 재물을 관가에 바쳐서 나누는 것이 아니었다. 후세의 법이 달라지긴 했어도 팔거나 꾸어 주도록 권하는 것이지 거저 주도록 권하지는 않았다.

그런데 조선의 권분은 백성의 재물을 억지로 빼앗아 거저 나누어 주는 방식이다. 그러면서도 『춘추』에 나오는 옛날의 제도라고 우겨댄다. 강제로 하는 권분은 권분일 수 없다. 다산은 상을 주어 권장해야 하는데 거의 위협하고 있으니 당시의 권분은 비례(非禮)의 극치라고 강한 어조로 비판했다. 그러면서 역대 어진 목민관으로서 모범적인 권분을 했던 예를 들었다.

송나라의 조변(趙抃)이 월주(越州)를 맡아 다스릴 때 큰 흉년을 만났다. 그는 고을의 부자들을 불러 모아 빈민을 구제해야 한다고 권하며 허리춤의 금대(金帶)를 풀어 마당에 내려놓았다. 이것을 보고 기꺼이 희사하는 사람이 구름처럼 모여들었다. 이때 온전히 살려낸 사람이 수만 명이나 되었다.

송나라 효종 때 흉년이 들자 관할 부서에서 왕에게 아뢰었다.

"호남과 강서에 한재가 들었으니 상을 마련하여 곡식을 저장하고 있는 부유한 집에 권유하십시오. 무릇 쌀을 내어 흉년을 극복하게 하는 것은 의풍(義風)을 숭상하는 일에 속하니 진납(進納, 곡식이나 재물을 국가에 바치는 일)과는 다릅니다."

구호품을 내서 어려운 사람을 구제하는 사람에게 줄 상금을 준비해야 한다고 했으니, 이것이 권분의 명분이고 '의풍'을 숭상하는 도리이다.

다산이 살던 시대에는 여유 있는 사람이 직접 돕도록 하지 않고 관에 바치게 했다. 따르지 않는 사람이 있으면 엄중한 형벌과 사나운 곤장이 마치 도적을 다스림과 같았다. 그러니 흉년을 만나면 부민(富民)이 먼저 곤욕을 치르게 된다. 그래서 남쪽 백성들 사이에 "사는 것이 죽는 것만 못하고, 부자가 가난뱅이만 못하다(生不如死, 富不如貧)"라는 말이 있다. 이는 학정(虐政) 중에서도 심한 것이니 목민관이라면 마땅히 알아야 할 일이다. 다산은 권분이라는 아름답고 의로운 빈민 구제책을 오히려 수탈 정책의 하나로 악용하던 당시의 패륜적인 행태를 비판했다.

순리대로 권유해서 가난한 사람을 돕도록 하는 것이 권분이라면, 억지로 재물이나 금전을 출연하게 하는 것은 늑분(勒分)이다. 늑분의 책임은 목민관에게 있다. 엄중하게 신칙해서 범죄 행위에 이르지 않도록 해야 한다. 정조 때에는 권분을 통하여 많은 빈민이 구제된 경우 반드시 벼슬을 내렸고, 금전과 곡식을 출연한 부자들에게는 후한 포상을 했다.

▌권분은 스스로 기부에 동참하는 것

우리나라는 과거 권위주의 시대에 불우이웃 돕기나 이재민 구호를 내세워 위로금이나 의연금을 걷는 경우가 많았다. 말이야

자발적인 출연이고 구호금이지 대부분 '준조세'라는 말이 나올 정도로 권력의 위협 때문에 내는 경우가 비일비재했다. 독재시대가 지나가면서 많이 개선되었지만, 이런 문제는 언제나 세밀하게 살펴서 절대로 강요된 권분이 없도록 해야 한다. 다산은 다시 한 번 강조하였다.

권분이란 스스로 나누어 주도록 권하는 것이다. 스스로 나누어 주도록 권하면 관의 힘을 크게 덜 것이다. 勸分也者, 勸其自分也. 勸其自分, 而官之省力多矣.

자의에 의한 출연이어야 의연금이 되는 것이고 주는 사람이나 받는 사람 모두가 마음이 편하고 재해를 극복하는 미풍양속이 된다. 흉년은 천재 때문에도 일어나지만 인재 때문에도 일어난다. 천재와 인재 구별 없이 흉년을 극복하는 일은 당연히 국가의 책임이다. 국력이 넉넉하다면 당연히 국가에서 구휼해야 하지만 관의 재력이 부족하여 민간인의 도움을 받기 위해 권분을 하는 것이다.

나라에서 권분을 시행하라는 명을 내리면 부자는 얼마나 뜯길 것인가 혼란스러워하고, 가난한 사람들은 이럴 때 한몫 잡아 보자는 탐욕스러운 생각을 하기도 한다. 충분히 있을 수 있는 일이다. 이재민 구호품이나 위로금에 손을 대고 농간을 부리는 경우가 얼마나 많았던가를 생각해 보면 알 수 있다.

가세가 넉넉한 집안이 요호(饒戶)이다. 요호라고 해서 무조건 권분하라고 강요할 수는 없다. 요호에도 저마다 형세가 있고 저마다 인척이 있으며, 이웃이 있다. 가까운 사람이 어려움을 겪고 있다면 먼저 구휼하도록 하고, 그런 다음에 권분을 권장하는 게 순리이다. 요호라는 이유로 사정은 알아보지도 않고 관에 바치기를 강요하면 그것은 착취이지 권분이 아니다.

사찰의 형편을 제대로 파악하여 혹 여유가 있으면 세속인에게 은혜를 베풀도록 권장하는 것 또한 권분이다. 이런 경우에도 절 주변의 촌락 및 승려의 친족을 먼저 돕도록 한다.

권분은 훌륭한 미풍양속으로 자리 잡아야 한다. 재난을 구제한다는 이유로 강제로 권분하는 일은 불가하며, 권분이라는 명목으로 오히려 농간을 부리고 부정부패가 개재되는 일은 없어야 한다. 의연금 모금이라는 명분으로 준조세의 약탈 같은 행위가 있었던 구시대의 악행을 잊지 말고 공정하고 청렴한 권분을 시행해야 한다.

▍때를 잘 맞추고 고르게 분배해야

'규모'란 어떤 일을 처리하기 위하여 계획을 세우고 범위를 정한다는 뜻이니, 진황편의 규모란 재난을 당하거나 흉년을 맞아 어려운 사람을 진휼하는 일에 적절하게 대비하기 위한 세부 계획이라고 보면 되겠다.

다산은 규모를 설명하면서 진휼에 두 가지 관점이 있다고 했다. 첫째는 시기를 맞추는 것이고, 둘째는 고른 분배에 대한 세부 계획을 세워야 하는 것이다. 때에 맞게 도와야지, 때를 놓친 구호는 효과가 줄어들 수밖에 없다. 또한 준비된 물량과 피해자의 숫자를 헤아려 어떻게 하는 게 가장 효과적인지 치밀하게 시행해야 한다.

다산은 몇 가지 예를 들어 올바르게 처리한 규모를 소개했다.

송(宋)나라의 조변(趙抃)이 월주를 맡아 다스릴 때인 희경 8년(1075) 오(吳)와 월(越) 지방에 큰 가뭄이 들었다. 조변은 정확한 실태 파악을 위해 각 고을에 공문을 발송했다. 가뭄의 피해가 큰 고을, 자기 힘으로 양식을 해결할 수 있는 사람, 관에서 양식을 주어야 할 사람, 도랑과 제방을 구축하는 취로사업을 할 곳, 진휼용으로 내놓을 수 있는 공공 창고의 곡식, 권분할 수 있는 부자나 사찰의 여유 식량 등을 자세히 조사하여 보고하라는 내용이었다.

조변은 회신을 받은 후 지역에 따라 토목공사를 일으키고, 창고를 열어 곡식을 나누어 주었으며, 부자와 승려로부터 곡식을 모았다. 남녀를 구분하고 버려진 아이와 병자를 치료했으며, 죽은 사람을 매장해 주었다. 이처럼 조변은 재난 대처에 신중하게 접근해 형편에 맞는 구휼정책을 펼쳤다.

송나라의 등원발(滕元發)이 운주를 맡아 다스릴 때 흉년이 들어 회남에서 쌀 20만 석을 빌려와 대비하고 있었다. 그런데 회남과 경동 지방에도 큰 기근이 들어 백성들이 어려움을 겪었다. 그는 운주성 안의 주민을 모아 놓고 말했다.

"유민이 우리 고을에도 올 텐데 수용할 곳이 없으면 질병이 생기고, 그대들에게도 화가 미칠 것이다. 성안에 있는 옛 병영 터를 헐어서 넓은 집을 지어 수용하는 것이 어떻겠는가?"

주민들이 응낙하고 하루 만에 2,500칸의 집을 지었다. 유민이 몰려오자 머물 곳을 지정해 주었는데, 우물·부엌·그릇 등이 모두 갖추어져 있었다. 부서를 정하여 젊은 사람은 밥을 짓고 장정은 나무를 해 오고 부녀자는 물을 긷고 늙은이는 쉬게 하였다. 유민들은 모두 제집에 돌아온 듯 편하게 지냈다. 이 상황을 그림으로 그려 조정에 보고하여 큰 상을 받았다. 그때 도움을 받은 유민이 5만 명이나 되었다.

다산은 조선의 사례도 열거하였다. 왕조 시절에도 재난을 당한 유민이나 난민을 구제하는 정책을 실시했다.

현종 8년(1668) 관동과 관서의 유민들이 서울로 들어왔는데, 굶주리고 병든 사람이 수천 명이었다. 정부에서 한성부에 명령하여 동서 활인서에 수용하게 하고 양식을 주어 구제하고 치료해 주었다.

현종 12년에 큰 기근이 들자 왕이 교서를 내렸다.

"여러 도(道)에서는 읍내와 촌락의 원근을 헤아려서 진휼하는 장소를 여러 군데 설치하라. 죽을 쑤어 굶주린 사람에게 먹이고 마른 곡식을 주어 농사일을 시작하도록 하라."

이처럼 국가는 국가대로 이재민 구호를 위해 하급기관에 명령을 내리고, 하급기관은 그에 따라 약자를 구제하는 방법을 강구했다.

▮ 복지나 구호도 절차가 투명해야

문제는 목민관의 마음자세이다.

어진 사람이 하는 진휼은 백성의 아픔을 자신의 아픔처럼 슬퍼한다. 다른 고을에서 떠돌다 들어오는 사람도 받아들이고, 이 고을에서 떠돌다 나가는 사람도 머물러 있게 하여 내 땅, 네 땅의 경계를 두지 않는다. 仁人之爲賑也, 哀之而已. 自他流者受之, 自我流者留之, 無此疆爾界也.

다산은 사람의 목숨이 걸려 있는 일에 내 고을 네 고을을 가리고, 내 나라 네 나라를 가리는 비인도적인 일을 해서는 안 된다고 강조했다. 200년 전에 다산은 난민을 받아들여 인간적으로 대접하고 살길을 열어 주어야 한다고 했다.

코로나19가 창궐할 때 위급환자를 각 지방 공기관 연수원에 분산시켜 수용했던 것도 진휼의 또 다른 방법이다. 세계 곳곳에서 발생하고 있는 난민 문제를 다산의 뜻대로 풀어 보면 어떨는지.

오늘날에도 구호 대상 국민이 있다. 다산은 백성의 생활 형편을 정확하게 살펴 적절한 분배가 이루어지도록 유념해야 한다고 했다.

굶주리는 호구를 가려내 세 능급으로 나눈다. 그 상능을 다시 세 등급으로 나누며, 중등과 하등은 각각 한 급으로 한다.

상등은 목숨을 살리는 조치가 필요한 사람들이다. 중등은 비록 긴급하지만 춘궁기에 돕고 추수 때 곡식을 갚는 진대(賑貸)

의 조치를 취한다. 하등은 그 상태가 긴급하지만 약간의 여유가 있으니 장차 진대해야 할 사람들이다. 이들을 대상으로 긴급한 순서대로 기한을 정해 양식을 나누어 주거나 빌려준다.

다산은 『다산필담(茶山筆談)』과 『한암쇄화(寒巖瑣話)』에서 기민을 구제하는 과정에서 벌어지는 부정부패에 대한 방지책을 거론했다. 오히려 흉년이 들기를 기다리며 한몫 잡으려 하는 아전의 행태를 고발하고, 분배의 불공정에서 오는 백성의 고통을 열거했다.

복지정책이나 긴급한 구호정책을 시행할 때 절차가 공정해야 하며, 중간에 개재되는 비리와 부정을 용납해서는 안 된다. 이재민돕기로 모금한 금액에 손을 대는 관리의 부패는 예전뿐 아니라 근래에도 있었던 일이다. 가장 어려운 사람들을 돌보는 일에서 틈을 엿보아 착취의 끈을 놓지 않는 아전이나 부패 목민관에 대한 다산의 경고는 오늘에도 유효하다는 것을 잊어서는 안 된다.

┃ **이재민 실태와 구휼미 수량을 정확하게 파악해야**

진황편의 네 번째 조항인 '설시'에서는 이재민을 구휼하는 데 필요한 일체의 시설과 행정기구 및 구휼의 구체적인 시행 방법을 제시하는 내용을 담았다.

진청(賑廳, 곡식을 나눠 주고 음식을 제공하는 건물)을 설치하고, 감독하는 사람을 두며, 가마솥과 소금·된장·미역·마른새우 등을 갖추어 놓아야 한다.

이재민을 수용하는 시설을 만들 때 음식을 제공하는 주방이 매우 중요하다는 것은 두말할 나위가 없다.

이 대목에서 다산의 깊은 뜻을 헤아릴 수 있는 이야기가 나온다. 다산은 어떤 사람이 이런 일을 주관하고 감독해야 공정하고 균등하게 이재민에게 구휼미가 배분될 것인가를 걱정했다.

"온 세상의 만 가지 일은 모두 사람을 얻는 데 있으니, 적임자를 얻지 못하면 그 일을 능히 잘 할 수 없다. 도감 1인, 감관(監官) 2인, 색리(色吏) 2인은 반드시 청렴 신중하고 일을 잘 아는 사람을 골라서 그 자리에 두어야 한다."

다산은 또 한 번 경계한다.

"마을의 책임자로 실무를 맡은 촌감(村監)이 아주 중요한데, 촌감이 뇌물을 받고 농간질이나 하면서 항아리에 곡식이 저장되어 있는 사람에게도 몇 식구를 더 붙여서 구휼미를 나눠 주고, 홀아비나 과부로서 의지할 데 없는 사람을 누락시켜 죽어가도록 보고만 있다."

언제 어느 때나 뇌물로 인한 부정과 비리가 일어날 수 있음을 인식하고, 어려운 처지에 있는 사람을 위해 공정하게 처리할 것을 주문했다. 다산은 거기서 더 나아가 세밀한 것까지 살폈다.

곡식을 키질하여 그 알곡의 수량을 정확히 파악하고, 굶고 있는 집안을 파악해 실제 숫자를 확정해야 한다.

쭉정이나 겨는 먹을 수 없는 것이다. 이런 것을 쌀에 잔뜩 섞어 양을 늘리는 속임수를 막아야 한다. 확실하게 키질을 하여 먹을 만한 쌀인가를 확인해야 한다. 소금이나 미역 등도 수량과 상태를 잘 살펴야 한다.

다산은 '경위표(經緯表)'를 만들어 구휼 받아야 할 사람의 등급을 매기고, 어느 정도의 수량이 적당한가를 조목별로 나열했다. 당시는 탐관오리가 못할 짓이 없던 시절이라 부정을 차단하기 위해 세세하게 나누어 주는 방법을 제시한 것이다.

홍주 목사 유의가 빈민에게 베푼 선정

이제 다산이 직접 목격한 빈민 구제의 실례를 알아보자.

다산이 홍주목(洪州牧, 홍성) 예하 금정도 찰방으로 있을 당시 유의(柳誼)가 목사(牧使)로 있었다. 뒷날 참판 벼슬까지 오르게 되는 유의는 『목민심서』에 여러 차례 등장하는 인물로, 청렴하고 능력 있는 관료였다. 다산은 유의가 빈민에게 베푼 선정을 가감 없이 기록했다.

유의가 홍주 목사로 있을 때의 일이다. 흉년이 든 해에 유리걸식자 오륙 명이 읍내를 돌아다녔다. 유의가 이들을 가련하게 여겨 관청 마구간 거처에 머물게 하여 죽을 먹이고 따뜻하게 지내도록 하자 향승(鄕丞)과 아전이 유의에게 간하였다.

"유리걸식자를 이같이 편안하고 즐겁게 해 주면 그 패거리가 장차 구름같이 몰려들 텐데 누가 이것을 감당하겠습니까?"

며칠이 지나 과연 소문을 듣고 모여드는 유리걸식자가 수십 명이었다. 유의는 좌우에서 극력 말려도 듣지 않고 이들을 모두 수용했다. 내가 홍주에 가서 살펴보니, 석양에 마방에 수용되어 있는 유리걸식자들이 밖에 나와 햇볕을 쬐고 있었다. 유의가 그들이 오게 된 연유를 나에게 말해 주었다.

"유리걸식자가 어찌 무한정 있겠는가. 구름같이 모여든다고 미리 말하는 것은 모두 착한 일을 막는 말이다. 내 힘이 미치는 데까지는 우선 받아들일 것이요, 힘이 다 되면 내보내는 것이 옳지 않겠는가."

그 말을 들은 다산은 지금까지 마음으로 감복하고 있다고 했다.

그렇다. 힘이 미치는 데까지는 최선을 다해서 노력해 보고, 더 이상 힘이 미치지 못하면 어쩔 수 없다. 유리걸식하는 사람은 천하의 궁민(窮民)으로 호소할 데가 없는 사람이다. 노력을 기울이지 않아 걸식자가 굶어 죽는다면 어떻게 될 것인가. 유의라는 목민관의 처사도 훌륭하지만, 그런 처사에 감복했던 다산의 마음도 훌륭하다.

한 고을, 한 나라를 맡은 지도자라면 백성을 기아로 죽게 해서는 안 된다. 천재(天災)에 대비해 미리미리 준비하고, 어려운 일이 발생하면 온갖 방법을 동원해서 인명을 구제하는 일이 목민관의 가장 중요한 임무이다.

다산의 세세한 배려는 거기서 끝나지 않는다. "흉년이 든 해에는 반드시 전염병이 발생하니, 구제하고 치료하는 방법과 거두어 매장하는 일에 마음을 다해야 할 것이다"라고 하여 전염병에 대한 대비책을 설명했다.

다산은 이미 애민(愛民)편의 '관질(寬疾)'과 '애상(哀喪)' 조항에서 전염병을 치료하고 시체를 거두어 매장하는 방법을 이야기 한 바가 있다. 그런데 전염병으로 온 집안이 몰사하여 시체를 거두는 사람이 없을 경우, 그 집에 지급되는 구휼미로 사람을 고용해서 염하고 장사지내야 한다고 했다. 사회보장제도가 미비했던 당시에는 그런 방법이 아니고는 몰사한 집안의 장례가 어려울 수밖에 없다. 매장하는 경우 흙을 두텁게 덮어 여우와 이리가 밤에 파고 까마귀와 솔개가 낮에 쪼지 못하도록 해야 한다.

다산은 기본적으로 인간은 평등하며 신분제는 폐지되어야 한다는 원칙을 지녔던 사람이다. 그러나 이 조항에서 버려진 갓난아이는 길러서 자녀로 삼고, 떠돌아다니는 아이는 길러서 노비로 삼아도 된다고 했다. 그러면서 사족(士族)의 자녀를 거두어 노비로 삼은 경우에는 관(官)에서 돈을 내 속량시키는 것이 목민관의 음덕이라고 했으니 근본적으로 노예제를 인정하는 것이다. 반계 유형원이나 성호 이익은 실학사상을 통해 노예제 폐지 방향을 제시했는데, 그 후학인 다산은 신분적 시대적 한계를 벗어나지 못하고 노예제 존치를 주장했다.

5 ──────── 보력補力 : 백성 돕기

'보력'은 글자의 뜻으로 보면 힘을 보충해 준다는 뜻인데, 흉년에 시달리는 백성들에게 민력(民力)이 다소나마 펴질 수 있도록 민생을 안정시키는 방법을 강구한다는 뜻으로 사용했다.

조선은 농업국가였다. 농사의 풍흉에 따라 백성의 생활능력이 결정되기 때문에 『목민심서』는 기본적으로 농사에 대한 이야기가 주를 이룬다. 그래서 오늘날과 같은 산업사회와 부합되지 않는 대목도 있음을 이해해야 한다.

다산은 이 조항을 흉년의 대파(代播) 문제로 시작했다. 대파란 가뭄이 극심한 경우 논농사가 불가능하기 때문에 마른 논에 심을 수 있는 다른 종자를 파종하는 것이다.

농사가 흉년으로 판명되면 논을 밭으로 삼아 일찍이 다른 곡식을 파종하도록 권하고, 가을에는 거듭 권하여 보리를 갈도록 한다.

다산은 대파할 곡식의 종류로 차조, 메밀, 늦콩 등을 권했다. 이 세 가지 종자는 평년에 각각 수백 석씩 저장해 뜻밖의 사태에 대비해야 하며, 관에서도 마련해 두어야 하지만 백성들도 저장에 신경을 써 가뭄에 대비해야 한다고 했다.

그 다음에는 노동을 통해 살림에 보탬이 될 수 있는 일을 권장했다.

봄날이 길어지면 공역(工役)을 일으킬 때이다. 관청이 허물어져서 수리할 일이 있으면 마땅히 이때 시작해야 한다,

관공서의 건물을 수리하고 보수하는 일에 백성을 동원하고 임금을 주어 생활에 도움을 주라는 뜻이다.

그런 실례로 송(宋)나라의 법도 인용했다.

"재상(災傷)이 일어난 지역에서는 논에 수리시설을 한다든지, 성황당 수리, 도로·제방의 토목공사를 일으키고 소요되는 공비(工費)나 전곡의 수량을 상부에서 감당하도록 한다."

숙종조에 이후산(李後山)이 강원도 관찰사로 있을 때 큰 기근이 들었다. 집무실인 감영이 임진왜란 때 소실되었으나 오래도록 복구하지 못하고 있었는데 이때 재건하기로 하였다. 감영의 쌀과 포목을 내어 굶주리는 백성을 모집하자 사람들이 구름처럼 몰려와 몇 달이 지나지 않아 공사를 마쳤다.

▌ 도토리, 칡 등 구황식물 보급

다산은 구황식물의 보급도 강조했다.

백성의 식용에 보탬이 될 구황식물로서 좋은 것을 골라 향교 유생
들에게 몇 가지를 채취하게 하여 두루 보급한다.

다산은 여러 책에서 '오매초(烏昧草)'를 좋은 구황식물로 꼽
았는데, 오매초를 야생 기장으로 추측했다.

그다음으로는 다북쑥을 언급했다.

"큰 기근이 들어 오곡의 종자가 다 없어졌고, 관의 비축도 한계
를 보여 다른 방법을 강구해야 했다. 마침 그해 가을에 다북쑥이
온 들판을 덮었는데, 그 열매가 조[粟]와 같아 먹을 수 있었다."

후박(厚朴)과 볶은 콩을 가루로 만들어 기민에게 먹도록 권하
는 일도 목민관의 일이라고 했다. 또 들에서 자라는 나물과 겨
로 만든 떡, 느릅나무 껍질 등을 구황식품으로 들었다. 『본초(本
草)』에도 느릅나무의 흰 껍질을 흉년에 양곡 대신으로 사람이
먹는데 가루로 빻아 물에 타서 마신다고 하였다.

이어 다산은 조선조에서 행한 구황대책을 열거하였다.

명종 9년(1554년)에 진휼청에서 아뢰었다.

"곡식을 저축하여 기민을 진휼하는 일이 비록 황정(荒政)의
근본이지만, 곡식이 모자라서 백성이 굶주리면 앉아서 보고만
있을 수 없습니다. 우리 세종대왕께서 『구황벽곡방(救荒辟穀

方)』을 저술하여 온 세상 백성들의 목숨을 구제하였습니다. 가령 솔잎은 사람의 위장에 좋고 수명을 늘려 주어 오곡에 못지않으니, 이는 실로 백성을 구휼하는 좋은 처방입니다. 청컨대 솔잎을 먹는 방법을 나무판에 새겨 널리 알리도록 하소서."

숙종 21년(1695)에 교서를 내렸다.

"금년 같은 큰 흉년은 예로부터 일찍이 없던 바이다. 흉년의 위급함을 구제하는 데에는 도토리만 한 것이 없다. 그래서 궁궐에서 도토리를 모았으나 결실이 좋지 않아 겨우 20되 정도이다. 백성을 구제함에 양의 많고 적음이 무슨 문제인가. 이를 진휼청에 내린다."

『구황본초(救荒本草)』에는 이렇게 나와 있다.

"도토리 껍질을 벗기고 익혀 먹으면 사람에게 유익하다. 사람의 속을 실하게 하여 배고프지 않으니 이로써 흉년을 넘길 수 있다. 칡뿌리를 캐어 가루로 만들어 먹으면 곡기를 끊어도 굶주리지 않는다."

순조 9년(1809)에 큰 기근에다 전염병까지 겹쳐 섬들도 어려움을 겪었다. 그런데 칡이 많아 자라는 보길도 주민들은 무사했다. 칡은 기근에도 도움을 주고 전염병에 대한 면역력이 강하다. 해남에 있는 윤씨촌에서도 칡가루를 양식으로 삼은 두 집만 전염병을 피했다. 이 두 가지 일은 다산이 강진에서 귀양살이를 할 때 직접 목격한 것이다.

다산은 구황식품 만드는 방법도 제시했다.

"검은콩 다섯 되를 세 번 쪄서 햇볕에 말린 뒤 껍질을 벗겨 가

루로 만들고, 대마자(大麻子) 세 되를 끓는 물에 담가 하룻밤을
재웠다가 걸러내어 말린 뒤 세 번 쪄서 입이 열리면 껍질을 벗
기고 가루로 만든 다음 찹쌀죽에 섞어 찧고 또 쪄서 떡을 만들
어 먹으면 곡식을 먹지 않아도 된다.(『동의보감』에도 나온다)"

흉년 극복을 위해 초근목피로 살아갈 수밖에 없는 어려운 지
경에 처했을 때, 다산은 지역을 책임지고 있는 목민관이 백성을
구제하기 위해 이처럼 구체적으로 정성을 다해야 한다는 것을
가르쳐 주고 있다.

심지어 다산은 흉년에 굶어서 도적질하는 절도범은 관대히
처벌해야 한다는 내용도 기록하였다. 방화범도 굶주려서 정신
착란으로 일어난 일이라면 관대하게 처리할 것을 주문했다. 기
근 극복을 위한 온갖 방법을 동원하는 일이야 게으르게 해서는
안 되지만, 그러한 특별한 사정에 처하여 저지른 범죄는 관대하
게 처벌해야 한다는 다산의 탁월한 인도주의 정신은 목민관이
어떤 마음가짐을 지녀야 하는가를 보여 준다.

술을 빚으면 양곡이 많이 소모되기 때문에 흉년에는 술을 금
하는 조치가 필요하며, 흉년에는 세금 독촉을 심하게 해서는 안
된다고 했다. '흉년에는 빚 받는 일은 금해야 한다'는 옛말이 있
지만 부자가 가난한 사람에게 진 빚은 오히려 얼른 갚아서 가난
한 사람이 흉년을 면하게 해야 한다. 흉년에는 빚을 갚지 않아
도 된다는 규례에 얽매어 기근을 면하지 못한다면 말이 안 된다
는 것이 다산의 뜻이었다. 사리에 밝은 다산은 이런 점까지 놓
치지 않고 상세하게 언급하였다.

6 ———————— 준사竣事 : 진휼 마무리

▌ 진휼이 끝나면 스스로를 점검하라

진황편의 마무리 조항이 '준사'이다. 준사란 글자의 뜻 그대로 큰 행사를 끝맺는다는 의미이다. 그런데 이 조항에서는 진황의 끝맺음 중에서도 흉년과 가난을 구제하는 과정에서 큰 공을 세운 사람에게는 상을 주고 잘못한 사람에게는 벌을 내리는 문제를 다루고, 일을 처리하는 과정에서 활용한 재정에 대한 결산(決算)을 다루는 내용이 담겨 있다. 특히 부자가 출연하여 가난한 사람을 도왔다면 당연히 상을 주어야 하고, 공무를 수행하는 과정에서 행여라도 부정과 비리를 저지른 관원이 있었다면 엄한 벌을 내려야 한다는 내용을 담고 있다.

　다산은 일에 대한 점검을 할 때 먼저 공직자가 지켜야 할 대원칙을 천명하였다.

진휼하는 일을 마칠 즈음에 처음부터 끝까지 스스로 점검하여 저지른 잘못을 하나하나 살필 것이다.

이어지는 말도 옷깃을 여미게 한다.

"사람이 두려워해야 할 것은 세 가지이니, 백성과 하늘과 자기 자신의 마음이다. 뜻은 성실하지 못함이 있고 마음은 바르지 못함이 있어 상사(上司)를 속이고, 국가를 속이고, 구차하게 형벌을 피해 이익과 벼슬을 도모하여 교묘하게 꾸미기로 천하에 제일이라고 스스로 생각한다. 그런데 털끝만 한 사기와 허위까지도 백성은 모르는 일이 없다. 자기의 죄를 알려고 하면 반드시 백성의 말을 들어야 할 것이다. 상사는 속일 수 있고, 군부(君父)는 속일 수 있지만, 백성은 속일 수 없다. 천지 귀신이 벌려서서 환히 비치고 있으니 하늘은 속일 수 없으며, 시치미를 떼고 죽은 듯이 있어도 위로 보면 두렵고 굽어보면 부끄러운 마음은 속일 수가 없다. 백성과 하늘과 마음 이 세 가지에 속이는 바가 없어야 나의 진휼한 일이 아마도 허물이 적다 할 것이다."

다산은 진휼하는 과정에서 반드시 막아야 할 몇 가지를 설명했다. 오도(五盜), 즉 구휼미, 진대(賑貸), 기민(饑民)의 수, 권분미, 준비미 훔치는 것을 막아야 한다. 오익(五匿), 즉 사망자의 수, 굶주린 자의 수, 굶어 죽은 자의 수, 죽음을 당한 자의 수, 포흠을 숨기는 것을 막아야 한다. 오득(五得), 즉 재물, 종이, 상(賞), 비방, 하늘에 죄 짓는 행위를 막아야 한다. 오실(五失), 즉 희미(餼米), 죽미(粥米), 진대, 인심(人心), 관직(官職) 잃는 것을 막아야 한다.

목민관은 고요한 밤에 조용히 앉아 이 20가지 조목 중에 하나라도 범하는 것이 있는지 헤아려야 한다고 했다. 중간에 농간을 부리는 자는 없는지 장부와 실상을 대조해 세세히 살펴야 한다. 목민관이 직접 곡식의 정확한 수량을 파악해야 비리나 부정을 막을 수 있다. 구휼 정사를 펴다가 인심을 잃거나 관직을 잃는다면 그거야말로 자신을 망치는 것이다.

구휼에 대한 상벌의 문제는 『경국대전』에도 실려 있다.

"수령이 굶주리는 백성을 진휼하여 구하는 데 마음을 쓰지 않아 사망자를 많이 내고도 숨기고 보고하지 않으면 중죄를 적용한다."

『속대전』에는 이렇게 나와 있다.

"수령이 진휼을 잘 하여 한 도에서 빼어난 사람은 논공행상한다. 수령으로서 진휼정사에 부지런하지 않은 경우, 통훈대부 이하는 관찰사가 임금에게 아뢰어 장형에 처하고 통정대부 이상은 임금에게 아뢰어 파직한다."

통훈대부 이하는 현감·현령·군수 등이고, 통정대부 이상은 목사(牧使) 이상의 벼슬을 말한다.

▌백성들이 예전처럼 살도록 도와야

흉년을 그런대로 극복하고, 춘궁기를 지나 망종(芒種)에 이르면 간단한 잔치를 베풀어 흉년을 극복한 즐거움을 누리자고 했다.
"망종날 진장(賑場, 곡식 나눠 주던 장소)을 파하고, 곧이어 수고
한 사람들을 위해서 파진연(罷賑宴)을 베풀되, 기생을 부르거나
풍악을 쓰지 않는다"라고 했다. 소박한 잔치로 고생했던 사람들
을 위로해 주라는 것이다. 파진연은 기쁜 일을 축하하는 잔치가
아니므로 거판스러운 잔치여서는 안 된다. 큰 흉년 끝에 목민관
이 큰 잔치를 열면 뭇 백성이 북치고 노래하는 소리를 듣고 탄
식하거나 화를 낼 것이다.

다산은 자신이 지은 「조승문(弔蠅文)」을 통해 큰 잔치를 벌이
면 안 되는 이유를 밝혔다. 「조승문」은 여름날 들끓는 파리 떼를
극심한 기근과 가렴주구로 인해 굶어 죽은 백성의 시체가 환신
(幻身)한 것이라 가탁(假託)하고, 파리를 조문하는 형식으로 엮
은 글이다. 매우 해학적이고 기발한 글을 이 조항에 일부 수록
했다.

파리여 날아오라. 사발에 담고 소반에 놓았도다.

푸짐한 쌀밥, 맛있는 국

술과 식혜 향긋한데 국수며 만두

그대들의 마른 목 축여 주고, 그대들의 타는 간장 적셔 주리.

파리여 날아오라. 울음을 삼키지 말고

너의 부모 처자식들 이끌고

여기서 한번 배불리 먹고 슬피 울지 마오.

그대들의 옛집을 둘러보면 쑥넝쿨 뒤엉켰고

무너진 처마 갈라진 담장에 문이 기울어졌는데

박쥐는 밤에 날고 여우는 낮에 울고

그대의 옛 전답을 보면 어린 기장 싹이 움트는데

금년엔 비도 잦아 땅이 축축하거늘

골목에는 사람이 없으니 우거진 잡초 누가 뽑으랴.

파리여 날아가 관사에 들르지 마라.

깃대는 삼엄하게 창과 칼이 날카롭다.

돼지고기 양고기 눈앞에 가득 찬란하기 그지없고

메추리구이, 붕어찜, 오리탕, 거위탕

중배끼며 약과를 꽃처럼 새긴 모양

좋아라고 달라붙어 떠나지 못하다가

큰 부채 내두르면 어이하리, 그대는 기웃거리지 마라.

장리(長吏)가 주방에 들어가 음식 준비 살피니

쟁개비에 고기를 끓이는데 입으로 불을 불며

계피술 사탕감자 좋다고 칭찬하네.

호랑이 같은 문지기 사납게 막아서

애절한 호소 물리치며 난잡을 막는단다.

조용하고 잡음 없어 먹고 마시기 즐거워라.

아전이 술집에 앉아 판결문을 대신 쓰고

역마 달려 공문을 올리되 민간이 평온하단다.

도로에 쓰러진 사람 없고 태평무사라 이르더라.

파리여 날아오라 혼백은 돌아오지 말고

그대여 이도저도 길이 모르는 걸 경하하노라.

죽어도 재앙이 남아 그대의 형과 아우 괴롭단다.
유월에도 조세 독촉 아전이 문 두드리는데
그 소리 사자의 울음 같아 산천을 흔들고
가마솥 가져가고 송아지 돼지 끌어가네.
그러고도 사람까지 관문으로 몰고 가서 몽둥이질
집에 돌아와 쓰러지니 염병에 걸렸구나.
풀 베고 고기 썩듯 죽어가서 뭇 귀신 원통하다.

계속 이어지는 흉년의 아픔과 빈민의 처참한 실정을 그림으로 그리듯 서술해 놓았다. 관리의 탐학상, 질곡에서 벗어나지 못하는 가난하고 선량한 백성의 고통, 그러면서 부패한 탐관오리의 만행을 규탄하는 매서운 글이다. 백성들의 실상이 이러한데 어떻게 진휼 업무가 끝났다고 걸판진 잔치를 베풀 수 있겠는가. 진황편을 마무리하는 다산의 뜻이 참으로 높다.

큰 흉년 뒤에는 백성들의 기력이 큰 병을 치르고 나서 원기가 회복되지 않은 것과 마찬가지이다. 잘 보살펴서 편안한 마음으로 마을로 돌아와 살아가게 하는 일을 소홀히 해서는 안 된다.

안집(安集), 백성이 모여들어 편안히 옛날처럼 살도록 하려면 양식을 보조하고 소를 기를 수 있도록 관에서 도와야 한다는 뜻이다. 또한 조세를 가볍게 하고, 빚 독촉을 하지 말아야 한다. 이어 다산은 "목민관은 때때로 마을과 들판을 돌아다니면서 질병과 고통을 살펴보고, 원하는 바를 물어서 정성껏 그 뜻을 이루게 해 주되, 근본을 북돋우며 흔들지 말고 범하지 말아서 혹시라도 다칠까 두려워하는 것이 큰 병을 앓고 난 사람을 회복시키는 방법이다"라고 하여 백성을 돌보는 목민관의 참된 마음이 어떤 것인지 간절하게 이야기하였다.

세종 때의 유명한 청백리 황희(黃喜)가 강원도 관찰사로 있을 때 영동에 큰 흉년이 들었다. 그가 마음을 다해 진휼하여 굶주려 죽은 사람이 없었다. 그후 영동 백성들이 삼척의 진장을 베풀었던 곳에 비를 세우고 대를 쌓아 '소공대(召公臺)'라고 하였다. 황희가 문왕(文王)의 아들 소공(召公)처럼 뛰어난 정치가였음을 찬양하려고 이렇게 이름을 지은 것이다.

다산은 목민관이라면 황희 같은 마음가짐으로 힘써 능력을 발휘해 백성들의 존경을 받도록 노력해야 한다는 의미로 이 일화를 인용했다.

해관

解官

1 ──────────────── 체대遞代 : 관직 교체

▌ 벼슬이 교체되는 이유

이제 『목민심서』 마지막 편인 제12편 해관에 이르렀다. '해관'
이란 글자의 의미대로 관직에서 풀려나는 일, 맡고 있던 공무를
마치는 것이다. 부임(赴任)을 해서 이윽고 해임(解任)을 맞는 것
인데, 해임의 뜻을 해관이라 했다.

아무리 좋은 벼슬이라도 언젠가는 그만둘 수밖에 없다. 비록
죽는 날까지 벼슬살이하는 행운을 누릴지라도 죽음에 이르러서
는 역시 벼슬을 놓아야 한다. 이처럼 벼슬은 언젠가는 그만두게
되어 있으니, 아름답고 자랑스럽게 물러나야 한다.

해관편의 첫 번째 조항은 '체대'이다. 관직 교체에 대한 이야
기가 시작된다.

목민관은 반드시 교체되기 마련이다. 교체되어도 놀라지 않고 벼슬을 잃어도 연연하지 않으면 백성들이 존경할 것이다.

다산은 벼슬을 그만두거나 바뀌는 경우 놀라지도 연연해하지도 않는 당당한 태도를 견지하라고 주문했다. 그러나 말처럼 쉬운 것은 아니어서 거듭거듭 여러 선례를 들어가며 설명을 하였다.

다산은 벼슬을 교체하는 명목으로 다음 20가지를 들었다.

첫째, 과체(瓜遞)이다. 과기(瓜期, 임기)가 차서 교체되는 가장 정상적인 경우이다. 옛날에 오이가 익는 시기에 지방관으로 발령하면서 내년 오이가 익을 때 교체해 주겠다고 약속한 고사가 있는데, 거기서 유래하여 임기를 과기라고 했다.

둘째, 승체(陞遞)이다. 승진하여 교체되는 경우이다. 현감·현령에서 군수로, 군수에서 부사(府使)로, 부사에서 목사(牧使)로 승진하는 교체이다.

셋째, 내체(內遞)이다. 지방관에서 경관직(京官職)으로 교체되는 것이다.

넷째, 소체(召遞)이다. 임금이 삼사(三司, 사헌부·사간원·홍문관)나 각원(閣院, 규장각·승문원)으로 불러 교체되는 경우이다.

다섯째, 환체(換遞)이다. 다른 고을로 옮겨가는 교체이다.

이 다섯 가지는 탈 없이 순리적으로 교체되는 경우여서 '순체(順遞)'라는 용어를 사용하여 정상적인 교체로 여겼다.

여섯째, 피체(避遞)이다. 상관과 친척 관계이거나 연고가 있

1 체대_관직 교체

어 교체되는 경우이다.

일곱째, 혐체(嫌遞)이다. 상관과 선대 때부터 혐의스러운 일이 있는 경우 이뤄지는 교체이다.

여덟째, 내체(來遞)이다. 새로운 목민관이 갑자기 부임하는 경우 자연스럽게 벼슬을 그만두는 경우이다.

아홉째, 소체(疏遞)이다. 상소를 올려 임금의 윤허를 받아 벼슬을 그만두는 경우이다.

열째, 유체(由遞)이다. 집안에 일이 있어 갔다가 임지로 부임하지 않은 경우이다.

이 다섯 가지는 경체(徑遞)라 하는데, 영전이나 좌천이 아니면서 임기 중도에 자의 또는 타의에 의한 갑작스러운 교체를 말한다.

그 다음의 다섯 가지 교체는 죄체(罪遞)라 한다. 죄를 짓거나 잘못을 저질러 벼슬이 교체되는 경우이다. 폄체(貶遞)는 고과 평가에서 하위 등급으로 교체되는 것이며, 출체(黜遞)는 다른 관원의 보고에 의하여 파면되어 쫓겨나는 교체이다. 박체(駁遞)는 탄핵을 받아 벼슬에서 교체되는 것이다. 나체(拿遞)는 임기 중이거나 전에 지은 죄로 인하여 잡혀가서 교체되는 경우이다. 봉체(封遞)는 암행어사의 규찰로 봉고파직되는 교체이다.

나머지 다섯 가지 교체는 불행하게 교체되는 경우이다. 사체(辭遞)는 상관이 제대로 대우해 주지 않아 사표를 내고 교체되는 경우이다. 투체(投遞)는 상관과 다투어 관인을 던져 버리고 가는 교체이다. 병체(病遞)는 병이 들어 벼슬에서 교체되는 경우이고, 상체(喪遞)는 부모의 상을 당해 벼슬을 그만두는 경우이다. 마지막 종체(終遞)는 임기 중 사망하여 영영 벼슬에서 떠나는 교체이다.

▍자리에 연연하지 않는다

이처럼 벼슬이 교체되는 데는 모두 근거가 있다. 이러한 이유로 물러날 때 벼슬에 연연하거나 더 계속하려는 마음을 지니지 말라는 것이 다산의 뜻이었다.

벼슬을 헌신짝처럼 버리는 것이 옛사람들의 뜻이었다. 해임되고 나서 슬퍼하는 태도를 보이면 부끄럽지 아니한가. 棄官如跳, 古之義也. 既遞而悲, 不亦羞乎.

목민관이라는 높지 않은 벼슬에도 교체되거나 파면되는 사단이 20여 가지나 되니 관직이란 과연 믿을 게 못 된다고 하였다. 속담에 "벼슬살이는 머슴살이다"라고 한 것처럼 아침에 승진하였다가 저녁에 차출당하기도 하니 믿을 수가 없다. 그런데 목민관으로서 천박한 사람은 관아를 자기 집으로 알고 오랫동안 누리려 하다가 하루아침에 상부에서 공문이 내려오면 큰 보물이라도 잃어버린 것같이 한다. 아내나 자식들은 서로 돌아보며 눈물을 흘리고 아전과 종들은 몰래 훔쳐보며 비웃는다. 이런 모양새를 보이면 벼슬을 잃은 뒤 또 다른 하나를 잃는 것이다.

옛날의 현명한 목민관은 관아를 여관으로 여겨 마치 이른 아침에 떠나갈 듯 문서를 반듯하게 해 놓고 늘 행장을 꾸려 둔다. 가을 새매가 가지에 앉았다가 훌쩍 떠나갈 듯이 하고, 한 점 속된 애착도 마음에 두지 않는다. 이런 태도가 바로 맑은 선비(淸士)의 행실이다.

다산은 목민관은 떠날 때 장부 정리를 깔끔하게 해서 부정이 끼어들 여지를 주지 말고, 뒷날도 대비해야 한다고 했다.

평소에 장부를 정리해 두어서 내일이라도 곧 떠날 수 있도록 하는 것이 맑은 선비의 기품이다. 장부 마감을 명백하게 하여 후환이 없도록 함은 지혜로운 선비의 행실이다.

임명직 목민관 시절의 다산 이야기는 오늘날의 상황과 합치하지는 않는다. 지금이야 선출직 목민관인 경우 4년의 임기가 정해져 있고 3번 중임의 기회까지 있어 예전의 벼슬 교체와는 다르다. 그러나 4년의 임기를 마치고 계속 출마를 원하는 경우나 임명직 공직자의 경우 반드시 예전 선비 벼슬아치의 태도에 관심을 기울여야 할 필요가 있다.

한번 어떤 직책에 임명되면 문제가 생겨도 법이 정하는 한도까지 계속 직무를 유지하는 태도에도 문제가 있고, 어떤 경우 무리한 중임의 방법을 동원하여 주변 사람들의 눈살을 찌푸리게 하는 경우도 있는데, 한 번쯤 다산의 뜻과 비교해 볼 필요가 있다.

다산은 옛날의 어진 목민관, 선비다운 목민관의 훌륭하고 모범적인 사례를 열거해 벼슬에 연연하지 않고 맑은 선비의 기품을 보이는 것이 중요하다고 역설했다. 또한 지혜로운 선비의 행실이 어떤 것인가를 직접 사례를 들어 설명하기도 하였다.

옛날 중국의 도연명이 팽택 현령으로 근무할 적에 감독관이 와서 절을 하라고 하자 관인을 던져 버리고 「귀거래사」를 읊으며 고향으로 돌아간 예를 들기도 했다.

이어서 다산은 체대의 가장 아름다운 풍경을 언급했다.

고을의 어른들이 교외까지 나와 전별연을 베풀어 목민관을 떠나보내면서 어린아이가 어미를 잃은 듯 인정 어린 말을 주고받는다면 그거야말로 인간 세상의 지극한 영광이다.

벼슬에서 물러나는 일이 어느 누군들 아쉽지 않겠느냐만 지역민이 아쉬워하는 모습을 보는 것은 지극한 영광이라는 다산의 뜻이 오늘날에도 행해질 수 있다면 얼마나 좋을까.

2 ———————————— 귀장歸裝:퇴임 행장

▌ 퇴임하는 행장도 부임 때처럼 간소해야

맡은 관직에서 물러나 고향으로 돌아갈 때 챙기는 짐이 '귀장'
이다. 탐학한 관리야 꾸려갈 짐이 많겠지만, 청렴하게 관직 생활
을 했던 사람은 짐이 간소할 것이다. 임기를 마친 뒤의 '귀장'은
공직자의 청렴도를 반영한다. 지난 시대에 임명 방식으로 공직
에 나갔던 시장·군수 들은 부임할 때는 간단한 짐을 싣고 관사
(官舍)에 입주했다가 몇 년 뒤 임기를 마친 뒤에는 짐을 바리바
리 싣고 간다는 세간의 소문이 있었다.

맑은 선비의 돌아갈 때의 행장은 모든 것을 벗어던진 듯 조촐하
여, 낡은 수레와 야윈 말인데도 그 산뜻한 바람이 사람들에게 스
며든다. 淸士歸裝, 脫然瀟灑, 敝車羸馬, 其淸飆襲人.

이 얼마나 아름답고 운치 있는 문장인가. 한 고을을 쥐락펴락 몇 년 동안 권력을 부린 곳에서 임기를 마친 뒤 조촐한 행장으로 떠나는 모습은 그의 청렴했던 관직 생활을 여실히 드러낸다. 짐 실은 수레는 낡아빠지고 타고 가는 조랑말 또한 여위었지만, 거기서 풍기는 맑고 깨끗한 바람이 사람들에게 스며든다니 얼마나 멋진 일인가.

오늘날 고위 공직자가 취임하면 재산을 공개하고, 해마다 재산증식 과정을 공개하고 있다. 특별한 예외가 아니면 대체로 공직자들의 재산은 해마다 늘어나고 있다. 받는 녹봉이 많아서 그럴 수 있다고 해도, 다산의 『목민심서』 정신에는 맞지 않는다.

다산은 퇴임을 아름답게 마무리한 몇몇 훌륭한 목민관의 예를 들었다.

한(漢)나라의 장감(張堪)이 어양 태수로 있을 때 어진 마음으로 아랫사람에게 은혜를 베푸는 한편 위엄은 능히 간사한 무리를 제압했다. 공손술(公孫述)이라는 반역자를 처단하고 보니 금은보화가 산적하여 자자손손 이어 넉넉히 부를 누릴 만했다. 그런데 장감이 사직하고 돌아가는 날 가지고 간 것은 허름한 수레에 무명 행낭뿐이었다. 황제가 이 이야기를 듣고 감탄을 하였다.

이 예에서 보듯이 청렴한 공직자는 임기 중에 취한 어떤 재물도 자신의 것으로 여기지 않고 깨끗하게 돌아선다고 했다.

한나라의 시묘(時苗)가 수춘 영(壽春令)으로 발령을 받아 누런 암소가 끄는 수레를 타고 부임했다. 시무하는 동안 그 소가 송아지 한 마리를 낳았다. 그는 고을을 떠날 때 이곳에서 출생한 송아지는 내 것이 아니라며 남겨두고 갔다.

승평(昇平)은 전라도 순천의 옛 이름이다. 고려 충렬왕 때 최석(崔碩)이 승평 부사가 되었다. 이 고을에는 옛날부터 이어지는 습속이 있었다. 목민관이 갈려 떠날 때 말 여덟 마리를 바치되 가장 좋은 말을 고르도록 하는 전통이었다. 최석이 돌아가게 되자 고을 사람들이 습속에 따라 말을 바쳤다. 최석이 웃으며 말했다.

"말은 서울까지 갈 수만 있으면 되니 고를 필요가 없소."

그는 서울 집에 도착하자마자 말을 모두 돌려보냈다. 고을 사람들이 받으려 하지 않자, 최석이 단호하게 말했다.

"내가 물욕이 있다고 생각하여 안 받으려고 하는가? 나의 암말이 그 고을에 있을 때 마침 망아지를 낳았는데 내가 그것을 가지고 왔소. 이것도 나의 욕심이오. 지금 그대들이 말을 돌려받지 않으려는 것은, 혹시 내가 물욕이 있음을 엿보고서 겉으로 사양하는 줄 생각하는 게 아니오?"

그는 망아지까지 함께 돌려보냈다. 이로부터 그 습속이 드디어 없어졌다. 고을 사람들이 이 일을 기념하여 비석을 세워 '팔마비(八馬碑)'라고 불렀다.

이 팔마비는 세월이 오래 되어 넘어진 비석을 충목왕 때 부사 최원우(崔元祐)가 다시 세웠다. 정유재란 때 또 비가 파괴되었는데, 지봉 이수광이 순천 부사로 근무하며 다시 재건하고 「중건팔마비음기(重建八馬碑陰記)」를 지어 그 비의 내력을 기술했다. 팔마비는 순천성 밖 연자교 남쪽에 있었으며, 그에 관한 내용이 『여지승람』 권40 「승평지」에 나온다.

나의 짐에 떳떳지 못한 것이 있는가

다산은 지방에 근무하다 돌아갈 때, 그 지역의 귀한 토산품을 몽땅 싸들고 가는 것처럼 부끄러운 일은 없다고 지적했다.

상자나 농은 새로 만든 것이 없고, 주옥과 옷감은 그 지방에서 나는 토산품이 아니어야 맑은 선비의 돌아가는 행장이다.

중국 동진(東晉)의 이중(李重)이 강우(江右) 지방관의 부관으로 있다가 임지를 떠나는 날 한 가지 물건도 가지고 가지 않기로 맹세하였다. 그 부인에게 귀고리 한 쌍이 있었는데 임기 중에 마련한 것이었다. 이중은 그 사실을 알고 물속에 던져 버렸다. 고향에 돌아온 뒤 일 년쯤 지나 우연히 하인이 붉게 칠한 침상 한 벌을 쓰는 것을 보았다. 그것이 전임지에 있을 때의 물건임을 안 그는 크게 화를 내면서 반환하도록 하였다.

조선 태종~성종 시절 이조 참판을 지낸 이약동(李約東, 1416~1493)은 청백리로 크게 이름이 난 사람이다. 제주 목사로 있으면서 얻은 재물이라고는 말가죽으로 만든 채찍 하나뿐이었다. 그는 이것 또한 제주도의 물건이라 여기고 돌아올 때 문지방에 걸어 놓고 왔다. 제주도민들이 그것을 보물처럼 보관하여 목사가 새로 부임할 때마다 걸어 놓고 보게 했다. 오랜 세월에 채찍이 헐자, 고을 사람들이 처음 채찍을 걸었던 곳에 그 사적을 그림으로 그려 사모하는 마음을 나타냈다.

이약동이 바다를 건너올 때 넓은 바다에 당도하자 배가 갑자기 기울고 맴돌아 위태로웠다. 이약동이 주위를 돌아보며 물었다.

"나의 짐에 떳떳지 못한 물건이 하나도 없는데, 혹시 수행원 중에 누가 나를 속이고 욕되게 하여 하늘이 내게 경고하는 것이 아닌가?"

수행하던 사람이 제주 군관들이 갑옷 한 벌을 싸서 바다를 건넌 다음 드리라고 했다는 사실을 고하자 이약동은 얼른 그것을 물에 던졌다. 그제야 파도가 자고 배가 제대로 움직였다. 지금도 그 갑옷 던진 곳을 '투갑연(投甲淵)'이라 부른다.

어떻게 보면 비합리적이고 믿기 어려운 내용도 있지만 목민관이 임무를 마치고 돌아올 때 그곳에서 얻은 물품이나 재화를 가져오지 않는 것이 원칙이라는 것을 강조하는 내용이다.

그러나 다산은 청백한 관리라는 명분을 지키기 위해 재화를 물이나 불 속에 던져 하늘이 낸 물건을 버리는 행동은 천리에 맞지 않는다고 하였다. 혹여 그러한 재물이 있다면 돌려준다든가 기부한다든가 하는 조처를 하는 것이 더 낫다는 뜻이다. 귀장, 돌아올 때의 행장은 떳떳지 못한 물건 하나 없이 소박하고 예(禮)에 맞도록 하는 것이 으뜸이다.

지방관, 즉 옛날 목민관의 임기는 길어야 1~2년, 아니면 3년

398

을 넘기는 경우가 거의 없었다. 몇 개월 만에 수령이 교체되는 경우도 많아 율곡 이이나 다산은 수령의 임기를 길게 보장해야 한다고 주장했다.

오늘날 지방관은 잘 하면 12년까지도 같은 자리에 있을 수 있다. 가난한 살림으로 시작해서 부자에 이른 공직자가 많다는 이야기가 이곳저곳에서 들린다. 12년의 임기를 마치고 옛날의 청백리처럼 짐이 소박하면 얼마나 좋을까. 맑고 깨끗한 선비 목민관 상을 권유했던 다산의 마음을 깊이 생각하는 기회가 있기를 기대한다.

3 ───────────────────── 원류顧留 : 유임 청원

▎백성이 수령의 유임을 청하다

벼슬살이를 마치고 고향으로 돌아가는 해관(解官)편에서 가장
보람 있고 영광스러운 대목이 바로 '원류'이다. 곧 머물러 주기
를 원한다는 뜻이다. 목민관이 임기 중에 이룬 훌륭한 치적(治
績)을 칭송하며 고을 사람들이 길을 막고 머물러 주기를 바라는
것보다 더 큰 영광을 어디에서 찾을 수 있겠는가.

목민관이 떠나는 것을 애석하게 여겨 길을 막고 유임을 청하는 일
은 역사책에도 찬란하게 기록되어 후세까지 빛난다. 이는 겉시늉
만으로 되는 일이 아니다. 惜去之切, 遮道願留, 流輝史冊, 以照
後世. 非聲貌之所能爲也.

이런 대목에서 다산의 뛰어난 안목이나 사리에 합당한 결론을 내리는 능력은 탁월한 생각의 결과라고 말하지 않을 수 없다.

고을 사람들이 직접 보고 체험한 목민관의 행정에 대하여, 마음으로 몸으로 감동적인 은택을 받지 않고서야 떠나는 목민관이 더 근무해 주기를 바라는 경우가 있겠는가. 그래서 '원류'를 받는 경우야말로 벼슬살이의 가장 큰 보람이요 영광스러운 일이라고 말하는 것이다. 다산은 원류를 받은 몇몇 목민관의 예를 제시했다.

후한(後漢)의 제오륜(第五倫)이 회계(會稽) 태수로 있을 때 그 부인이 손수 밥을 짓는 검소한 생활을 하였다. 임무를 마치고 떠날 때 백성들이 말고삐를 잡고 울며 우리를 버리고 어디로 가느냐고 붙잡았다.

맹상(孟嘗)이 합포(合浦) 태수로 있다가 돌아갈 때 아전과 백성들이 수레를 붙잡고 만류하여 행차가 나아갈 수 없게 되자 장삿배(商船)를 빌려 타고 몰래 떠났다는 이야기도 그냥 있을 수 있는 일이 아니다. 넉넉하게 민심을 얻고, 깨끗하고 정직한 공직생활을 했기 때문에 그런 아름다운 풍경을 접할 수 있는 것이다.

유철(俞㯙, 1606~1671)이 예천 군수로 부임한 지 얼마 안 되어 고을이 잘 다스려졌다. 그 영향인지 보리 한 대에서 이삭 두 개가 피는 상서로운 일이 생겼다. 그가 사임할 뜻이 있어 부모를 뵈러 가서 오랫동안 돌아오지 않자 고을 사람들이 그의 집으로 몰려가 돌아오기를 간청하였다. 유철이 짐짓 이렇게 말했다.

"고을에 관아의 물건을 사사로이 쓴 사람이 많은데, 내가 채찍질하고 독촉하는 것을 좋아하지 않기 때문에 사임하려 한다."

이 말을 들은 백성들은 앞다투어 관아의 물건을 반환했다.

말로만 해서 되는 일이 아니다. 넉넉하게 민심을 얻고, 깨끗하고 정직하게 공직생활을 했기 때문에 그런 아름다운 풍경을 접할 수 있는 것이다.

잘만 하면 좋은 대접을 받을 수 있는 것이 공직생활이다. 오늘날 선출직 공무원인 경우 1차 임기를 마친 뒤 지역민들이 재출마를 권유한다면 이것이 바로 '원류'이다. 원류가 있어서 출마하는 경우야 영광스러운 일이지만, 원하는 사람도 없는데 법에 허용된 일이라면서 기득권을 이용해 계속 출마를 하는 것은 한 번쯤 되짚어 볼 일이다.

과거 임명직 시절의 부패 관리들에게 온갖 피해를 당했던 우리 국민은 선출직 공무원에게 관대한 편이다. 특별한 잘못이나 큰 하자가 없는 한 두세 번의 당선이 가능하다. 그렇다고 오래 근무하는 것 또한 최선이 아님을 알아야 한다.

'원류' 조항의 하이라이트는 다음의 내용이다.

백성들이 대궐로 달려와 유임해 주기를 청원하면 백성의 뜻을 따르는 것이 옛날에 착함을 장려하는 큰 방법이었다. 명성이 퍼져 이웃 고을에서 수령으로 모시기를 빌거나 두 고을에서 서로 모시기를 다툰다면 이는 어진 수령의 빛나는 값어치이다. 백성들이 사모하고 명성과 치적이 뛰어나서 같은 고을에 다시 부임하게 된다면 이 역시 역사에 이름이 빛날 것이다.

백성을 위해 일을 잘한 공직자가 임기 만료로 떠날 때, 임명권자인 임금에게 달려가 우리 사또를 더 근무하게 해 달라고 청원한다면 얼마나 영광스러운 일인가. 진심을 다해 훌륭한 행정을 펼친 목민관은 반드시 대접을 받는다는 깊은 뜻을 전해 주고 있다.

유임 청원에도 가짜가

그러나 백성의 뜻과는 무관하게 사람을 동원하고 억지로 꾸며서 상부에 재임시켜 주기를 권하는 일을 하는 최악의 경우도 있다.

몰래 아전들과 모의하고 간악한 백성을 선동하여 대궐에 나아가 유임을 청하게 하는 사람은 임금을 기만하고 윗사람을 속이는 것이니 그 죄가 매우 크고 무겁다.

예전에도 그런 일이 있었지만, 오늘날에도 얼마든지 있을 수 있는 일이다. 가짜 당원을 동원하고, 거짓 선거인단을 동원하여 선거에 이기려 하고 공천을 위해 온갖 비행을 저지르기도 한다. 양식이 있는 공직자라면 원류와 상반되는 일에 발을 들여놓지 말아야 한다.

4 ── 걸유乞宥 : 수령을 용서해 달라는 청원

▌ 우리 사또를 용서해 주세요

해관의 네 번째 조항은 '걸유'이다. 걸유란 글자의 의미대로 용서해 주기를 간절히 바라는 것이다. 목민관이 근무 중에 형식적인 법규나 하찮은 조례를 위반해 처벌을 받아야 하는 경우, 백성들이 들고일어나 그런 정도의 잘못은 직위를 유지하지 못할 죄가 아니라고 용서를 비는 것이다.

목민관이 형식적인 법규에 걸린 것을 백성들이 슬프게 여겨 임금에게 호소하여 용서해 주기를 바라는 것은 옛날의 좋은 풍속이었다.

다산은 실수나 과실에 의한 경미한 잘못으로 어려움을 겪는 목민관을 위해 백성들이 용서를 구하는 아름다운 풍속을 이야기하고 있다. 요즘에도 이런 일은 얼마든지 가능하다. 이른바 '탄원서'니 '청원서'라는 이름으로 상부에 건의하는 경우이다. 다만 백성들의 진심어린 의사에 따른 일이야 당연히 아름답게 여겨야 하지만, 위계나 강요 또는 거짓된 민의를 동원해서 걸유하는 일은 절대로 해서는 안 된다.

목민관의 잘못을 용서해 주기를 원하는 백성들의 뜻에 대해서 다산은 매우 의미 깊은 내용을 열거하였다.

"진정 백성들이 목민관을 사랑하고 받드는 점이 진실하고 거짓이 없어, 호소하는 소리가 몹시 슬퍼 감동할 만하면 비록 수령의 지은 죄가 깊고 무겁더라도 그냥 그 죄를 용서함으로써 백성의 뜻을 따르는 것이 좋지 않겠는가. 근세에는 붕당정치가 성행하여 넘어뜨리고 모함하여 한 번만 배척을 당하면 그 죄를 용서해 줄 것을 비는 백성도 역시 법망에 걸려들어 그 죄를 헤아릴 수 없게 된다. 때문에 백성들이 비록 수령의 죄를 불쌍히 여기고 탄식하여 목숨을 바쳐서까지 그 죄를 대신해 주고 싶더라도 끝내 감히 말 한마디도 자기 뜻을 나타내지 못하니, 세태가 날로 더러워지고 저하됨이 이와 같다."

진실을 말할 수 없고, 붕당 싸움으로 당리당략에 얽매어 언로가 막힌 것을 다산은 한탄하였다.

죄가 가벼운 사람이 귀양 사는 모습을 보면서 풀어 주기를 청하고 싶지만, 후환이 두려워 아무런 청원을 할 수 없는 백성들의 애환을 다산은 안타깝게 생각하였다. 자신이 유배살이 하면서 느꼈던 감정의 일부라도 되는 듯 유배 사는 사람이 큰 죄가 없을 경우 자신의 고을 원님으로 임용해 줄 것을 청할 수도 있어야 한다는 주장도 했다.

높은 인격과 훌륭한 능력, 백성을 위하는 참다운 마음을 지닌 목민관이라면 비록 작은 죄에 걸리더라도 믿고 따르는 백성이 존재하는 한 얼마든지 정상적인 목민관으로 회복될 수 있다. 옥에 흙이 묻어 길가에 버려졌다 해도 언젠가는 아름다운 옥 빛깔을 드러내는 날이 올 것이라는 믿음으로 충실하게 목민관 노릇을 한다면 어떤 어려움도 극복할 수 있다.

오늘날 선거 과정에서 저지른 작은 허물로 인해 선출직 공직자들이 당하는 아픔에 국민들이 공감하여 걸유를 한다면 처벌을 재고해 봄직하다.

5 ─────── 은졸隱卒 : 죽음을 애도함

죽어서 받는 칭송이 진짜

벼슬이 교체되는 경우에서도 가장 불행한 교체가 종체(終遞)이다. 임기 중 임지에서 죽어서 벼슬이 바뀌는 것을 말한다. 이번 조항의 '은졸'이란 바로 죽음을 슬퍼한다는 뜻이다. 목민관이 임기 중에 사망하는 경우 유족이 지켜야 할 자세와 백성들의 애도의 뜻을 통해 생존시의 선정(善政)을 살피는 조항이다.

그런데 은졸은 재임 중 훌륭한 업적을 남긴 목민관이 그 대상이지, 그렇지 못한 사람은 논의의 대상이 되지 못한다.

목민관이 재임 중에 사망했을 때 그의 인품에 감복하여 아전과 백성이 애도하며 상여에 매달려 울부짖고 오래도록 잊지 못하는 것은 어진 사람의 의미 있는 죽음이다.

이처럼 어진 수령이 사후에 받는 칭송과 찬양이 바로 '은졸'에서 거론되는 문제이다. 은졸의 영광을 누렸던 목민관의 예를 보자.

양(梁)나라의 임방(任昉)이 의흥 태수의 임기를 마치고 돌아오는데 변변히 입을 옷이 없었다. 진군장군 심약(沈約)이 아래위 옷 한 벌을 보내어 맞이하였다. 임방은 뒷날 신안 태수로 부임해서도 정사를 청렴하게 하였다. 그가 임지에서 죽었는데 가난하여 염(殮)을 할 수 없을 정도였다. 그는 죽기 전에 유언하여 신안의 물건은 하나라도 도성으로 가져가지 말고, 잡목으로 관을 만들고 입던 옷을 빨아서 염하라고 하였다. 그의 밝은 정사에 무젖었던 온 고을 사람이 몹시 슬퍼하며 애도를 표했다.

조선 성종 때 담양 부사로 근무한 곽은(郭垠)은 세금을 가볍게 하는 등 맑은 정사를 펼쳤다. 그런데 재직 중에 갑자기 죽자 사람들이 슬퍼하며 술과 고기를 끊고 조문하였다. 상여가 떠나는 날 온 고을이 곡소리로 가득 찼다. 백성들이 의논하여 해마다 기일이 돌아오면 쌀을 모아 재를 올리며 명복을 빌었다. 곽은의 상여 행렬이 귀환할 때 집기를 다 돌려보냈는데 눈에 잘 띄지 않는 곳에 상자 하나가 있었다. 그의 부인이 그것을 보고 놀라 말하였다.

"이것이 어찌 여기에 있는가? 빨리 돌려보내 그 어른의 깨끗한 덕에 누를 끼치지 않아야 한다."

이처럼 청빈한 생활을 했던 목민관은 죽어서도 칭송을 받고 역사에 기록으로 남는다. 죽은 뒤에도 백성들이 사모의 정을 표하는 경우는 역시 청빈한 관리만 받을 수 있는 은졸이었다.

상수미(喪需米, 초상이 났을 때 나라에서 지급하는 쌀)는 이미 나라에서 내리는 것이 있다. 백성들의 부의금을 어찌 또 받겠는가. 유언으로 받지 말라는 명령을 하는 것이 좋다.

오늘이나 옛날이나 의미 깊게 읽어야 할 대목이다. 다산은 『속대전』에서 규정한 내용을 자세히 언급했다. 지방관이 친상을 당하면 상수미를 차등을 두어 지급했으며, 임지에서 죽으면 호남과 영남은 40석, 호서와 해서는 35석을 지급한다고 되어 있다.

"살피건대 나라에서 내리는 쌀이 이렇듯 넉넉하고 후한 것은 아래 백성들로부터 거두어들이지 않도록 하고자 함이다. 임금이 주는 것을 숨기고 백성들의 부의를 받아서는 안 된다. 목민관이 병으로 자리에 누워 만일 병세가 위독할 것 같으면 곧 마땅히 유언으로 백성들의 부의를 거두지 못하게 하는 것이 옳다. 나의 청백이 철저하다면 나라에서 내리는 것을 가지고 실지로 천 길을 운구하여 돌아가지 못할지라도 내가 죽은 뒤에 보좌진들이 모두 의논하여 반드시 일을 처리해 줄 것이니 하필이면 백성들의 부의를 거둬들일 것인가."

이런 법규가 있으므로 목민관은 따로 백성들의 부의금을 받지 말아야 한다는 것이다. 살아서도 하지 않을 일을 죽어서 해서는 안 된다는 뜻을 밝히고 있다.

▍참다운 선정은 백성의 마음 속에 남는다

『목민심서』는 72개 조항의 마지막인 '유애' 조항으로 이야기가 끝난다. 유애란 목민관이 임지를 떠난 뒤 그곳 백성들로부터 사모의 정을 받는 것이다. 죽은 뒤에도 은덕을 잊지 못하는 백성들이 전임 수령을 위해 사당을 지어 제사 지내는 일이 대표적인 유애라고 할 수 있다. 그런 일은 참으로 드문 일이요, 진심으로 감동을 받은 백성들이 오래도록 잊지 않을 때에만 가능한 일이다.

다산은 자신이 근무했던 지역에 사당이 지어지는 일처럼 목민관으로서 영광스럽고 자랑스러운 것은 없다고 했다.

죽은 뒤에 백성들이 그리워하여 사당을 지어 제사지내면, 그 목민관에 대한 백성들의 사모의 뜻이 있음을 알 수 있다.

다산은 공정하고 청렴하게 목민관 생활을 했던 사람만이 '유애'의 아름다운 대접을 받을 수 있다는 것을 많은 사례를 통해 증명하였다.

한문공(韓文公, 한유)이 조주(潮州)의 원님이 되었는데, 그곳 백성들이 마음속으로 좋아하고 따랐다. 한유가 죽은 뒤 백성들이 사모하여 조주성 남쪽에 사당을 세우고 음식이 있으면 반드시 제사를 지냈다.

태종 때 남원 부사로 부임한 김희(金熙)는 백성을 자식같이 여기고 송사의 판결을 물 흐르듯이 하여 몇 년 만에 온 고을이 편안하게 되었다. 얼마 되지 않아 임지에서 병으로 죽었는데 고을 사람들이 기일을 잊지 않고 해마다 제사를 지냈다.

이처럼 백성을 제대로 돌봐준 목민관은 죽은 뒤라도 백성들이 잊지 않고 제사까지 지내는 유애를 입을 수 있다.

살아 있는 사람의 사당을 세우는 것은 예가 아니다. 어리석은 사람들이 이런 일을 시작해서 서로 따라 하다 보니 습속이 되었다.

다산은 이른바 '생사당(生祠堂)'이라 하여 살아 있는 사람의 사당을 세우는 것은 있을 수 없다고 강조했다. 아무리 그만한 자격이 있다 해도 살아 있는 사람의 업적을 기린다고 공적비나 기념비, 기념 조형물 같은 것을 만드는 일은 피해야 한다는 것이다.

요즘 선출직 공직자나 고관대작이 업적을 자랑하려는 뜻으로

'생사당'까지는 아니어도 그와 유사한 일을 한다면 쌓은 업적도 날아가는 비난을 면치 못할 것이다. 옛날부터 관 뚜껑을 덮은 뒤에야 그 인물됨을 평가한다는 것이 철칙이다. 이전의 업적이 좋았다 해도 비석이나 기념물을 세운 뒤 욕된 일을 하게 되면 어떻게 되는가. 현재에도 여러 곳에 살아 있는 목민관이나 고관의 업적을 기리는 조형물이 서 있는데 한 번쯤 생각해 볼 일이다. 참으로 후세에 아름다운 이름과 큰 업적을 전하고 싶다면, 조금 기다렸다가, 세상을 떠난 뒤에 공적비나 기념비를 세우는 것이 마땅하다는 것을 다산의 교훈을 통해 배워야 한다.

▌ 민의와 역사가 목민관을 평가한다

임기 중에 선정을 베풀었던 목민관만이 '유애' 항목의 주인공이 된다. 이 항목을 통해 목민관이 제대로 임무를 수행했는지, 그렇지 않았는지가 판정된다. 다산은 옛 목민관을 잊지 않는 것처럼 아름다운 목민관의 치적은 없다고 했다.

이미 떠난 지 오래되었는데 후일 이 고을을 지날 때 옛날 백성들이 반갑게 맞이하여 보잘것없는 음식이나마 들고 몰려오면 따라간 하인들조차 빛이 날 것이다. 재임 시에 혁혁한 칭송은 없었지만, 떠난 뒤에 사모하는 사람이 많은 것은 목민관이 자신의 공적을 내세우지 않고 조용하게 선정을 베풀어서일 것이다.

다산은 다음과 같은 멋진 이야기로 『목민심서』의 끝을 맺었다.

비난과 칭찬의 진실 여부나 선과 악을 판별하는 문제는 반드시 수준 높은 역사가의 평가를 기다려서 그것을 공안(公案, 공정한 평가)으로 삼아야 한다.

그렇다. 오직 민의와 역사만이 목민관에 대한 평가를 내릴 수 있다.

목민심서, 다산에게 시대를 묻다

목민심서, 다산에게 시대를 묻다

목민심서, 다산에게 시대를 묻다